MARCUS HERNIG

DIE RENAISSANCE DER SEIDENSTRASSE

DER WEG DES CHINESISCHEN DRACHENS INS HERZ EUROPAS

Bibliografische Information der Deutschen Nationalbibliothek:
Die Deutsche Nationalbibliothek verzeichnet diese Publikation in der Deutschen Nationalbibliografie. Detaillierte bibliografische Daten sind im Internet über http://dnb.d-nb.de abrufbar.

Für Fragen und Anregungen:
info@finanzbuchverlag.de

Originalausgabe, 1. Auflage 2018

EDITION TICHYS EINBLICK
© 2018 by FinanzBuch Verlag, ein Imprint der Münchner Verlagsgruppe GmbH
Nymphenburger Straße 86
D-80636 München
Tel.: 089 651285-0
Fax: 089 652096

Alle Rechte, insbesondere das Recht der Vervielfältigung und Verbreitung sowie der Übersetzung, vorbehalten. Kein Teil des Werkes darf in irgendeiner Form (durch Fotokopie, Mikrofilm oder ein anderes Verfahren) ohne schriftliche Genehmigung des Verlages reproduziert oder unter Verwendung elektronischer Systeme gespeichert, verarbeitet, vervielfältigt oder verbreitet werden.

Redaktion: Anne Horsten
Korrektorat: Astrid Treusch
Umschlaggestaltung: Manuela Amode
Umschlagabbildung: iStock/ly86
Abbildungen im Innenteil: Abbildung 1: MicroOne/Shutterstock, Abbildung 2: Pasticcio/istock, Abbildung 3: dikobraziy/Shutterstsock, Abbildung 7: Peteri/Shutterstock, Abbildung 4-6: Marc-Torben Fischer
Satz: Röser MEDIA GmbH & Co. KG, Karlsruhe
Druck: GGP Media GmbH, Pößneck
Printed in Germany

ISBN Print 978-3-95972-138-7
ISBN E-Book (PDF) 978-3-96092-252-0
ISBN E-Book (EPUB, Mobi) 978-3-96092-253-7

Weitere Informationen zum Verlag finden Sie unter

www.finanzbuchverlag.de
Beachten Sie auch unsere weiteren Verlage unter www.m-vg.de.

Man verkennt China vollständig, wenn man seine gewaltige historische Dimension außer Acht lässt.

Jacques Gernet

INHALT

Kapitel 1
Der Wind weht von Osten 7

   Brennpunkt Neue Seidenstraße –
      Größenwahn oder große Chance? 7

   Die Ära des Westens geht zu Ende 16

   Eine veränderte Weltsicht 21

   Nationale Renaissancen 31

   West und Ost – Wetteifernde Zwillinge 41

   China als Alternative 47

Kapitel 2
Die Seidenstraße 51

   Was bezweckt China mit der Neuen Seidenstraße? 51

   Eine alte Geschichte – Wer erfand die Seidenstraße? 56

   Eine moderne Geschichte –
      Die Belt-and-Road-Initiative 69

   Belt and Road versus Achse des Guten 79

   Neue Verbindungen im Osten 84

   Chinesische Grenzüberschreitungen 96

   China »in action« – Aktivitäten auf vier Arbeitsfeldern 101

Kapitel 3
Sandstürme und Monsunwinde..119

    Die Wahrnehmung Chinas wird negativer..........................119

    Handel erzeugt Profit, aber auch Konflikt 122

    Hegemonie und große Pläne...128

    Zwischen Misstrauen und Rivalität.................................146

    China ist fremd 151

    China steht für nichts – Das muss sich ändern...................157

Kapitel 4
Westwindflaute 167

    Sinkende Sterne...167

    Europas Krisen sind hausgemacht..................................175

    Einer träumt, die anderen rechnen –
    Das TRACECA-Dilemma..189

    Deutschland – Ein Paradox 194

Kapitel 5
Europa und der Drache 205

    Europa, der Stier und der Drache –
    Zeit für einen Wechsel?..205

    Die Hanse – Eine frühe »Belt-and-Road-Initiative«
    made in Germany..217

    Den Drachen reiten – Hinein in die Zukunft 229

Anmerkungen..241

Register..249

KAPITEL 1
DER WIND WEHT VON OSTEN

Brennpunkt Neue Seidenstraße – Größenwahn oder große Chance?

Der Drache schnaubt laut mitten in Europa. Er macht dabei viel Wind, der uns ins Gesicht weht: Firmenkäufe, Touristenmassen und eine neue Politik namens Belt-and-Road-Initiative, kurz: BRI. Auch bekannt als Neue Seidenstraße. Das ist der lange Schwanz des Untiers. Bis zurück nach China reicht er. Sein Schwanz ist gegabelt, denn es sind zwei Systeme von Wegen nach China, insgesamt deutlich länger als der halbe Erdumfang.

Während die Nasenspitze des Drachens in Rotterdam liegt und neuen Wind Richtung England bläst, windet sich der Gabelschwanz über Land und durch die Meere. Der eine Teil davon wühlt den Sand der eurasischen Steppe auf, der andere peitscht durch den Indischen Ozean.

KAPITEL 1

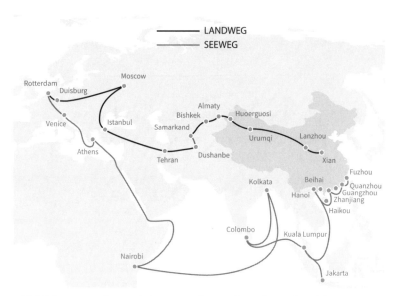

Abbildung 1: Die zwei Systeme der Belt-and-Road-Initiative (BRI)

Doch der Drache ist nicht irgendein Tier. Er ist ein Fabelwesen und daher unheimlich, phantastisch. Zudem schätzen ihn West und Ost sehr unterschiedlich ein: In China symbolisiert die Kreatur das Männliche, Starke, den Herrscher. Sie verkündet das neue Jahr und damit pulsierendes Leben. In Deutschland sieht das anders aus: Im Mittelalter glaubte man fest daran, dass Drachen existierten und die Menschen bedrohten. Das machte diese Epoche noch etwas finsterer. Die Angst vor China, dem Untier in Drachengestalt, ist noch immer da – nicht zuletzt, weil der heutige Lindwurm kein europäisches Geschöpf mehr ist. Skeptische Fragen kommen auf, etwa diese:

- Wie sehen die Chinesen die Welt, und was haben sie mit ihr vor?
- Was bezweckt China mit diesem »Drachenschwanz«, der Neuen Seidenstraße?

DER WIND WEHT VON OSTEN

- Ist die Neue Seidenstraße eine Form des neuen Imperialismus aus dem Reich der Mitte in Asien und weltweit?
- Unterwandert China so die Demokratie hierzulande?
- Werden unsere Nachbarn im Osten mit chinesischen Krediten abhängig gemacht?
- Wird China mit seiner aggressiven Globalstrategie einen Krieg provozieren?
- Welche Fehler haben wir in Europa gemacht, dass es so weit kommen konnte?
- Welche unserer Fehler haben die Chinesen als solche erkannt und nutzen sie möglicherweise für sich?
- Wie können Deutsche und Europäer mit dem chinesischen Drachen klarkommen? Können wir ihn reiten?
- Was haben wir selbst zu bieten?
- Wie sieht unsere Zukunft aus?

Widmen wir uns zunächst der ersten Frage, die eine doppelte ist: Wie sehen die Chinesen die Welt, und was haben sie mit ihr vor? Um Antworten zu finden, müssen wir reisen. Nach Astana in Kasachstan. In das Auditorium einer Hochschule. Dort stehen zwei rote und zwei blaue Flaggen ordentlich über Kreuz vor einer Leinwand. Darüber eine goldene Aufschrift: Nazarbayev University. Davor ein Podium mit vier Sitzplätzen. Der zweite Sessel von links ist frei. Der Mann, der soeben noch darauf saß, geht gemessenen Schrittes zu einem Rednerpult, das links daneben steht. Alles ist aus dunklem Holz und könnte auch das Auditorium einer beliebigen US-amerikanischen Universität sein, wären da nicht die beiden Flaggen und der Name »Nazarbayev«.

Nursultan Nazarbayev, Jahrgang 1940, regiert seit 1990 dieses Land. Die Stadt heißt Astana, doch im Grunde müsste sie »Nazarpolis«

KAPITEL 1

heißen. Astana ist das Werk des Staatsführers, eine Retortenhauptstadt, die in nur zwei Jahrzehnten aus der Steppe emporgehoben wurde. Nazarbayev ist jemand, der niemanden über oder neben sich duldet. Doch jetzt schweigt der kasachische »Führer der Nation (*ult lideri*)« und versucht, sich auf den Redner zu konzentrieren.

»Verehrter Herr Präsident ...«, beginnt der Mann in schwarzem Maßanzug und mit blauer Krawatte seine Rede in chinesischer Sprache.[1] Die Form ist gewahrt, der 13 Jahre ältere Führer der Nation nickt. Über die ergrauten Züge des Machthabers huscht ein leichtes Lächeln. Er trägt einen Kopfhörer, um die Worte des Redners zu verstehen, denn Chinesisch beherrscht er offenbar nicht. Der Mann im Maßanzug redet weiter. Er nennt einen Namen: Zhang Qian, ein Landsmann, der vor 2100 Jahren lebte und bereits die »Seidenstraße erschlossen« haben soll. Der Redner wird sentimental, wechselt ins Persönliche. Bilder von Kamelkarawanen ziehen an seinem geistigen Auge vorüber, so real, dass er »sogar das Läuten von Kamelglocken zwischen den Bergen« höre und »aus der Wüste, welche die Karawane durchzieht, Rauch kräuselnd in Schwaden aufsteigen« sehe. Für Sekunden hält er inne, kräuselt die Nase – so als röche er den Rauch.

»Ich stamme vom Anfangspunkt dieser Straße«, sagt er, »aus der chinesischen Provinz Shaanxi. Kasachstan ist ein Land, durch das die Seidenstraße zieht.« Er sei »vertraut und verbunden« mit dem Land seines Gastgebers, das er als »nahen Nachbarn« bezeichnet. Dann folgen weitere Bilder aus ferner Zeit: Er sehe »einen unaufhaltsamen Strom von Gesandten, von Händlern, Reisenden, Gelehrten, Handwerkern aus Ost und West«, ein »gegenseitiges Geben und Nehmen«, er fühle den damaligen »Austausch und das gegenseitige Lernen, was gemeinsam zum Fortschritt der Menschheit beitrug«. Geschichte wird lebendig, indem Xi Jinping sie zitiert.

DER WIND WEHT VON OSTEN

Der Mann am Rednerpult, Staatspräsident der Volksrepublik China, fixiert sein Publikum. Er fährt fort: »Seit über 20 Jahren hat die Alte Seidenstraße durch die rasche Entwicklung der Beziehungen zwischen China und den Staaten Eurasiens Tag für Tag neue Vitalität, neue Lebenskraft gewonnen, und gegenwärtig bietet sich China und den Seidenstraßenländern eine einmalige Chance, einen neuen Wirtschaftsgürtel entlang dieser alten Route aufzubauen.«

»Wirtschaftsgürtel« und »Seidenstraße«. Daraus prägt Xi Jinping einen neuen Begriff: *yi dai – yi lu*, wörtlich »ein Gürtel – eine Straße«. »Zusammenarbeit« (*hezuo*) lautet sein Credo, und »Zusammenarbeit soll im Politischen stattfinden, wo wir gemeinsam nach Wegen und Strategien zur wirtschaftlichen Entwicklung suchen wollen«. Suchen westliche Denker und Strategen gern nach dem Trennenden, das die Zusammenarbeit einschränken könnte, so folgt Xi dem Prinzip des »Gemeinsamkeiten-Suchens«. »Nicht von der Maas bis an die Memel« – das wäre viel zu kleinteilig und zu wenig ambitioniert – reichen die künftigen Verkehrsverbindungen. Sie sollen dagegen »den Pazifik mit der Ostsee verbinden«.

Der Redner macht eine Kunstpause, eine genüssliche Handbewegung, bevor er den wichtigen dritten Punkt des neuen Seidenstraßenzeitalters nennt – den freien Handel: »Möglichkeiten für drei Milliarden Menschen entlang des Seidenstraßengürtels«, eine einzigartige Chance ökonomischer Vernetzung und Beseitigung der Tarifschranken zwischen den Seidenstraßenökonomien. Diese im Einklang damit, dass eine »beschleunigte Geldzirkulation« so wie die bereits verbesserten Bedingungen zwischen China und Russland den Handel entlang der Routen noch stärker befeuern mögen. »Ja, und am Ende«, so schließt Chinas Präsident, »soll dann die Annäherung der Herzen aller Völker des Seidenstraßengürtels stehen.«

KAPITEL 1

Gefühle am Ende einer Rede. Gefühle für Großes. Die Zukunft glänzt in den Augen des Redners. Unter dem Pathos seiner Wortwahl wird klar, dass dieser Mann mit der Seidenstraße einen Baustein von Jahrhundertformat auf die Baustelle politischer Gestaltung des 21. Jahrhunderts gehievt hat. Dieser Baustein ist Teil eines Arsenals von Baumaterialien, die unter dem Sammelbegriff »Wiedergeburt« oder »Renaissance« für Größe stehen.

Das chinesische Wort dafür lautet *fuxing*. *Fuxing* steht daher auch als Motto auf jedem neuen Hochgeschwindigkeitszug, der seit dem 25. Juni 2017 ausgeliefert wird. Mit kommerziell nutzbaren Spitzengeschwindigkeiten von 350 km/h übertrifft er den deutschen ICE 3. Züge dieser Art symbolisieren Chinas Drang in die Welt. Die chinesische Führung würde es begrüßen, wenn sie bald in ganz Eurasien unterwegs wären.[2] *Fuxing* mit modernster Technik, *fuxing* als Auferstehung bewährter Außenpolitik, die China schon um die Zeit Christi Geburt mit dem römischen Kaiserreich in Verbindung brachte.

Der Mann am Rednerpult spricht es nicht offen aus, doch er meint es: In Wahrheit geht es um die Verknüpfung Chinas mit Europa. Die eurasischen Brückenländer sind Quellen noch längst nicht ausgeschöpfter Bodenschätze, Partner eines gigantischen neuen Transportnetzes. Ihre Ergebenheit sichert die souveräne Spitzenstellung auf unserem Planeten. Von dieser enormen Herausforderung handelt dieses Buch – und davon, wie Europäer darauf reagieren können und mehr noch: reagieren müssen.

Das Bild der Kamelglocken und rauchenden Wüstenfeuer ist nicht allein rhetorisches Pathos ohne Gefühl, sondern entstammt den Visionen eines chinesischen Führers. Dieses Gespür für die Bedeutung der Geschichte – im kaiserzeitlichen China gehörten Historiografen zu den einflussreichsten Ministern – unterscheidet das chinesische Denken vom deutschen politischen Denken und Handeln der Gegenwart.

12

DER WIND WEHT VON OSTEN

Bei uns versickert deutsche Geschichte oft genug im Dritten Reich. Mehr ist nicht gefragt, Geschichte endet da, wo sie anfangen müsste – bei dem, was unser Land formte.

Die Seidenstraße war einst ein Geflecht von Handelsrouten durch Zentralasien zwischen China und Europa. Sie steht für eine Zeit, als das Reich der Mitte sich anschickte, eine aktive Handelsbilanz mit der Welt aufzubauen, dazu noch in einer Region, welche die führenden Kulturen ihrer Zeit umfasste.

China, das mongolische Weltreich, die Genese der Türken, die persische Ästhetik, einschließlich des Erbes griechischer Expansion unter Alexander dem Großen, bis zu den Römern, ohne die unser Europa heute nicht denkbar wäre. All diese Völker, Kulturen und »Länder«, von denen Xi spricht, gehören dazu. Sie waren einst eng verbunden durch diese Straßen. Es braucht im Grunde nicht mehr, um zu verstehen, warum der britische Historiker Peter Frankopan hier vom »Mediterra in seiner wörtlichen Bedeutung«, von der wahren Mitte der Welt, spricht.[3] Frankopans Mitte der Welt besteht aus einem Netz von Straßen, das über viele Jahrhunderte fast alle Bereiche menschlicher Zivilisation zum Gegenstand des Austauschs zwischen den Völkern Europas und Asiens machte: Glaube und Religion, Revolutionen, Handel, Geldwesen, Tod und Zerstörung, himmlische Sehnsüchte, weltliche Reiche, Krisen, Rohstoffe, Kalter Krieg, Rivalität zwischen Supermächten und vieles andere, allzu Menschliches mehr.[4] Die Seidenstraßen waren Schlagadern im Organismus der großen Zivilisationen. Sie beförderten Weltreligionen, Welthandel und eine Außenpolitik, die, statt ständiger Beschränkung durch Dauerbeschäftigung mit inneren Problemen, den großen Ausblick auf Neues wagte. Die Seidenstraße gebar Visionen.

Wir empfinden oft das Gegenteil, wenn wir weiter nach Osten, mitten nach Asien blicken. Wir sind beunruhigt von den Feuern der

KAPITEL 1

aktuellen Kriege, dem Elend des radikalen Islamismus, von den tris-
ten Monokulturen, die gestern das Sowjetreich und heute der überall
dominante Islam dieser Region beschert haben und noch bescheren.
Es ist nicht unbedingt ein Bild des Glanzes, das Zentral- und Westasi-
en derzeit liefern. Selbst Osteuropa bietet nicht immer Positivbilder.

Nur wenige Monate nach seiner Grundsatzrede von Astana ist Xi am
3. Oktober 2013 zurück auf der Bühne. Diesmal in Jakarta, als Eh-
rengast des indonesischen Parlaments, was die BBC immerhin zu
der Meldung veranlasst, dass Xi wohl der »erste ausländische Staatsführer« sei, dem es vergönnt ist, dort zu reden. Wie schon in Astana
scheint es Xi auch in Djakarta nichts auszumachen, unter dem Namen oder Konterfei eines anderen starken Mannes zu reden. Waren es
die goldenen Schriftzüge, die in Astana Nazarbayevs Namen über dem
Redner glänzen ließen, so ist es hier ein Porträt des Staatspräsidenten
Susilo Bambang Yudhoyono, der als ehemaliger General den Inselstaat
zwischen 2004 und 2014 führte.

Obwohl Indonesien und China enge Handelspartner sind und ethnische Chinesen einen gewichtigen Teil der indonesischen Bevölkerung ausmachen, ist die Inseldemokratie muslimischer Prägung Mitglied der ASEAN-Staaten, zu denen auch Chinas Dauergegner Vietnam
gehört. Indonesien, als bevölkerungs- und auch ökonomisch stärkstes
Land der ASEAN, ist auch Sitz des Verbandes. Nicht ganz einfach ist
also die Ausgangsposition für Xi Jinping.

Doch der bleibt unbeirrbar am Rednerpult und lässt wie in Astana
das Bildnis des einheimischen Machthabers hinter ihm unscharf werden: Wieder sind es Emotionen, welche die Rede des Chinesen durchziehen. Er spricht von »Blutsverwandtschaft, gemeinsamen Flüssen
und Bergen«, die man sich teile. Trotz aller Spannungen, die China
mit einzelnen ASEAN-Mitgliedern, wie etwa Vietnam, hat, zieht der

14

Staatspräsident wieder die Harmoniekarte. Ausgesprochen persönlich wird er, als er einen früheren Besuch des damals amtierenden Staatschefs Yudhoyono in China 2006 anspricht: »Berge und Flüsse in China bewegten Präsident Yudhoyono damals sehr. Sie erinnerten ihn an seine Kindheit und seinen Heimatort.« Auch hier wieder das Gefühl. Bande zwischen zweien, die sich schon aufgrund ihrer »Blutsverwandtschaft« bestens verstehen müssten.

Für den Redner am Pult sind die Gefühle des Indonesiers – vorausgesetzt, sie waren echt – Beweise der »starken Bande« und der Affinität beider Staaten zueinander. Und diese Affinität ist nun der Schlüssel, der den Mann, der heute eine merkwürdig blass glänzende, fast rostrote Krawatte trägt, zum Kern seiner Botschaft vorstoßen lässt, die nicht nur an das indonesische Volk und seine Gastgeber allein gerichtet ist: »Südostasien bildete schon im Altertum einen wichtigen Knotenpunkt der maritimen Seidenstraße« und gemeinsame Aufgabe sei es, »eine maritime Seidenstraße des 21. Jahrhunderts aufzubauen«.

Damit kommt auch das zweite Großprojekt offen zur Sprache. Die aktive Wiederbelebung und Verstärkung einer der wichtigsten maritimen Handelsrouten der Welt wird historisch legitimiert. Schon längst bewegt sich mehr als die Hälfte des Welt-Container-Aufkommens über eine lange Route. Diese verläuft vom Suezkanal durch die Straße von Hormus, den Persischen Golf, den Golf von Bangalen. Sie führt vorbei an der Südspitze Indiens und Sri Lankas, wonach sie schließlich die ASEAN-Staaten erreicht, um nach Durchfahren der Straße von Malakka, jenem Engpass zwischen Singapur und Sumatra, auf die umstrittenen Hoheitsgewässer des Südchinesischen Meeres zu treffen. Um dieses Territorium streitet sich China mit einigen ASEAN-Staaten.

In diesen Gewässern materialisiert sich der Welthandel des 21. Jahrhunderts in kilometerlangen Schiffskolonnen, in modernen

KAPITEL 1

Stahlkarawanen zur See. Wie an Perlen auf einer Schnur kämpfen sie sich die südostchinesische Küste entlang nach Norden, um schließlich Shanghai oder Qingdao zu erreichen. Wer sich mit dem Flugzeug von Japan der chinesischen Küste bei Shanghai nähert und das Glück hat, in einem dunstfreien Moment auf das graubraune Meer unter sich zu blicken, sieht die modernen Armadas unserer Zeit. Tausende Kilometer weiter südwestlich steigt er auf einen Wolkenkratzer in Singapur und sieht sie erneut unter sich – die wartende Schiffskarawane. Sie versinnbildlicht die Dimensionen globalisierter Warenwirtschaft.

Zu den kommerziellen Gütern kommt das Öl, das in unterschiedlichen Derivaten per Tanker entlang der Küsten des Indischen Ozeans verschifft wird. Die Tankerkarawanen sind schwimmende Zeitbomben, denn schon ein Teil der verladenen Ölmengen würde reichen, um die Gewässer und ihre angrenzenden Küsten tödlich zu kontaminieren. Wir nehmen das in Kauf, benötigen den schmierigen Stoff weiterhin: »70 Prozent des weltweiten Verkehrs mit Ölprodukten zieht an den Küsten des indischen Ozeans vorüber«,[5] schreibt Robert Kaplan, der im Jahr 2010 mit seinem Buch *Monsoon* als Erster das gewaltige Potenzial dieser »maritimen Seidenstraße« beschrieb – noch bevor Xi Jinping Staatspräsident wurde.

Die Ära des Westens geht zu Ende

»Ich sehen in der Weltgeschichte das Bild einer ewigen Gestaltung und Umgestaltung, eines wunderbaren Werdens und Vergehens organischer Formen«, schrieb Oswald Spengler.[6] Geschichte ist wie das Leben eines Menschen oder der Jahreslauf. Sie besteht aus Frühjahr, Sommer, Herbst und Winter – aus Kindheit, Jungend, Blüte des

16

Erwachsenseins und aus dem Alter. Sie ist dynamisches Leben unterschiedlicher Akteure.

Die Akteure des Westens stehen dabei mitten im Winter. Spengler sah uns bereits vor einem Jahrhundert am Anfang der kalten Jahreszeit. Der Winter des Westens ist eine lange Altersphase, deren Ende – und damit ihr Tod – schwer abzuschätzen ist. Der Zusammenbruch der stabilen zweipoligen Welt aus Ost und West, der beginnende Rückzug Amerikas von der globalen Zivilisation auf sich selbst, die innere Krise Europas, die Dauerbeschäftigung mit einer Flüchtlingspolitik, die von kreativer Arbeit für die Zukunft abhält, der Visionsmangel des Westens gegenüber dem Ehrgeiz des Ostens, der nun vom Westen Besitz zu ergreifen beginnt. Ohne tief zu graben, sind viele Symptome des Niedergangs zu entdecken. Sie halten Spenglers Wort vom Untergang der abendländischen Zivilisation aktuell.

Der wundersame Erfolg des Westens über Jahrhunderte ist nicht zuletzt China zu verdanken – oder besser: einem Irrtum. Dem Irrtum, dass das, was man für China hielt, in Wirklichkeit Amerika war. Christopher Kolumbus (1451–1506) war Zeit seines Lebens davon überzeugt, den Seeweg nach China gefunden zu haben.

China, das »India Superior« damaliger Kartenwerke, musste unter Segeln gefunden werden. Und zwar dringend: Europa war abhängig von Seide und Gewürzen, die aus dem Reich der Mitte und aus Indien stammten. Doch nach der Eroberung von Konstantinopel im Jahre 1453 machten die Osmanen den europäischen Importeuren das Leben schwer. Sie diktierten hohe Zolltarife, und die begehrten Waren wurden langsam unbezahlbar. Der Abfluss an Gold und Silber aus Europa war enorm.

Marco Polos Reisebericht hatte Kolumbus infiziert. Darin fand er das Ziel seiner bevorstehenden Reisen: die Stadt Hangzhou, bei Marco Polo Quin-sai genannt, eher bekannt unter dem Namen Lin'an. Hangzhou, die einstige Hauptstadt der südlichen Song-Dynastie, war lange

KAPITEL 1

die größte Stadt der Welt. Kolumbus, der 200 Jahre später als Polo lebte, glaubte noch immer, dort den Herrscher über das einst größte Weltreich aller Zeiten zu finden, den großen Kublai Khan, Enkel des Dschingis Khan und Kaiser der Yuan-Dynastie (1279–1368).

Kolumbus suchte die maritime Seidenstraße nach Indien und weiter nach China, um die Abhängigkeit der osmanischen Türken zu umschiffen. Die neue Seeroute nach Osten war der Weg in den globalen Freihandel. Der Genueser in spanischen Diensten war ein Entdecker im Dienste des Homo oeconomicus, der immer mehr Waren zu günstigeren Preisen benötigte.

Der Rest der Geschichte ist bekannt: Alle vier Reisen des Christopher Kolumbus zwischen 1492 und 1506 führten den Genueser Reisenden in die Karibik und zuletzt ans mittelamerikanische Festland. Damit begann die Kolonialisierung und weiße Expansion über die Welt, die über fünf Jahrhunderte dauerte.

Was Xi Jinping, der künftige Herr über die begehrteste Seehandelsroute der Welt, vermutlich nicht weiß, ist ein Satz, den Kolumbus dem Schatzmeister seiner Majestät Ferdinand II. von Aragon Luis de Santángel schrieb: »Ihre Majestäten können sehen, dass ich ihnen Gold geben werde, so viel sie Bedarf haben [...] und Sklaven, so viele sie [auf die Schiffe, M. H.] zu laden befehlen.«

Obwohl Kolumbus nie nach Quin-sai gekommen war, wurden die Menschen, die er an den neuen Küsten fand, zu Sklaven. Er versklavte Menschen einer Zivilisation, die Marco Polo noch bewunderte. Wenn Kolumbus bis zu seinem Lebensende daran glaubte, dass er India Superior, also China, entdeckt hatte, dann versklavte er Menschen, die seine europäischen Ahnen noch als gleichberechtigt empfunden hatten. Das ist das wirklich Erstaunliche an den Entdeckungsreisen des Christophers Kolumbus. Unverhohlenes Überlegenheitsgefühl, ein damals noch klar zur Sprache gebrachter Rassismus, prägte das Denken und

18

Handeln des Entdeckers. Vielleicht liegt in seinem Verhalten der Beginn des unseligen Überlegenheitsgefühls des Europäers, das als bitterer Beigeschmack Renaissance und Aufklärung begleitete und in den Imperialismus mündete. Mit Kolumbus begann das europäisch-amerikanische Zeitalter.

Europas erstaunliche Erfolgsstory scheint auf friedliche Weise ihr Ende zu finden. Das ist schon einmal eine gute Nachricht, denn die Erfolgsgeschichten westlicher Nationen basieren einem Naturgesetz gleich auf Kriegen. Nach über 500 Jahren Dominanz des weißen Mannes beginnt sich das Schicksal zu drehen, und die Achse kultureller Vorherrschaft wandert wieder nach Osten.

Die Welt ist nicht mehr, wie sie war, oder besser: sie wird vielleicht wieder so, wie es ihrer Natur zukommt. Eine Ära, in der das Licht nicht – wie es die Natur vorschreibt – aus dem Osten kam, sondern aus dem Westen, geht zu Ende. Mit dem Aufstieg Chinas könnte der Satz »Ex oriente lux« – »das Licht kommt aus dem Osten« – auch für die Menschheitsgeschichte wieder Sinn enthalten, sofern die Menschheit überhaupt noch eine weitere Geschichte hat, die sie schreiben kann. Doch das ist nicht Thema dieses Buches.

Europa ist jedenfalls in der Krise, weil es sich einst von Asien abgespalten hat, um seinen eigenen Sonderweg zu gehen. Die »splendid isolation« eines Teilkontinents, der im Grunde das westliche Anhängsel Asiens ist. Daher empfinden wir heute unseren Doppelkontinent als zwiegespalten. Bereits Goethe thematisierte diesen Zwiespalt in seinem Gedicht vom *Ginkgo biloba* und lenkte dabei den Blick auf den gemeinsamen Stengel des gekerbten Ginkgoblattes:

Ist es ein lebendig Wesen, das sich in sich selbst getrennt?
Sind es zwei, die sich erlesen, dass man sie als Eines kennt?

Dieses Gedicht ist als spielerisches Liebesgedicht bekannt geworden. Der Großdichter sendete es aus der späteren Hauptstadt deutscher Romantik, aus Heidelberg, zu seiner Angebeteten Marianne Willemer ins heimische Frankfurt. Doch Goethe wäre nicht Goethe, wenn er hier nicht doppelt gedacht hätte – nicht zuletzt, weil er wissend mit dem Getrennten im Einen und umgekehrt spielt.

Wie die beiden Blätterteile des jungen Gingko in ihrem Stengel zusammenlaufen und daraus ihre Nährstoffe erhalten, so verhalten sich auch Europa und Asien zueinander. Keine klare Trennungslinie scheidet uns vom Osten, denn der Ural ist die unspektakulärste gedachte Trennlinie, die man sich vorstellen kann. Im Kaukasus wird es schwer, die Grenzlinie festzumachen. Kasachstan, Chinas Nachbar, spielt in den europäischen Fußballwettbewerben mit. Die Türkei will, obwohl überwiegend geografisch in Asien beheimatet, unbedingt nach Europa – so wie das Osmanische Reich nach Europa griff. Trotz dieser Nähe empfinden wir den Osten als viel weiter entfernt von uns als Amerika, das ein ganzer Ozean von uns scheidet und letztendlich Kolumbus um den gewünschten Erfolg seiner teuer bezahlten Unternehmungen gebracht hat.

EURASIEN ist ein Begriff, der vom kleinen Europa ausgeht und sich das große Asien anhängt. Mit China ist der Osten nach Jahrhunderten der Kolonisation durch den Westen nun aufgebrochen, sich den Westen »anzuhängen« – vorsichtig, aber immer bestimmter mit Mitteln der Internetzensur, der digitalen Parallel- und Konkurrenzwelten, mit Wirtschaft und Technologie. Die Absicht dazu findet sich nirgendwo formuliert, China selbst wehrt sich gegen jeden Vorwurf von Hegemonie. Doch wer die Führung übernimmt, wird automatisch zur Alphagröße.

Mit Technologie hat sich der Westen auf kriegerische Art und Weise den Osten aneignen können. Nun wird EURASIEN zu ASIAROPA.

Besonders ironisch, vielleicht sogar zynisch scheint der Verdacht, dass es gerade die Nachfahren der britischen Kolonialherren sind, die Asiens Partnerschaft suchen – oder sich besonders gern von China suchen lassen. Jene einst stolzen Begründer der ostindischen Kompanie und des weltweiten Empires setzen nun weit bescheidener, aber durchaus nicht ohne Vorausschau, die Hoffnung ihrer eigenen Fortexistenz verstärkt auf den Osten. Dazu wollen sie das zu enge Haus Europa verlassen.

Eine veränderte Weltsicht

Wie sieht China die Welt? Anders als Europäer und Amerikaner. Wir sind Landkarten gewohnt, die den Atlantik im Mittelpunkt zeigen. Daneben sind die beiden Protagonisten der westlichen Welt, Amerika zu Linken, Europa zur Rechten, platziert, die diesen westlichen Ozean wie Wächter flankieren. Südamerika und Afrika wirken wie Stützen, auf denen Amerika und Europa stehen. Hier sind vielfältige Deutungen möglich. China, Japan, die asiatische Welt sind weit davon entfernt – ihr naher Ozean, der Pazifik, ist zweigeteilt, da man ihn auf der planen Fläche der Karte nicht zusammenhängend darstellen kann. Wie die dunkle Seite des Mondes wirken dieser Ozean und sein randständiges Westufer Ostasien abgewandt, fern – für die Konstitution des Weltbildes marginal.

Dieses Kartenbild kennt jeder von uns von Kindheit an. Doch kaum einer denkt darüber nach, dass an entfernteren Orten andere Weltbilder vorherrschen. Eine chinesische oder japanische Karte rückt den Pazifik selbstverständlich in den Mittelpunkt der Darstellung. Der Stille Ozean ist, gemeinsam mit dem Indischen Ozean, das zentrale Gewässer. Amerika und Europa, die Hauptgebiete unserer atlantischen

KAPITEL 1

Karte, sind für diese Sichtweise an die Ränder verschoben. Durch die zwangsweise Dehnung der Breitenkreise an den Kartenrändern wirkt der Westen merkwürdig gestreckt, unnatürlich, fast verschwommen peripher. Der pazifisch-südostasiatische Raum, jene Gegend, welche die maritime Seidenstraße verbindet, ist zentral, der Indische Ozean liegt ebenfalls im zentralen Blickfeld des Betrachters.

Dieser pazifische Blick auf die Welt findet sich auch in historischen Karten wieder. Sie entstanden am chinesischen Kaiserhof, vor allem während der Qing-Dynastie (1644–1912), und sind eine Art Umkehrung der bekannten europäischen Kartendarstellung. Für die europäische Sicht der Welt, wie wir sie gewohnt sind, sind die bekannten Kartenentwürfe Gerhard Mercators (1512–1594) maßgeblich. Sein Kartenbild von 1569 zeigt zwei Kreise und damit einen auf die zweidimensionale Fläche projizierten Globus. Der linke Kreis enthält den amerikanischen Doppelkontinent, während der rechte Kreis Europa, Asien und Afrika abbildet.

Es ist offensichtlich, dass Mercators Kartenentwurf das Vorbild der 200 Jahre jüngeren Karte aus dem Reich der Mitte war. Diese chinesische Karte ließ Kaiser Qianlong (1731–1796), unter Anleitung der damals bei Hofe tätigen europäischen Jesuiten, erstellen. Sie enthält schon die Mittenstellung Chinas und damit auch die zentrale Lage des Pazifiks. Die chinesische Küstenlinie und Japan bilden in etwa die Schnittstelle zwischen beiden Globushälften. Die Qianlong-Karte ist eine antithetische Darstellung zum Weltbild der Europäer: Der chinesische Küstenverlauf und die Läufe der großen Flüsse sind in der jüngeren chinesischen Karte genauer dargestellt, die europäische Karte ist exakter bei der Abbildung Europas, das die 200 Jahre jüngere Version nur grob und wenig detailreich wiedergibt.

Abbildung 2: Gerhard Mercators Sicht auf die Welt – Prototyp der modernen europäischen Weltkarte

KAPITEL 1

Von den neuen Kolonien in Amerika bis an die Ränder Europas am Atlantik waren Chinawaren – nicht nur »chinaware«, das Porzellan – heiß begehrt. Große Silbermengen flossen von Europa und Amerika ins Reich der Mitte, um die Chinawaren zu bezahlen. Umgekehrt hatten die Mandschu-Kaiser des 17. und 18. Jahrhunderts, von denen Kang Xi (1654–1714) und Qianlong je rund 60 Jahre lang China kontinuierlich regierten, kein Interesse an westlichen sogenannten Barbarenwaren. Was sie besonders interessierte, war die Erschließung des weiten Raumes Zentralasiens, einschließlich Tibets, wodurch sich enorm viel neues Siedlungsgebiet – politisch etwas inkorrekt formuliert – als eine Art chinesischer Lebensraum im Westen öffnete. Chinas Interesse an Zentralasien, an der Region, durch die seit vielen Jahrhunderten der Seidenstraßenhandel lief, war ebenso ökonomisch wie geopolitisch motiviert. Er sicherte den Einfluss und die Kontrolle Beijings in einer damals wohlhabenden, rohstoffreichen Region.

Genau wie Chinas aktuelle Herrscher setzten die Kaiser der Qing-Zeit auf ständige Kontrolle und Austausch mit allen Regionen des groß gewordenen Reiches. Zentralasien war eine Schlüsselregion. Wer die Handelswege kontrollierte und beherrschte, dem stand eine glorreiche Zukunft offen. Die territoriale Expansion, und nicht zuletzt der entscheidende Schritt nach Westen, sorgten für mehr Wohlstand, neuen Siedlungsraum und damit für eine Bevölkerungsexplosion, eine Verdoppelung der Einwohnerzahl in 60 Jahren Qianlong-Zeit.

Das vormoderne China des 17. und 18. Jahrhunderts war ökonomisch und technologisch Europa in fast allen Belangen überlegen. Führende Köpfe unter den Europäern jener Zeit, wie der deutsche Universalgelehrte und Mathematiker Gottfried Wilhelm Leibniz, waren klug genug, Chinas Entwicklung schon zu Zeiten des Großvaters Qianlongs, des Kangxi-Kaisers, so genau wie möglich zu studieren. Leibniz hatte zum damaligen Zeitpunkt, im krisengeschüttelten

DER WIND WEHT VON OSTEN

Europa des 17. Jahrhunders, kein Problem damit, von China die besten landwirtschaftlichen Anbaumethoden der Zeit zu erlernen. Darüber hinaus studierte er die Verwaltung des chinesischen Staates und empfahl die Vorzüge von Kangxi, dem führenden Herrscher der damaligen Welt, europäischen Politikern zum Nachahmen und Lernen.

Leibniz war bewusst, dass dieser Führer der »Sinenser« zwei maßgebliche Fähigkeiten besaß, große zusammenhängende Reiche zu steuern: zum einen den Blick für das Große überhaupt, das »big picture«, die Vision eines starken, territorial weit ausgreifenden Chinas und zum anderen die Gelassenheit gegenüber Neuem und die Neugier an Unbekanntem.

Die Adaption der Mercator-Karte für die chinesische Geografie und Weltsicht hielt Chinas andere Sicht auf den Planeten fest. Nun wird der chinesische Blick auf die Welt, vor allem gen Westen, erneut interessant. Eine nicht ganz ernst gemeinte Karte aus unseren Tagen zeigt, welche Klischeebilder die Chinesen den unterschiedlichen Völkern und Regionen der Welt zuweisen: Auf dieser Karte der Klischees sind Russland und damit auch die Staaten der ehemaligen Sowjetunion »alte Freunde« mit einem »riesigen Territorium«. Die arabisch-türkische Region gilt als ewiges »Kriegsgebiet«. Afrika, als der Kontinent der Wüsten, schwarzen Menschen, aber auch der sozialistischen Bruderstaaten, zu denen man besondere Bande hat. Amerika ist das Land, das »gern Kriege führt«. Und wofür steht Europa in diesem chinesischen Weltbild der Klischees? Hier reichen die Zuweisungen von »Schneeregion für Skandinavien« zu »Stierkampfgegend« (Spanien) und immerhin die Reiche von »Romantik, Literatur und Kunst« für Frankreich und Deutschland. Reizvoll ist Europa, aber es ist weder ein alter Freund wie Russland noch ein ebenbürtiger Gegner, an dem man sich reiben kann, wie die USA.

25

KAPITEL 1

1935 veröffentlichte ein Mann namens Lin Yutang in den Vereinigten Staaten ein Buch mit dem Titel *Mein Land und mein Volk*. Er
begann es mit dem Satz: »Wenn man in China ist, muss man auch
immerfort an China denken, voller Mitgefühl, manchmal auch voller Verzweiflung ...«[7] Der Autor, chinesischer Abstammung, 40 Jahre
alt und bereits mit einer bewegten Karriere als Politiker und Hoch-
schullehrer hinter sich, war in das Land des American Dream aufgebrochen. Der Begriff war noch neu, nur vier Jahre früher – im Jahr
1931 – von James T. Adams in dessen Erfolgswerk *The Epic of America*
formuliert.

Der vierzigjährige Emigrant aus China hat sich sicher nicht träumen lassen, dass sein Buch – in englischer Sprache verfasst – ein eben-
solcher Erfolg werden und an die Spitze der amerikanischen Best-
sellerliste aufsteigen sollte. Für ihn erfüllte sich ein amerikanischer
Traum von Leistung und harter Arbeit, die sich auszahlte. Dabei war
er Chinese, und von Chinesen schrieb der Autor Lin Yutang gleich auf
der ersten Seite, dass China ein »aller Ordnung spottendes Chaos« sei,
das es »ein manchmal tragisches, manchmal komisches Schauspiel«
böte, immer aber »vom durchdringendsten, derbsten Realismus«.[8]

Gefangen in einem solchen tagtäglichen Realismus des dauerhaf-
ten Beschäftigtseins mit dem Leben träumt man nicht. Man lächelt
zum Dilemma des Alltags, hält ihn aus, überlebt: »Inmitten von Krieg
und Pestilenz, von der Bettelschar seiner Kinder und Enkel umgeben,
schlürft Merry Old China in aller Ruhe seinen Tee und lächelt dazu,
und in diesem Lächeln erblicke ich seine eigentliche Stärke«,[9] schreibt
der Autor weiter.

China war zerrissen, eine unfertige Republik widerstreitender
Kommandeure und Intellektueller, voller Intrigen und Ränkespiele,
noch immer den strategischen Plänen der westlichen Mächte und Japans ausgeliefert. Sie spielten mit dem chinesischen Panda wie ein

mächtiges Raubtier, das eine dem Tode geweihte Beute zwischen den Klauen hatte.

In seinem zweiten Bestseller – Lin Yutang ist nach Mao Zedong wohl bis heute der erfolgreichste chinesische Autor im Westen – *The Importance of Living* (oder deutsch *Die Weisheit des lächelnden Lebens*) hat Lin Deutschland und China als Gegensätze in Sachen Traum herausgestellt. Für den bald im amerikanischen Exil lebenden Autor war der German Dream, der zum German Nightmare werden sollte, das Gegenstück zum traumlosen chinesischen Realismus. China vermochte nicht zu träumen, so schien es zu Zeiten Lins in den Dreißigerjahren des letzten Jahrhunderts.

Heute, mehr als 80 Jahre später, hat sich das geändert. Nun träumt China den Chinese Dream, während Deutschland durch einen traumlosen Alltag dümpelt. China träumt, weil sein Führer es so möchte, denn er braucht eine Vision, die das ökonomisch explodierende, sich globalisierende Land zusammenhält. Dabei geht es gleichzeitig um eine langfristige Perspektive. Der Traum ist für die Volksrepublik vielleicht sogar überlebenswichtig. Xis Traum ist die Überwindung des chinesischen Traumas, das der Chinasucher Kolumbus einleitete und das in den maritimen Unternehmungen der Portugiesen und später der Engländer seine Gründe fand. Gemeint ist die erzwungene Unterwerfung einer sich stets auf sich selbst beziehenden Zivilisation, eines kulturellen Gravitationspunktes unter eine überlegene Kraft: die der Europäer und Amerikaner.

Diese Erschütterung ist Ursache des chinesischen Traumas. Lin Yutang, der dessen Symptome in seinem Buch beschrieb, litt darunter, ebenso wie unzählige andere chinesische Intellektuelle und weitsichtige Politiker, wie der erste Staatspräsident des Landes Sun Yatsen (1866–1925).

KAPITEL 1

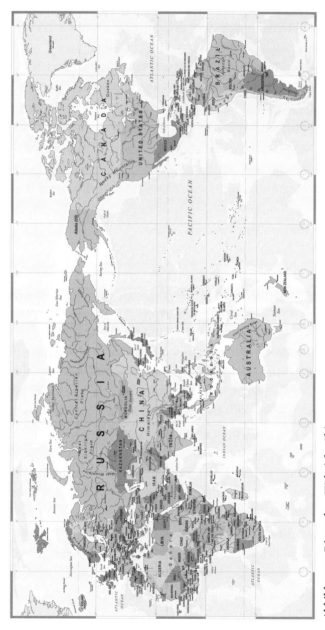

Abbildung 3: Die andere Weltsicht Chinas

Xi Jinpings chinesischer Traum ist die »große Renaissance der chinesischen Nation«. Ob China früher jemals eine Nation im modernen westlichen Sinne war, lässt sich zwar mit guten Argumenten bezweifeln, doch diese Diskussion ist hier nebensächlich, also übergehen wir sie einfach. Xi schien das Trauma des chinesischen Niedergangs während eines Museumsbesuchs am 29. November 2012 vor Augen zu haben, als er über die Schande des Opiumkriegs (1840–1842) sprach. 1840 machte ein Haufen Engländer, auf damals supermodernen Schiffen mit Opium im Gepäck, Hunderte von Millionen Chinesen von sich und ihrer Art zu leben abhängig. Wie tief dieses Trauma der Demütigung noch immer in den Herzen und Köpfen chinesischer Führer steckt, lässt sich nur erahnen.

In weiteren Reden, die Xi in den Jahren 2013 und 2014 vor unterschiedlichen Auditorien hielt, wurde der Traum der »großen Renaissance« zum Glaubensbekenntnis der KPCh. Sie allein sieht sich dazu berufen, jetzt, da sie die richtige und passende Strategie gefunden habe, den Traum in den nächsten Jahrzehnten zu realisieren – und bis 2049 China endgültig an den angestammten Platz unter dem Himmel zurückzubringen, rund 250 Jahre nach Kaiser Qianlong.

Unter diesem chinesischen Kaiser erreichte China möglicherweise seinen politischen, kulturellen und ökonomischen Höhepunkt. Die Bevölkerung hatte sich verdoppelt, Besucher aus dem Westen sprachen von wohlhabenden Bewohnern, das Land erwirtschaftete »ein Drittel des Bruttoinlandsprodukts aller Staaten«[10] der damaligen Welt zusammengenommen und seine Landwirtschaft war in allen Belangen der Agrarproduktion des Westens weit überlegen. Es war die Zeit, als China alles hatte (oder alles zu haben glaubte) und sein Kaiser an Georg III. von England ausrichten ließ: »[...] wir haben nicht den geringsten Bedarf für die Waren Eures Landes.«

So wie Qianlong es formulierte, wird es der künftige Herrscher Chinas 2049 nicht formulieren können, doch es ist durchaus das Ziel

KAPITEL 1

aller »Entwicklung« (*fazhan*) bis zur Mitte des 21. Jahrhunderts, dass andere Staaten »Bedarf an den besten Waren der Erde« haben sollen. Und die stammen dann wieder aus China und erreichen in Hochgeschwindigkeitsgüterzügen und mit Expressgleitern über die Wege der Neuen Seidenstraße in wenigen Stunden die übrige Welt. Dazu soll sich die chinesische Zivilisation als eine der wichtigen Leitkulturen neben Islam und Christentum etabliert haben – in welcher Form, weiß keiner so genau, doch sie soll. Das ist der Imperativ zum Handeln.

Das Kollektiv steht dazu in der Pflicht, einschließlich der chinesischen Diaspora: Möglichst alle Chinesen weltweit sollen den Traum der Renaissance träumen. Als Realisten, die wissen, dass ihnen nichts geschenkt wird – schon gar nicht vom Staat –, müssen sie hart dafür arbeiten: »Die ganze Gesellschaft soll Liebe zur Arbeit entwickeln, fleißiges Arbeiten als Ehre und Müßiggang als Schande ansehen.«[11] Fleiß als eine chinesische Kerntugend soll die Renaissance kultureller Größe ermöglichen, die das Land in neue goldene Zeiten führen soll. Xis »*fuxing*«-Begriff meint nicht dasselbe wie der europäische Begriff der Renaissance. Es geht weder um kulturelle Besonderheiten einer wie auch immer zu definierenden Antike noch um die Neu- und Wiederentdeckung des Individuums, seiner künstlerischen und wissenschaftlichen Möglichkeiten.

Fuxing lässt sich am besten mit chinesischen Begriffen beschreiben und erklären. Das sind vier Schriftzeichen »*Wen gu zhi xin*« (温故知新). Zu Deutsch bedeuten sie etwa so viel wie »sich mit dem Alten vertraut machen und damit das Neue erkennen«. Das klingt nach Konfuzius, und es sind tatsächlich Worte des Konfuzius (551–479).[12] Historisches Denken ist notwendig, um »mit dem Erbe unserer Vorfahren unseren Nachfahren Perspektiven zu eröffnen«.[13] Unter Mao Zedong wäre ein solcher Satz undenkbar gewesen. Es hätte denjenigen, der so redete, in der Kulturrevolution (1966–1976) womöglich den Kopf gekostet. Heute jedoch gehört das Historische zum Selbstverständnis des politischen Denkens und Handelns in China. Alles Handeln für die Zukunft kann nur mit der Kenntnis des Vergangenen funktionieren. Das ist ein Kern der chinesischen Renaissance, nicht die Wiedergeburt des Individuellen oder des Menschen an sich.

Der chinesische Traum fordert uns heraus, verstärkt historisch zu denken. Das Durchdringen des Vergangenen, auch wenn es Jahrhunderte zurückliegen sollte, kann wertvolle Orientierung liefern für das, was sein könnte. Das, was sein könnte, verfestigt sich in Bildern einer eigenen Zukunft, in Visionen einer Welt, die wir uns schaffen wollen und können. Chinas Vision ist die Interpretation eigener Größe der Vergangenheit, die herausragende Stellung unter Kaiser Qianlong ebenso wie das Bild florierender Handelsrouten, die chinesische Produkte in die Welt tragen und Begehrenswertes in das eigene Land bringen. Die Routenverläufe der Neuen Seidenstraße orientieren sich genau an historischen See- und Landhandelswegen. Chinas Traum lässt uns spüren, dass uns etwas fehlt: die Inspiration durch die Geschichte, die weit älter ist als 1945.

Nationale Renaissancen

»Jeder möchte gern wieder groß sein.«[14] Politiker unserer Zeit haben überall begonnen, ihre nationalen Träume zu träumen, ob in Europa, in der Türkei, in Indien, in Russland oder in den USA. Ich vermute, dass manch ein Brite den gewagten Traum hegt, außerhalb des Europäischen Staatenverbunds neue Allianzen zu schließen und dadurch an die goldenen Zeiten eines längst vergangenen Commonwealth anzuknüpfen. Im Unterschied zu den chinesischen Visionen nationaler Wiedergeburt werden diese Träumer wohl Phantasten bleiben.

Doch die Vision neuer Möglichkeiten jenseits von Europa scheint annehmbar. Vielleicht sogar die einer weit engeren Partnerschaft mit China oder der ehemaligen Kolonie Indien. Und das ist gar nicht so unrealistisch, denn Großbritannien teilt durchaus Hoffnungen auf diese neuen Partner. Ein Professor der City University Birmingham formulierte das vorausschauend so: »From my experiences, China, alongside India, has been mentioned as a potential alternative to the European Union for British trade and I believe that this will become particularly crucial should Britain leave the EU.« (»Meines Wissens nach wurde China – Seite an Seite mit Indien – als mögliche Alternative zur EU für den Britischen Handel erwähnt, und ich denke, das wird besonders relevant, wenn Großbritannien die EU verlassen sollte.«)[15] In der britischen Version von Zukunft spielen verstärkte Allianzen jenseits von Europa eine zentrale Rolle, ganz im Sinne chinesischen Win-win-Denkens: Setzt China seine Vision, wie es die Zukunft gestalten will, erfolgreich um, werden auch wir davon profitieren. Auf die Abkehr von Europa folgt die Zuwendung nach Asien in der Rolle eines Juniorpartners. Das sind neue Zeiten, gerade auch für die stolzen Briten. Vielleicht entsteht daraus sogar die neue Größe Britanniens in Form neuer Bescheidenheit, eine Wiedergeburt hinein in die sich abzeichnenden neuen Realitäten des 21. Jahrhunderts.

Doch die meisten europäischen Visionen der eigenen Zukunft sind eher dürftiger Natur. Natürlich gibt es außer Großbritannien auch noch andere Staaten, die »wieder groß sein« wollen. Allerdings wissen diese Länder eher, was sie nicht wollen, als was sie wirklich wollen: Sie wollen keine Flüchtlinge mehr, keine Bevormundung durch EU-Regularien, keine Islamisierung der eigenen Kultur. Rolf Dobelli scheint in diesem Falle recht zu behalten: Es ist leichter zu sagen, was man nicht will, als zu sagen, was man stattdessen gern hätte.[16]

Die wirklichen Brüder im Geiste der »großartigen Renaissance der chinesischen Nation« sind nicht die Europäer, sondern die USA und Russland. Das ist auch der chinesischen Regierung bewusst. Entsprechend zeigt die chinesische Außenpolitik, wie es Chinas Außenminister Wang Yi am 7. März 2018 formulierte, eine Konzentration auf Russland und die USA. Da ist die Rede von den chinesisch-russischen Beziehungen, die noch längst keine Grenze erreicht hätten. Sie seien noch nicht die allerbesten, würden aber immer besser. Aus einstiger Gegnerschaft im eigenen sozialistischen Lager formte sich unter den beiden starken Männern Vladimir Putin und Xi Jinping eine Wirtschaftsallianz, in der beide sich als Gewinner sehen.

Russland unter Vladimir Putin war vermutlich der erste Staat unter all denen, die »endlich wieder groß sein« möchten. Als Rumpf-Sowjetunion, an der Putin selbst noch politisch aktiv Teil hatte, kann Russland selbst nur unter dem Komplex des »Herabgesunkenen« der letzten Jahrzehnte leiden. Da mischen sich Reminiszenzen an alte sowjetische und noch stärker zaristische Größe, die seit 1999 immerhin in politischen Handlungen ihren Ausdruck fanden: die Stabilisierung und Re-Zentralisierung nach den desaströsen Jahren des Ex-Präsidenten und Helmut-Kohl-Vertrauten Boris Jelzin, deutliche Lohnzuwächse in den Jahren seiner ersten Präsidentschaftszeit zwischen 2000 und 2008, Maßnahmen, um Investitionen ins Land zu holen, und nicht zuletzt ein stark ausgeprägtes Sicherheitsdenken, um das Land wieder auf die Spur neuen Erfolgs zu führen. Selbst die sowjetische Phase, einschließlich ihrer Hauptfigur der Kommunistischen Partei der Sowjetunion, wurde unter Putin rehabilitiert und in den größeren historischen Kontext einer im ständigen Fortschritt begriffenen russischen Nation eingereiht.

Deutliche Parallelen zwischen Putins Russland-Renaissance und Xi Jipings *fuxing*-Politik also: Beide sehen sich als Kontinuum der eigenen

Geschichte. Bei Putin reicht diese vom Zarenreich über die kommunistische Ära bis zu seiner eigenen Gegenwart, bei Xi vereinigen sich das alte China und der Erfolg der Kommunisten seit Mao Zedong zu einer einzigen Kette beständiger Entwicklung, die nur ab und an eine Delle erhalten hatte, etwa in Form der Republikzeit (1912–1949) oder der Kulturrevolution (1966–1976).

Schließlich war es Putins brüske Abkehr von Europa, spätestens nach der Annexion der Krim im März 2014, die beide Männer und ihre Träume nationaler Renaissance zusammengeführt hat. Putins längere Erfahrung kann für Xi Jinping durchaus als eine Art Vorbildfunktion dienen, während Chinas Meisterschaft in Sachen technologischem Know-how und Globalisierung die Defizite Russlands aufzeigt. Vor diesem Hintergrund ist es verständlich, dass Chinas Außenminister die gewohnten Metaphern zitiert, wenn es um das chinesisch-russische Verhältnis der Gegenwart geht: Die Beziehungen zwischen China und Russland seien »stabil wie der Taishan« und dabei weiterhin auf dem Wege der ständigen Verbesserung.

Putin hat Russland zu Beginn des 21. Jahrhunderts geprägt, wie auch immer man seine Politik bewertet. Im Mittelpunkt dieser Prägung steht die Botschaft vom Wiedererstarken der Nation. Xi, den die Partei auf dem 19. Parteitag im Jahre 2017 davon entbunden hat, sein Amt nur für eine beschränkte Amtsperiode ausüben zu können, findet hier mannigfaltige Anknüpfungspunkte für seine *fuxing*-Politik und einen der wichtigsten Partner beim Aufbau des Großprojekts Neue Seidenstraße.

Noch nicht ganz so partnerschaftlich entwickeln sich die Beziehungen zu den USA. Allerdings bedarf es keiner Glaskugel, um vorauszusehen, wie eng China und die USA ökonomisch miteinander verzahnt und aufeinander angewiesen sein werden. De facto sind sie es schon längst. Donald Trumps MAGA-Bewegung, besser bekannt als »Make

America Great Again«, passt daher gut zur *fuxing*-Bewegung unter Xi. Eine stärkere USA mit mehr Konsumkraft, die gleichzeitig wieder in der Lage sind, ihre defizitäre Handelsbilanz zu verbessern, können nur nützlich sein, die erhofften Waren- und Kommunikationsströme der transpazifischen Variante einer Neuen Seidenstraße zu fördern.

Das ist kein Widerspruch zum »Original«, dem historischen Vorbild Seidenstraße, denn genau genommen gab es das gar nicht, sondern nur ein verzweigtes Netz aus Handelswegen zwischen den damals wichtigsten Kultur- und Wirtschaftsräumen der bekannten Welt. Da die USA heute ein solcher Kultur- und Wirtschaftsraum sind, nehmen sie einen natürlichen Platz auf der Agenda wichtiger Länder im Netz einer Seidenstraße des 21. Jahrhunderts ein. Daher verstieg sich Chinas Außenminister in seiner außenpolitischen Agenda auch nicht dazu, den Amerikanern mit einem Handelskrieg zu drohen, sondern diplomatisch festzustellen, dass die USA »Partner« seien, mit denen es keine Gegnerschaft, sondern nur Wettbewerb geben könne.[17]

Trumps MAGA-Bewegung und das ebenso bekannte Credo von »America First« verfügen durchaus über das historische Potenzial des Begriffes *fuxing*. Auch wenn die historischen Bezüge seines »Wieder-groß-Werden« weitaus kürzer greifen: »Make America Great Again« war der Slogan des Präsidentschaftskandidaten des Jahres 1980 Ronald Reagan, der die USA aus der Wirtschaftskrise der Siebzigerjahre herausführen wollte. Und bereits Woodrow Wilson (1856–1924) rief 1916 »America First«, als es darum ging, die USA zunächst aus dem tobenden Ersten Weltkrieg in Europa und aus Mexiko herauszuhalten.

Wir könnten die Kette des Strebens nach nationaler Wiedergeburt oder Erstarkung von Nationen im frühen 21. Jahrhundert beliebig fortsetzen. Entlang des eurasischen Seidenstraßennetzwerks finden sich dafür zahlreiche Beispiele. Einer uralten und vielfältigen Zivilisation bietet sich dabei eine besondere Chance. Ihre Geschichte ist ähnlich

beeindruckend wie die Chinas. Ihre Bedeutung zu Zeiten der alten
Handelswege zwischen Ost und West war enorm. Heute ist diese Kultur eingeschlossen in einen sogenannten »failed state« der Gegenwart,
in den Iran.

Während ich diese Zeilen schreibe, sind engagierte junge Frauen
auf Irans Straßen unterwegs. Sie lehnen sich aus fahrenden Autos,
hängen ihren obligatorischen Kopfschleier an eine Stange und protestieren gegen das noch immer herrschende Gesetz des Landes: Frauen
müssen nach geltendem islamischen Recht einen *hijab,* einen Kopfschleier, tragen.[18] Genau dies aber will die junge Generation Irans
nicht länger hinnehmen. Es gärt auf den staubigen Straßen Teherans
und anderer Städte Irans. Und mitten im Islamischen Staat sind es die
Frauen, welche die Männerwelt infrage stellen und uns, den Außenste-
henden, zeigen, dass Iran großes Zukunftspotenzial hat.

Navid Kermani, deutscher Schriftsteller iranischer Herkunft, beschreibt das Land daher auch als Reich der starken Frauen, die wesentlich dazu beitrugen, dass Iran bemerkenswerte Revolutionen und
Reformen erlebte.[19] Allen voran die sogenannte konstitutionelle Revolution des Jahres 1906, die dem Staat eine westlich geprägte Verfassung gab. Frauen waren es, die die Revolutionäre schützten und den
Männern Kraft gaben, sich gegen den Imperialismus zu stellen, der
vom Lande Besitz ergriffen hatte.

Besonders die Briten machten im Iran des 19. und des frühen
20. Jahrhunderts ihre Besitzansprüche geltend. Sie monopolisierten
die wichtigsten Produkte, wie Tabak und später das immer wichtigere
Öl, für sich selbst. Frauen riefen zum Boykott dagegen auf – und sie
unterstützten Irans Volksheld Mohammed Mossadegh (1882–1967),
als dieser es am 15. März 1951 durchsetzte, die Erdölproduktion zu ver-
staatlichen. Die westliche Kolonialmacht verlor so die Kontrolle über
das Öl.

Das sind nur wenige spannende Ereignisse aus Irans langer Geschichte. Dabei ist das Land so viel mehr als das autokratische Regime islamischer Religionsführer, als das wir Iran seit Ruhollah Khomeinis Machtergreifung im Jahr 1979 kennen. Angesichts von fast 100 Prozent muslimischer Bevölkerung lassen wir uns gern davon täuschen, welchen kulturellen Reichtum das »Land der Arier« sonst noch besitzt. Sei es in Irans alter oder in seiner neueren Geschichte.

Moderne und weltoffene Frauen protestieren auch in der Stadt Yazd, südlich der heutigen Hauptstadt Teheran, mitten im Land. Yazd ist eine der heißesten Städte Irans. Im Sommer sind Temperaturen von deutlich über 40 Grad Celsius nicht selten. Auch dort haben Frauen ihre Kopfschleier abgenommen, doch das hätten sie gar nicht nötig, denn Yazd steht nicht für den Islam, sondern eine andere und viel ältere Tradition. Yazd bedeutet auf Farsi nicht weniger als »Gott«. Farsi ist das Persische, die alleinige Amts- und Bildungssprache des multilingualen Landes, die de facto aber nur die Hälfte aller Iraner als ihre Muttersprache sprechen.

Yazd ist Irans alte Gottesstadt und liegt mitten in der Wüste. Sie war der Zufluchtsort für diejenigen, die an den Feuerkult des Zoroastrismus glaubten. Diese Gläubigen waren vor den Arabern geflüchtet, die im siebten Jahrhundert die letzte altorientalische Dynastie der Sassaniden (224– 651) auslöschten und damit auch das Erfolgsmodell einer überaus toleranten, weltoffenen Gesellschaft zerstörten, wie sie das alte Persien und der alte Iran darstellten. Die Sassanidenkönige waren teilweise Christen.

Auch Juden siedelten im alten Yazd. Heute sind sie als Bewohner des Staates Israel Erzfeinde des islamischen Irans, während ihre Vorfahren den Persern verdankten, dass sie einst aus der Gefangenschaft im alten Babylon befreit wurden. Wer die Bibel liest, der kennt diese Geschichte, die so wichtig für die Konstitution jüdischen Selbstverständnisses war. Darin liegt ein ironischer Zug nahöstlicher Historie.

KAPITEL 1

Iran und das Zweistromland mit seinem Nachfolgestaat Irak waren von jeher Antipoden – was für die Vorfahren der heutigen Israelis alles andere als ein Nachteil war.

Wer heute in Yazd lebt, befindet sich noch immer im Zentrum iranischer Kultur. Diese Kultur entstand in wahrhaft biblischen Zeiten, möglicherweise um das Jahr 1000 v. Chr. oder sogar früher. Sie fußt auf der Religion des Zoroastrismus. Ihr Stifter Zarathustra oder Zoroaster ist eine nahezu mythische Figur ähnlich Chinas Lao Zi. Beide gehören zu den großen Religionsstiftern im eurasischen Gefüge, in einer Reihe mit Jesus, Mohammed und Gautama Buddha. Im Unterschied zu diesen dreien kennt man die genauen Geburtsdaten des alten Persers und des alten Chinesen nicht. Ebenso wenig weiß man über die Umstände ihres Lebens und Schaffens. Nach bestimmten Auffassungen hätten beide nahezu Zeitgenossen sein können. Beide hinterließen philosophische Strömungen, den Zoroastrismus und den Taoismus. Beide prägten ihre jeweiligen Kulturen – Persien und China – nachhaltig.

Der Zoroastrismus brachte der Menschheit die Überzeugung nahe, dass es ein gutes »Oben« und ein schlechtes »Unten« gibt oder, anders ausgedrückt, die Existenz von Himmel und Hölle. Diesen Dualismus kennen sowohl Christentum, Islam als auch der Buddhismus. Die Lehre vom gerechten Gott und die des Pfades zu Wahrheit und Gerechtigkeit gehören ebenfalls dazu. Dem Menschen selbst steht es demnach frei, sich für diesen Weg der Wahrheit vermittels guter Taten zu entscheiden. Damit enthält diese sehr frühe Form des Monotheismus Elemente, die Weltreligionen wie Christentum, Islam, das spätere Judentum und auch den Buddhismus beeinflussten. Seine ethischen Grundgedanken verbinden sehr früh Ost und West.

Der Zoroastrismus ist eine uriranische Erfindung, die bereits das Perserreich der Großkönige Cyrus (600–530 v. Chr.) und Darius I.

38

(550–487 v. Chr.) prägte. China war damals noch weit davon entfernt, einen Kaiser hervorzubringen, der die vielen zerstrittenen Teilreiche hätte einigen können. Persien war unter diesen beiden Herrschern unbestritten »die größte Macht der Antike«.[20] Sein Territorium umfasste die gesamte westasiatische Welt bis zum Mittelmeer, und kein anderes Reich der damaligen Zeit konnte es mit Persien aufnehmen. Sein hervorstechendes Merkmal war eine weitreichende Offenheit gegenüber anderen Kulturen.[21] So jedenfalls empfanden die Griechen das Perserreich. Als erste europäische Macht sollten sie später bedeutsame Eroberungen auf dem asiatischen Kontinent erzielen und europäische beziehungsweise griechische Kultur bis nach Indien und in die Kontaktgebiete zu China in Zentralasien tragen. Entscheidend dafür war, dass Alexander der Große im Jahre 334 v. Chr. die Perser schlug.

Kulturell rieben sich die europäischen Griechen an den asiatischen Persern, sie empfanden – wie auch später die Römer – das alte Persien als Gegenstück zu ihrer eigenen Kultur der individuellen Freiheit, indem sie den Begriff des Despotismus erfanden. Asien wurde fortan mit der politischen Besonderheit der Regierung »von oben« assoziiert, welche die Geschicke ihres jeweiligen Volks bestimme, ohne von ihm selbst bestimmt werden zu können. Diese Eigenschaft schreibt man noch heute den Staaten des Ostens zu – von wenigen Ausnahmen abgesehen.

Doch absolute Herrschaft einer Partei oder eines Herrschers bedeutete schon damals nicht unbedingt ökonomische Rückständigkeit oder gar Verschlossenheit Fremdem gegenüber. In Persien war das Gegenteil der Fall: Trotz Gottkönigtums zeichneten sich die iranischen Reiche vor der Islamisierung dadurch aus, dass sie der Welt zugewandt waren – egal, ob sie Achämeniden, Seleukiden, Parther oder Sassaniden hießen. Sie waren führend in der Landwirtschaft, durch weitverzweigte Handelsstraßen exzellent im Handel zwischen Ost und West

KAPITEL 1

aufgestellt, zwischen Rom und China vernetzt. Persien und Iran waren alles andere als »failed states«. Das Gebiet Irans war stets multiethnisch ausgerichtet und unterhielt in der Organisation des persischen Staates eine deutliche Leitkultur, an der sich das Zusammenleben dieser Volksgruppen orientierte. Eine moderne Beamtenschaft, ähnlich wie später im tang- und songzeitlichen China (7.–13. Jahrhundert), regierte und verwaltete erfolgreich das großstaatliche Gebilde.

Bis zum Einbruch des Islam waren die persischen und iranischen Dynastien entscheidende Katalysatoren des Welthandels, der damals ausschließlich über Land und damit über die Straßen West- und Zentralasiens verlief. Ohne Persien und Iran wären Seide und Papier nicht nach Europa gelangt, und der Buddhismus, der später Ostasien kulturell mitformen sollte, hätte sich nicht wie heute bekannt ausgestaltet.

Wenn Frauen im Iran unserer Tage ihre *hijabs* ablegen und mit neuem Selbstbewusstsein ihre Schönheit zeigen, erahnen wir die Größe einer der offensten, fortschrittlichsten und erfolgreichsten Kulturen der Welt, die Persien und Iran einmal waren. Das alte Persien galt als eines der Pionierländer kosmopolitischer Modeströmungen. Die religiösen Vorschriften heute berauben den Iran der kulturellen Größe, die ihm zusteht. Es ist eine besondere Ironie des Schicksals, dass das einstige Zentrum antiker Mode die Verschleierung der Frauen und den Einheits-Tschador zu einem staatlichen Gesetz gemacht hat.

Mit dem Protest der Frauen stehen die Chancen auf *fuxing*, auf das Wiedererstehen kultureller Größe, auch im Iran dieser Tage besser denn je. Für Ex-Persien ist die zusätzliche Chance, welche der Partner China mit der Neuen Seidenstraße seiner Bevölkerung bietet, nicht hoch genug einzuschätzen. Während der Westen sanktioniert, ist BRI in der Lage, das Land wieder dem Welthandel zu öffnen. Damit kann Iran zu einem wichtigen Motor für die – nicht nur wirtschaftlichen – Entwicklungen des 21. Jahrhunderts werden.

40

Das kulturelle Potenzial dafür ist enorm, auch wenn es aktuell noch nicht danach aussieht: Das größte Weltreich der Antike, der Erfolg multiethnischer Integrationspolitik unter einer Führung im alten Persien, eine eigenständige Kulturtradition, die das islamische Element nur als eines unter vielen anderen einschließt, die Bedeutung der Bildung, die viele Iraner in aller Welt wichtige Rollen spielen lässt – als Schriftsteller, Wissenschaftler, Ärzte oder Juristen –, die weitgehenden Reformen und entschlossenen Modernisierungsbestrebungen, die Iran unter Mohammed Mossadegh und auch unter den Pahlavis erlebt hat, und nicht zuletzt die Aufgeschlossenheit und das Selbstbewusstsein iranischer Frauen. All diese Punkte und Entwicklungen lassen auf neue Zeiten, auf eine Renaissance alter Größe hoffen. Das Beispiel des Irans verdeutlicht auch, dass »wieder groß werden« für einen Staat Hoffnung auf Befreiung von den noch bestehenden Fesseln des orthodoxen Islams bedeutet. Vor solcher Größe aus dem Osten muss Europa keine Angst haben.

West und Ost – Wetteifernde Zwillinge

Die Globalisierung im 21. Jahrhundert treiben derzeit nichteuropäische Renaissancen und neue Projekte globaler Kooperation nichtwestlichen Ursprungs, wie die Neue Seidenstraße, voran. Nur zu oft hört man Aussagen wie »die Eroberungsfeldzüge der Chinesen« oder »den amerikanischen Teufel mit dem chinesischen Beelzebub austreiben«, wenn es um Chinas ökonomische Globalstrategien geht. Diese Vorabstigmatisierung führt leider oft genug zu verkürzter Wahrnehmung und zur Bestätigung eigener Vorurteile. Mit jedem weiteren Firmenkauf chinesischer Investoren in Deutschland, jeder neuen staatlichen Förderung solcher Direktinvestitionen bestätigt sich das Bild des

KAPITEL 1

bösen »Staatsdrachens« aus China, der seine Klauen nach der kleinen Weltkugel ausstreckt – wie auf dem Coverbild der deutschen Ausgabe von Peter Navarros Schreckensvision einer Welt »im chinesischen Würgegriff«.[22] Das ist jener berühmte Confirmation Bias, der Verstärker vorgefasster Meinungen über den jeweils anderen, den man gerne bemüht, um die einmal gefällte Meinung weiter zu verfestigen.[23]

Der ehemalige chinesische Ministerpräsident Zhou Enlai (1897–1976) und sein ehemaliger Kampfgefährte Deng Xiaoping (1904–1997) haben als Gegenmittel dazu das Bild einer »Wahrheit, die man in den Tatsachen suchen sollte« geprägt.

Schön, dass man Wahrheit sogar in der Dichtung findet. Begeistert von dem, was aus dem Osten zu ihm kam, folgten Worte ehrlicher Bewunderung in Goethes West-östlichem Divan:

Und mag die ganze Welt versinken,
Hafis mit dir, mit dir allein
Will ich wetteifern! Lust und Pein
Sei uns, den Zwillingen, gemein!
Wie du zu lieben und zu trinken,
Das soll mein Stolz, mein Leben sein.
Du bist der Freuden echte Dichterquelle
Und ungezählt entfließt dir Well' auf Welle.
Zum Küssen stets bereiter Mund,
Ein Brustgesang, der lieblich fließet,
Zum Trinken stets gereizter Schlund,
Ein gutes Herz, das sich ergießet.

Der Mann, dem diese Zeilen galten, war ein Perser namens Hafis (1315–1390). Dessen Dichtung, posthum als Divan veröffentlicht, hatte der Mittsechziger Goethe 1814 in deutscher Übersetzung kennen- und

42

DER WIND WEHT VON OSTEN

offensichtlich lieben gelernt. Hafis wird in Goethes Versen zum »Zwilling« des Menschseins, mit dem der Deutsche »die Liebe und das Trinken« teilt. Wie der Chinese Konfuzius (551–479 v. Chr.) schon feststellte, sei beides der größte Wunsch des Menschengeschlechtes.[24] Ein Deutscher des frühen 19. Jahrhunderts verbrüdert sich mit einem Perser des 14. Jahrhunderts und findet sich – allerdings unwissentlich – seelenverwandt mit einem Chinesen des 6. Jahrhunderts v. Chr.

Was aber haben die gemeinsamen Gelüste eines Deutschen, eines Persers und eines Chinesen aus drei unterschiedlichen Zeiten mit dem Thema der Neuen Seidenstraße zu tun? Einiges. Zunächst gehören alle drei zu Kulturen, die diese Straße verbinden soll. Gemeinsam darauf unterwegs zu sein bedeutet, vieles zu teilen. Es heißt auch, gemeinsame Bedürfnisse zu erkennen, unabhängig von religiösen oder anderen weltanschaulichen Überzeugungen, die oft verantwortlich sind für Trennendes. Nun sind die Weltanschauungen eines aufgeklärten Europäers wie Goethe, eines gelehrten Muslims wie Hafis und des Begründers einer altchinesischen Lebensphilosophie wie Konfuzius nicht deckungsgleich. Genau dies ist jedoch der Reiz der Sache. Alles Trennende wird sekundär, ohne aufgehoben zu werden. Jeder behält seine Weltanschauung und vergisst sie vor der Erkenntnis des Gemeinsamen.

Goethe sagt einfach: »Wir sind Zwillinge. Wir denken, fühlen ähnlich, haben ähnliche Bedürfnisse, Wünsche, Gefühle und deswegen den Ehrgeiz, miteinander zu ›wetteifern‹.« Das 18. und das 19. Jahrhundert entdeckten den Osten, der zunächst der nahe, später der ferne war. Unter diesen Entdeckern waren nicht nur überhebliche Naturen, welche die kolumbianisch begründete westliche Überlegenheit pflegten und den Osten romantisierten und in schöne Bilder ewigen Geheimnisses und dauerhafter Rückständigkeit kleideten. Schon in

43

früheren Zeitaltern erkannten Querdenker immer wieder das rein Menschliche, das zum Wetteifern herausfordert. So wie im Sport, wo Menschen aller Welt sich an ihren individuellen körperlichen Fähigkeiten messen. Der andere wird zum Antrieb und zur Inspiration für das eigene Schaffen. So entstehen Zwillinge, die miteinander wetteifern, ohne sich zu bekämpfen, weil sie eine andere Weltanschauung haben.

Solche Zwillingsnatur kann überraschen: Ein gläubiger Muslim, der den Koran auswendig kannte (denn nichts anderes bedeutet der Name Hafis), sollte nach den gängigen Vorstellungen keinen Alkohol trinken. Trotzdem zeigt sich Persiens Vorzeigedichter, der nicht aus vorislamischer Zeit stammt, in Goethes Worten als großer Verehrer des Weines. Das hätte man nicht unbedingt erwartet: der Korankenner und -exeget als ausschweifender Trinker und Liebhaber.

Islam und Alkohol in der Geschichte. Das ist nur eine der vielen Überraschungen, welche die Seidenstraßen und ihre Geschichten bieten. Die Entdeckung erstaunlicher Gemeinsamkeiten in den Bedürfnissen von Ost und West ist hoch relevant: China wird zur Entdeckernation und als Motor des »augenblicklichen Weltwirtschaftssystems«, einschließlich einer »umfassenden Öffnung nach außen«,[25] für das, was da an Möglichkeiten so alles auf dem Weg liegen mag.

Ersetzt man »Trinken und Lieben« durch allgemeines menschliches Handeln, dann lesen sich Goethes Dichterworte wie die Herausforderung, miteinander zu wetteifern. Und man empfindet Stolz dabei. Stolz zu sein, bedeutet nun nicht mehr, bei sich selbst zu verharren und beispielsweise von der überlegenen deutschen Ingenieurskunst auszugehen. Stolz zu sein, heißt, zu zeigen, dass man mit einem anderen, den man schätzt und anerkennt, um den Fortschritt produktiv wetteifert. Im Klartext heißt das: keine Berliner Bauruinen mehr als unfertige Bankrotterklärung an die deutsche Handlungsfähigkeit,

DER WIND WEHT VON OSTEN

sondern resolutes Umsetzen einmal begonnener Projekte. Beim Wetteifern geht es auch um Eigenes: Die Durchsetzung europäischer Ästhetik zum Beispiel als Antwort auf die brachialen Neubauten chinesischer Prägung. Finesse versus Gigantomanie, aber in anerkennendem Wettbewerb mit den schöpferischen Aktivitäten, die diese Gigantomanie hervorbringen. Wer wetteifert, der ist wach, hellwach. Dabei können ganz ungewöhnliche und unerwartete neue Wege entstehen. Das heißt nicht sofort – um das Goethe-Gedicht weiter im Blick zu halten – hochprozentigen chinesischen *baijiu*-Schnaps oder neue deutsche Topweine in islamische Seidenstraßenstaaten zu exportieren. Doch wer weiß, welche unerwarteten Geschäfte und Möglichkeiten sich im verdichteten Direktaustausch miteinander noch so alles eröffnen werden.

In der Chance zum gemeinsamen Handeln durch Wetteifern liegt der Charme der Seidenstraßeninitiative, von der China als Handlungsreisender selbst noch nicht weiß, welche Formen, welche überraschenden Entwicklungen der gesamte Prozess am Ende annehmen wird. Ob das Ganze eine Symphonie wird, wie ein Botschafter Chinas in Deutschland die Neue Seidenstraße nannte, oder daraus eher eine Kakophonie von Misstönen wird, ist noch offen. Doch der Reiz liegt einfach im Handeln selbst, in der Entschlossenheit, nach draußen zu gehen.

Eine Umkehr gibt es nicht mehr, denn das groß gewordene China muss nun in die Welt ziehen, um seine wachsenden Bedürfnisse zu befriedigen. Viele Abkommen wurden unterzeichnet, viel Geld wurde investiert, viele Güterzüge und Containerschiffe sind längst unterwegs. Das ist Globalisierung in neuer Form und in neuer Dimension.

Globalisierung selbst ist so alt wie der Austausch zwischen Kulturen, die im Handel miteinander gegenseitig ihre Bedürfnisse über kulturelle, sprachliche und ethnische Grenzen hinaus befriedigen. Die

KAPITEL 1

Welt war in unterschiedlichen Zeiten auch unterschiedlich groß. In der Proto- oder Frühglobalisierung zu Zeiten der Hanse (1250–1600), als Norddeutschland den Handel im Ostseeraum weit nach Osten vorschob, kannten die meisten Menschen China kaum. Wenn man damals zwischen London und dem russischen Nowgorod Handel trieb, entstand ein Wirtschaftsgürtel, ähnlich demjenigen weiter südlich, wo seit vielen Jahrhunderten Südeuropa sich über die historische Seidenstraße mit den Gebieten irgendwo hinter Indien verband.

China, Indien und auch der Iran trennt von Großbritannien und Russland der Sachverhalt, dass sie selbst eher Opfer und nicht Täter des weltumspannenden Imperialismus waren, der von Europa und den kolumbianischen Entdeckungen ausging. Auch das ist eine Wahrheit, die sich leicht durch Tatsachen belegen lässt. Dessen sind sich chinesische Akteure bewusst, wenn sie davon sprechen, dass Imperialismus und Hegemonie »völlig überholtes Denken« seien, die der kulturellen DNA Chinas nicht entsprächen.[26] Das liest sich gerade in deutscher Sprache etwas seltsam, doch chinesisches Denken benutzt die Worte »Kultur« und »Erbgut« oft etwas unbedarft. Gemeint ist: China wolle sich anders verhalten als der Westen in den Jahrhunderten seiner Expansion – friedlicher, zurückhaltender und weit weniger missionarisch. Die Chinesen möchten zeigen, dass sie anders sind. Die eigene kulturelle DNA soll das Vormachtdenken, mit dem der Westen die Weltgeschichte neben vielem anderen beglückte, nicht einschließen.

An diesem Anspruch, sich weder hegemonial noch imperialistisch zu verhalten, wird China zu messen sein. Gerade die asiatischen Nachbarn sind es, die es dieser Nation nicht abnehmen, ihnen mit seiner neuen Stärke auf gleicher Augenhöhe begegnen zu wollen. Die Angst vor einem neuen Imperialismus, diesmal chinesischer Prägung und mit den subtileren Mitteln der Wirtschaft, ist groß. Davon wird später (in Kapitel 3) noch zu reden sein.

DER WIND WEHT VON OSTEN

China als Alternative

Der Wind weht von Osten. Darauf müssen wir uns einstellen. Vorbei sind die Zeiten, in denen wir selbstsicher glaubten, es gäbe keine Alternative zu den USA. Unsere Werte, unsere Denkweise, unser Lebensstil – alles das könne nur mit westlichen Partnern gewährleistet werden. Hier wird die Weltanschauung dominant, und sie verhindert das Handeln. Starke Westwinde mag es in Europa noch geben, doch die Weltentwicklung treiben sie nicht mehr allein an.

Die Welt der Wirtschaft weiß das. Sie nutzt schon lange die starken Winde aus Ost, um voranzukommen. Faktisch ist der Osten ökonomisch längst zur Alternative geworden. China ist Deutschlands Handelspartner Nummer eins, und Volkswagen verkaufte im zweiten Jahrzehnt des 21. Jahrhunderts nach eigener Aussage »jedes zweite Fahrzeug« nach China.[27] Die Liste von Superlativen, die das Reich der Mitte als unentbehrliche Alternative im Rahmen unseres globalisierten Wirtschaftens illustrieren, ist beliebig verlängerbar.

Doch das Gefühl der Überlegenheit unserer westlichen Werte wie Demokratie, Mitbestimmung oder Freiheit grenzt uns gegenüber China, dem Iran und Russland ab. Zu diesen Werten kann es für die Weltentwicklung keine Alternative geben. So waren auch die Chinesen einst von der Überlegenheit ihrer Werte überzeugt. Viele Entscheider um den chinesischen Kaiser hielten Chinas kulturelle Errungenschaften für unzerstörbar. Doch am Ende brachte der Westen, als Verstärker des chinesischen Untergangs, eine Lösung für das Reich der Mitte. Zunächst erfolgte der historische Zusammenbruch: Chinas Traditionssystem, das alte Kaiserreich, immerhin seit 221 v. Chr. permanent existent und damit eines der langlebigsten Gesellschaftssysteme unserer Erde, brach mit der bürgerlichen Revolution von 1911–1912 endgültig zusammen. Nachdem Reformversuche aus sich selbst heraus

47

gescheitert waren, etwa die Hundert-Tage-Reform des aufgeklärten Konfuzianers und Utopisten Kang Youwei (1858–1927) im Jahr 1898, konnte die Alternative nur von den Verursachern des Untergangs kommen: den Europäern.

Die Lösung lautete: Eine republikanische Verfassung, Gewaltenteilung nach europäischem Vorbild und eine umfassende Bildungsreform von 1905, die Chinas kulturelles Selbstverständnis ebenfalls bis ins Mark erschütterte. Ein modernes Bildungssystem eröffnete Chinas Jugend, mit der Welt zu wetteifern. Doch in der jungen Republik (1912–1949) steckte jahrhundertealte konfuzianische Tradition, gepaart mit der Untugend, nicht für das große Ganze, sondern für den persönlichen Vorteil zu kämpfen. Kurz erblüht, brach sie im Weltkrieg und in Bürgerkriegen wieder zusammen.

1949 verordnete sich China eine weitere Alternative aus dem Westen, diesmal »made in Germany« und »enhanced in Russia«: die Volksrepublik, angetrieben von den deutschen Erfindungen des Kommunismus und Sozialismus. Auf diesem Fundament steht die neue Großmacht bis heute erfolgreich. Chinesisch geprägt und mit marktwirtschaftlichen Mechanismen als Synthese weiterentwickelt, ist es die Variante eines ideologisch nicht mehr eindeutigen Sozialismus, dem Westen Alternativen aufzuzeigen. Francis Fukuyama, der das gern zitierte Schlagwort vom »Ende der Geschichte« prägte, wurde mit einem neuen Anfang organischer, fortlebender Geschichte widerlegt, an der China entscheidend mitschreibt. Fukuyama unterschätzte die Fähigkeit von politischen Systemen zu Synthese und Mutation. Die Geschichte von Chinas Sozialismus ist dafür ein interessantes Beispiel.

Wohl dem, der über die prägenden Weltanschauungen liberaler Demokratie (USA) und des marktwirtschaftlich handelnden Sozialismus (China) hinaus vermag, in den jeweiligen Handlungskonzepten die Aufforderung zum Wetteifern zu sehen: so wie einst der Deutsche

DER WIND WEHT VON OSTEN

Goethe gegenüber dem Perser Hafis. Wenn die Geschichte der Menschheit vielfältig und vor allem friedlich weitergehen soll, ist das Wetteifern aus Goethes *West-östlichem Divan* das Gebot unserer Zeit. China kann dabei genauso Partner wie Gegner sein – so wie die USA im 21. Jahrhundert. Weltanschauungen allein sind heute keine Ausschlusskriterien für Kooperationen mehr. Zudem ist die Zeit der Blöcke des 20. Jahrhunderts, mit klaren Freund- und Feindbildern, zu überwinden, weil sie in dieser Form nicht mehr existieren.

Genauso wie der Westen einst mitten in China auftauchte, so steht das Reich der Mitte nun mitten in Europa. Weiter geht es nur gemeinsam, ob wir wollen oder nicht. Angenehmer ist es, für die neue Zeit bereit zu sein. Gemeinsames Handeln beginnt mit mehr Wissen. Im folgenden Kapitel stellen sich daher Fragen wie: Was bezweckt China mit seiner Seidenstraße? Was sind die Hintergründe des Unternehmens?

49

KAPITEL 2
DIE SEIDENSTRASSE

Was bezweckt China mit der Neuen Seidenstraße?

Wir sind gewohnt, dass man ein Thema definiert oder eine Art Vertrag festlegt, der klar beschreibt, um was es geht. Pardon – hier treffen wir schon auf das erste Problem. Viele Chinesen glauben, dass man Verträge macht, um zu handeln, und nicht, um alles Handeln bereits zu definieren. Erst einmal anfangen und im Prozess sehen, wie sich die Dinge entwickeln, ist Strategie. Sieht man klarer, kann man korrigieren und nachbessern. Der japanische Dichter Santoka Taneda (1882–1940) fasste das in einem Haiku in treffende Worte: »Wenn trübes Wasser fließt, dann wird es klar.«[1]

Sicher wird viel Staub, der das Wasser trübt, einfach aufgewirbelt, weil man sich vorher zu wenig um sorgfältiges Planen oder Säubern des Weges gekümmert hat. Wer China kennt, kennt auch dieses Problem. Wer nicht, der fragt: Was bezweckt China mit der Neuen Seidenstraße? Wie lauten die Handlungspläne?

Rolf Dobelli ist der Ansicht, es sei einfacher zu definieren, was man nicht will, als genau zu sagen, was man will.[2] Die politischen Akteure Chinas scheinen seine Meinung zu teilen. Chinas Außenminister Wang Yi kommentierte die Seidenstraßeninitiative seines Chefs Xi Jinping so: »One Belt and One Road ist eine strahlende Initiative, die China formuliert hat. Es gibt dabei keine Familie [gemeint sind die Staaten, chinesisch *guojia* – »Landfamilien«, M. H.], die allein groß wird. Es gibt kein Mauscheln in dunklen Kästen. Es gibt keinen Gewinner, der alles auffrisst.«

Doch was gibt es stattdessen? Immerhin existiert ein Strategiepapier der Nationalen Entwicklungs- und Reformkommission, das die Dimensionen und Schwerpunkte der Initiative enthält. Fasst man die wichtigsten Punkte dieses Papiers zusammen, liest sich das so: BRI ist ein geopolitisches Konzept der Volksrepublik China. Geopolitisch ist das Konzept deshalb, weil es ein zentraler Bestandteil der chinesischen Außenpolitik ist, der die besondere geografische Lage Chinas als Teil Eurasiens mitbedenkt. Die Grundausrichtung der Initiative ist synthetisch. Das bedeutet konkret, Verbindungen (*lianjie*) zu schaffen. Bereits bestehende Verbindungen können gestärkt und neue, vor allem zwischen Asien und Europa, können gebildet werden. Hinzu kommt der afrikanische Kontinent als Wachstumsraum der Zukunft.

Chinesische Führungen, nicht nur der Volksrepublik, sondern bereits im Kaiserreich vor 1911, liebten und lieben es, ihre jeweils aktuelle Politik historisch zu fundieren. Vorbilder sind als Orientierungspunkte nützlich und programmatisch verwendbar, um Neues zu schaffen. Die Grundlage dafür ist der schon erläuterte Konfuzius-Satz vom »Sich mit dem Alten vertraut machen und damit das Neue erkennen«. Man kann BRI als integralen Bestandteil der bereits diskutierten nationalen Renaissance begreifen, als eine konkrete Handlungsinitiative im Rahmen eines übergeordneten Planungskonzepts.

52

Welche Verbindungen gilt es dabei herzustellen oder zu vertiefen? Insgesamt finden sich vier definierte Arbeitsfelder.[3] Das erste zielt auf die politische Ebene. Man möchte Transparenz schaffen zwischen den politischen Planungen der BRI-Staaten. Damit soll vermieden werden, dass einzelne Staaten oder Staatsverbände, die bereits zusammenarbeiten, unkoordiniert inter- und transnationale Projekte planen. China möchte Einfluss nehmen und sich maßgeblich beteiligen, wenn es darum geht, die Grenzen zwischen den unterschiedlich entwickelten Staaten in Asien und Europa zu öffnen.

Das zweite Feld betrifft neue Infrastrukturen. Das Problem ist die relative Unverbundenheit einer einst verbundenen Region, die sich seit dem Zusammenbruch des Sowjetreiches 1991 zunehmend in Nationalstaaten zersplittert hat. Wenn man so will, fand in den letzten Jahrzehnten eine Art Europäisierung des asiatischen Kontinents statt. Mit Europäisierung meine ich die für Europa typische Bildung kleiner und kleinster Nationalstaaten.

Die regionalen Großmächte China und Russland versuchen dagegen, das asiatische Modell großer Vielvölkerverbände zu erhalten. Modern ausgedrückt heißt das, neue Allianzen in Form neuer Gemeinschaften zu organisieren. Mit den Gemeinschaftsbildungen ist die Eurasische Wirtschaftsunion (EWU, Englisch: Eurasian Economic Union EEU) oder die Shanghaier Organisation für Zusammenarbeit (Shanghai Cooperation Organisation SCO) gemeint. Beide zielen auch und gerade auf den Infrastrukturaufbau in der Großregion ab. Wir werden dies später (ab Seite 81) betrachten, wenn es um die konkrete Verwirklichung von Einzelprojekten geht.

Soll BRI funktionieren, müssen Infrastrukturen entstehen, die groß genug sind und effizient daran arbeiten, die neuen Warenströme aufzunehmen und schnell zu verteilen. Die neuen Zugverbindungen durch Eurasien von China nach Europa sind dafür ebenso gute

Beispiele wie die zahlreichen neuen Häfen und Hafenterminals, welche die Warenmassen des Welthandels im stetigen und immer schnelleren Fluss halten.

BRI ist eine Art Supply Chain Management globaler Dimension. Grenzen, Bürokratien, abgebrochene Straßenverbindungen und so simple Altlasten, wie unterschiedliche Eisenbahnspurbreiten des Sowjetreiches und des übrigen Restlands von Eurasien, sind Beispiele für infrastrukturelle Probleme, die jedem Reisenden sofort auffallen. Mit BRI will China diese Transporthindernisse überwinden und arbeitet mit Hochdruck daran. Notwendig sind neue, breitere und schnellere Straßen, Bahnstrecken, Bahnhöfe, Flughäfen für mittlere und kurze Strecken, Logistikknotenpunkte und ein deutlicher Ausbau der Hafeninfrastruktur.

Ebenso wichtige Infrastrukturmaßnahmen betreffen die umständliche Zollabfertigung unterwegs. Besonders gefragt ist eine umfassende technologische Modernisierung des grenzüberschreitenden Handels und des Personenverkehrs. Mir ist der machtbewusste Beamte an der kasachisch-usbekischen Grenze noch in bester Erinnerung, der mit ausladender Geste und langer Musterung eines auszufüllenden Formblattes seinen Stempel mit lautem »Germania ok« niedersausen ließ, um mich zu seinem Kollegen an einem altertümlichen Scanner weiterzuleiten, der ebenfalls mit »Germania ok« meine Fotoausrüstung ausgiebig betrachtete.

Das sind keine Impressionen des 19., sondern des frühen 21. Jahrhunderts. Wenn Reisende Stunden an Grenzen verbringen, wie schaut es dann mit unpersönlichen Waren aus? Zu guter Letzt will das globale China sich für das Überleben unseres Planeten engagieren, in dem es seit Jahren die Implementierung grüner Technologien plant. Neue Entwicklungen, wie die künftigen E-Lastwagen, die fast lautlos die Strecke zwischen Westchina und Iran zurücklegen, sollen

DIE SEIDENSTRASSE

Schlüsseltechnologien entlang der Neuen Seidenstraße werden. Auch
die Verwaltung soll grün werden – und damit ist nicht die nostalgi-
sche Konservierung des umweltschonenden Holzstempels jenes usbekischen Grenzers gemeint.

Das dritte Arbeitsfeld betrifft den vorrangigen Zweck der eurasischen Wege zu Lande und zu Wasser: den Handel. Der bereits erwähnte Abbau von Handelsschranken steht im Vordergrund. Dementgegen
steht der Abschluss von Freihandelsabkommen und die Ausweitung
bereits bestehender Strategien zum Aufbau einer eurasischen Zolluni-
on. Investitionen, auch und insbesondere für chinesische Firmen, sollen über Grenzen hinweg leicht möglich werden.

Das letzte, und für viele Beobachter und Beteiligte neben den
Infrastrukturplänen am stärksten beachtete Arbeitsfeld des Verbin-
dungsaufbaus betrifft die Finanzierung. Alles muss bezahlt werden
und bezahlt werden soll, ohne in Abhängigkeit zu westlichen Finanz-
systemen zu geraten. Damit steht der Aufbau eines eigenen, alternativen BRI-Finanzsystems im Fokus dieses Arbeitsfeldes. China
lud global dazu ein, einem neuen Finanzierungssystem, bestehend
aus der 2015 gegründeten Internationalen Asiatischen Infrastruktur-
bank (AIIB) und dem Silk Road Fund, beizutreten. Auch die Shanghaier Organisation zur Zusammenarbeit (SOZ), mit ihrer starken
Konzentration auf die Beteiligung der BRICS-Staaten, kam als dritte
Säule der Projektfinanzierung hinzu. Gerade in der Zusammenset-
zung und in den Beteiligungsmöglichkeiten im Rahmen der AIIB sehen viele teilnehmende Staaten Möglichkeiten, am Aufbau von BRI
mitzuwirken.

Ein fünftes Feld könnte man vage mit dem Begriff »kultureller Austausch« umschreiben. Hierunter fallen alle staatsfinanzierten Stipen-
dienprogramme zum Bildungsaustausch sowie die verstärkte Bedeutung Eurasiens als Tourismusregion.

KAPITEL 2

Zumindest die ersten vier Felder dienen am Ende einem Zweck: dem Problem der Destabilisierung des eigenen Wachstums durch Bewegung und Beschleunigung beizukommen. Hartmut Rosa beschreibt das so: »Eine moderne Gesellschaft ist dadurch gekennzeichnet, dass sie sich nur dynamisch zu stabilisieren vermag, was bedeutet, dass sie strukturell auf Wachstum, Beschleunigung und Innovationsverdichtung angewiesen ist, um sich zu erhalten und zu reproduzieren.«[4] BRI trifft die von ihm genannten drei Maßnahmen zu einer global angelegten Stabilisierung der chinesischen Moderne:

- extensive und intensive ökonomische Landnahme überall auf dem Globus und besonders in den Zielregionen von BRI,
- unablässige politische Aktivierung durch eine straffe, starke Staatsführung und
- progressive Beschleunigung des Prozesses mithilfe des eingangs erwähnten Prinzips: Handeln, bevor man darüber zu viel redet, mit Mitteln, die man für den Prozess exklusiv bereitstellt.

Wir sollten jedoch nicht Ursache und Wirkung verwechseln: Die Moderne, die China im eigenen und im Interesse vieler auf diesem Planeten stabilisieren möchte, haben wir im Westen erfunden. China will uns mit BRI vormachen, wie es mit der Moderne weitergehen könnte.

Eine alte Geschichte – Wer erfand die Seidenstraße?

Die Seidenstraße als Ganzes existierte nur in den Köpfen derjenigen, die sie beschreiben und beide Enden in Europa und China präzise kannten. Das war erst im 19. Jahrhundert der Fall, als europäische Entdecker und Forschungsreisende China erschlossen. Gleichzeitig zeichneten sie ein detailliertes geografisches Bild dieser Nation für Europa.

Die Alte Seidenstraße war keine gut erschlossene Straße, die sich gut ausgebaut zwischen Europa und Asien über Tausende von Kilometern erstreckte. Vielmehr war das, was wir als Seidenstraße kennen, ein Netz vieler Handelsrouten, das erschlossen, wieder aufgegeben und wieder neu erschlossen wurde. Die Katalysatoren waren die blühenden Städte und Oasen, die miteinander über den Handelsaustausch verbunden waren. Die Alte Seidenstraße funktionierte auch nie als durchgängige Handelsroute zwischen dem Römischen Reich und der Han-Dynastie, die zeitgleich existierten und vage voneinander wussten. Der Austausch war angewiesen auf die Völker Zentralasiens, die alles dafür taten, dass sie im Ost-West-Handel der damaligen Zeit unentbehrlich blieben.

Der Austausch zwischen Rom und Han-China beschränkte sich auf vereinzelte diplomatische Missionen, nachdem beide ab dem ersten Jahrhundert vor unserer Zeit voneinander wussten. Große chinesische Karawanen kamen ebenso wenig nach Rom, wie römische Handelskarawanen die damalige chinesische Hauptstadt Chang'an erreichten. Geschichtsschreiber hielten fest: »Der König von Da Qin [gemeint ist der Führer der damaligen Römischen Republik, M. H.] wünschte stets Händler zu den Han zu entsenden, doch die Parther wollten den Handel mit chinesischen Seiden mit ihm abwickeln; aus diesem Grunde erfanden sie immer neue Widerstände und verhinderten jede direkte Beziehung.«[5]

Das unterscheidet die Alte Seidenstraße von der neuen Xi Jinpings. Seine Neue Seidenstraße kann und soll China direkt und immer enger mit Europa verbinden. Damit verwirklicht das Land im 21. Jahrhundert eher die Visionen europäischer Forscher als die Ideen des alten Chinas. Abenteurer, Wissenschaftler und Entdecker aus dem Westen schufen das attraktive Bild einer einheitlichen Landverbindung zwischen Europa und China. Der wichtigste unter ihnen war Ferdinand von Richthofen (1833–1905), Geograf und später Professor in Berlin. Richthofens Leben fällt in die Zeit der chinesischen Erniedrigung durch die eindringenden europäischen Mächte. Nachdem das Land dem Zusammenbruch nahe war, erschlossen es die Europäer. Der Weg war frei, das Unerforschte Mitte des 19. Jahrhunderts noch groß. Man konnte entdecken und Unsterblichkeit erlangen, indem man Expeditionen nach Asien ausrichtete oder Gelegenheit hatte, an einer Expedition teilzunehmen.

Dem jungen deutschen Wissenschaftler erfüllte sich im Alter von 27 Jahren ein Traum, als er im Jahr 1860 an der preußischen Ostasienexpedition Friedrich Graf von Eulenburgs (1815–1881) teilnehmen durfte. Diese Expedition war ein wichtiger Schlüssel zu allen späteren deutschen Aktivitäten in China. Die Forschungsreise unter Eulenburg war Ausdruck des Zeitgeistes und des imperialistischen 19. Jahrhunderts. Ziel war es, vom verlockenden ostasiatischen Kuchen ein Stück abzubekommen und sich als Spätentwickler ebenfalls die gleichen Privilegien in Ostasien zu sichern, die sich zuvor schon Briten, Franzosen und Amerikaner nach den Opiumkriegen gegen China (1840–1842 sowie 1856–1860) und dem erzwungenen Vorstoß nach Japan in den 1850er-Jahren ertrotzt hatten. Die Preußen planten, sich die Insel Formosa, heute Taiwan, als neue preußische Kolonie gleich miteinzuverleiben. Dieses Vorhaben fiel später bescheidener aus und manifestierte sich in der siebzehnjährigen Besetzung der Kolonie Tsingtau. Ostasien lag den technologisch hoch überlegenen Europäern und Amerikanern zu Füßen. Konnte man schon nichts besetzen, schloss man wenigstens günstige Handelsabkommen zum eigenen Vorteil.

Forschung war dabei ein Nebenprodukt. Forschungsreisen konzentrierten sich auf die Region der sogenannten mittleren Seidenstraßen, jenem Gebiet zwischen Iran und der chinesischen Oasenstadt

Dunhuang in der Provinz Gansu, auf das chinesische Hinterland im fernen Westen. Persönlichkeiten wie Richthofen, Sven Hedin (1865– 1952) oder Aurel Stein (1862–1943), deren Vita jeweils ausreichend Stoff für Romane bietet, halfen, den Eintritt der Westmächte auch von Westen nach Ostasien zu erzwingen.

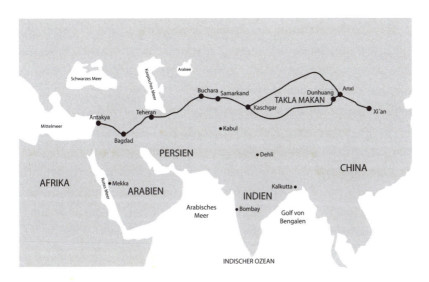

Abbildung 4: Der deutsche Geograf Ferdinand von Richthofen (1833–1905) kreierte 1877 die Idee der Seidenstraße

Der europäische Imperialismus des 19. Jahrhunderts machte die Alte Seidenstraße zu einer Einbahnstraße westlicher Expansion nach Osten. Der chinesische Gang nach Westen gehörte zu diesem Zeitpunkt der Vergangenheit an. Er ist Teil einer früheren Geschichte, auf die ich noch zu sprechen komme. »China go West!« ist wieder Programm unserer Gegenwart im 21. Jahrhundert.

Nachdem der Deutsche Richthofen die Region kartografiert hatte, erfand er 1877 den Namen »Seidenstraße« für die alten

Handelsverbindungen nach Westen. Dazu inspirierte ihn jener Stoff, der schon die römische Damenwelt des 2. Jahrhunderts v. Chr. begeisterte. Seide war aber nur eine von vielen Waren und Handelsgütern, die über Jahrhunderte zwischen Ost und West ausgetauscht wurden. Tee, Gewürze, Edelmetalle und vieles mehr gehörten ebenso zum globalen Handel der damaligen Welt.

Richthofens berühmtester Schüler Sven Hedin prägte als letzter großer Entdeckungsreisender seiner Zeit das Abenteuer Seidenstraße. Anders als sein Lehrer verstand sich Hedin als Entdecker der letzten unbekannten geografischen Rätsel seiner Zeit. Dazu gehörten noch offene weißen Stellen auf den bisher kartografierten Teilen der mittleren Seidenstraße. Hedin war ein echter Draufgänger. Begeistert verehrte er seinen Landsmann Adolf Erik Nordenskjöld (1832–1901), der die Nordostpassage entdeckte. Als Junge durfte Hedin in Stockholm miterleben, wie triumphal der große Abenteurer empfangen wurde. Das reichte, um ihn anzuspornen. Hedin verschlug es allerdings nicht in die Arktis, sondern in die Wüsten und Hochländer Zentralasiens und Tibets.

Dazu brauchte der Schwede einen Lehrer. Niemand kannte damals die Seidenstraßenregion besser als Ferdinand von Richthofen, der sich als führender Chinaexperte Deutschlands seiner Zeit einen Namen gemacht hatte. Also begab sich der junge Mann nach Berlin, um von dem Deutschen zu lernen, was dieser über Zentralasien und China wusste. Unterstützt durch den berühmten deutschen Professor gelang es dem jungen Hedin, Xinjiang mehrfach zu bereisen. Er entdeckte unter anderen den Lop Nor, heute umstrittenes Atomtestgebiet Chinas, und die nahe gelegenen Ruinen von Loulan. Loulan gilt als eine der typischen Oasenstädte der Alten Seidenstraße, die vom transkontinentalen Handel zwischen Europa, West-, Zentralasien und der damaligen chinesischen Hauptstadt Chang'an (Xi'an) profitierten. Hedin wurde im heimatlichen Schweden der Jahrhundertwende mit traditionellen

DIE SEIDENSTRASSE

Ehrungen überhäuft und vom schwedischen König sogar in den Adelsstand erhoben.

Mit der Erschließung und Kartierung der letzten unbekannten Teile entlang der alten Route war das Bild der historischen Seidenstraße vollständig. Die sozialen Umbrüche zu Beginn des 20. Jahrhunderts ließen gleichzeitig den klassischen Entdecker von der Bildfläche verschwinden. Hedin war der Letzte oder zumindest einer der Letzten dieser Zunft, doch es gelang ihm später auch, der »Erste in der Reihe der modernen Forschungsreisenden« zu werden.[6] Diesen Platz in der Moderne bescherte ihm die junge Republik China (1912–1949) und ihr Präsident Chiang Kai-shek. Der Generalissimus und Chef der damaligen Kuomintang-Regierung beauftragte den berühmten Schweden damit, eine internationale Expedition von der damaligen Hauptstadt Nanking nach Xinjiang zu leiten, um zu testen, ob man eine Ost-West-Achse für Autos quer durch das Land bauen könnte. So war Chiang Kai-shek der erste chinesische Staatsführer, der die historische Seidenstraße für die Moderne nutzen wollte. Hedin führte zwischen 1933 und 1935 Chiangs Auftrag unter Schwierigkeiten zum Abschluss. Bemerkenswert sind seine Worte, die er am Ende fand:

> Eine solche Pulsader, der Erde längste Autostraße, würde jedoch nicht nur für Vergnügungsreisende gemacht sein. Ihre Aufgabe wäre weit höher. Sie würde die Handelsverbindungen innerhalb Chinas erleichtern und einen neuen Weg zur Gemeinschaft von Osten und Westen öffnen. Die chinesische Regierung, die die Seidenstraße wieder von den Toten erweckt und sie für die heutigen Verkehrsmittel öffnet, wird gewiss der Menschheit einen Dienst erwiesen und sich selbst ein Denkmal gesetzt haben.[7]

Sven Hedins Worte waren visionär. Und noch mehr: Ihm war bewusst, dass die »Auferstehung der Seidenstraße von den Toten« China in die

KAPITEL 2

Welt führen werde. Neben Richthofen und Hedin hat noch ein dritter Europäer das Bild von der historischen Seidenstraße geprägt. Aurel Stein (1862–1943) war der nur wenig ältere Zeitgenosse und Kontrahent des ehrgeizigen Schweden. Mehr noch als dieser machte er den Westen mit den enormen Kunstschätzen bekannt, welche die Produkte der vielen Jahrhunderte kulturellen Lebens entlang der Route sind. Seine berühmteste und gleichzeitig umstrittenste Entdeckung waren die Mogao-Grotten von Dunhuang. Ihre unzähligen Fresken sind das beste bildliche Zeugnis des Buddhismus in China. Dazu liefern sie en passant eine bebilderte Sozialgeschichte der Tang-Dynastie (618–906).

Viele Gegenstände, die Stein während seiner Expeditionen als Archäologe in Diensten Ihrer Königlichen Majestät Queen Victoria mit nach England gehen ließ, sind bis heute niemals bezahlt worden. Manch ein chinesischer Zeitgenosse empfand den gebürtigen Ungarn in britischen Diensten als schändlichen Räuber einheimischer Kunstschätze. So der Schriftsteller Lu Xun (1881–1936), der damals forderte, China müsse »Dinge aus dem Ausland herholen«, um einen Platz in der Moderne erhalten zu können, nachdem es soviel einfach »weggeschenkt« habe.[8] Dieser Satz wurde später als »Herholismus« (*nalaizhuyi*) bezeichnet. Die Seidenstraße, die einstige Achse des Wegschenkens, sollte zum symbolträchtigen Ort des Wiederherholens einstiger Größe werden. Das ist eine der vielen Ironien menschlicher Geschichte oder der Beweis für die Pendelausschläge in der Weltentwicklung.

Die Wege, die Richthofen als Seidenstraße kartografierte, sind uralt. Ihre Baumeister waren die Begründer von Weltreichen. Der Erste unter ihnen war Alexander von Makedonien (356–323 v. Chr.), auch genannt der Große. Was ihn auszeichnete, war sein unglaublicher Mut zum Handeln. Damit brachte er Europäer, die sich damals noch nicht so bezeichneten, weit nach Asien hinein. Mit noch nicht einmal Dreißig hatte der junge Grieche die Perser, damals größte Macht des

62

DIE SEIDENSTRASSE

Globus, zwischen 334 und 329 entthront. Seine Strategie: regelrechter Blitzkrieg, gemischt mit der schnellen Adaption lokaler asiatischer Bräuche und Gewohnheiten. Das brachte ihm Sympathien bei den eroberten Völkern ein. Auf Persiens Grundlage zwischen Mittelmeer und Pamir-Gebirge schuf der Makedone ein eurasisches Weltreich, das bis kurz vor die Westgrenze des heutigen Chinas reichte. Alexander war der Erste, welcher der damaligen Menschheit Ahnungen des Zusammenhangs eines gewaltigen eurasischen Kulturraums vermittelte. Mit dem Hellenismus entstand auch die erste Form westlicher Hegemonie in Asien. Alexander trug die Kultur des kleinen Griechenlands über Land bis nach Indien und vor die Grenzen des späteren Chinas. Griechische Kunst amalgamierte sich mit indischer. Buddhistische Skulpturen übernahmen die Formensprache griechischer Statuen.

Zwei Jahrhunderte später sollte auch China sich nach Westen öffnen. Kaiser Han Wudi dehnte zwischen 141 und 87 das Han-Reich zum bis dato größten Territorium Chinas aus. Damit wurde im Fernen Osten erstmals ein dem Römischen Reich im Westen ebenbürtiges Imperium geschaffen. Chinas Imperator war Alexander nicht unähnlich – auch wenn er weit langsamer vorankam. Immerhin expandierte er das chinesische Territorium bis nach Korea und Vietnam im Osten und Südosten sowie in die Region Zentralasiens im Westen. Dazu benötigte er die Unterstützung seines Vasallen Zhang Qian (gest. 113 v. Chr.), den er 139 v. Chr. nach Westen in die unsichere Terra incognita von Xiyu (»westliche Regionen«) entsandte.

Han-China wusste von der Volksgruppe der sogenannten Yuezhi, die hinter den westlichen Bergen siedelten. Sie wollte man gewinnen, um eine Allianz gegen die Steppennomaden des Nordens, die Xiongnu, zu bilden. Diese bedrohten ständig das chinesische Territorium. Zhang selbst musste 14 Jahre lang Abenteuer und Gefangenschaft im Gebiet des heutigen Xinjiang überstehen. Die Xiongnu nahmen ihn

63

zehn Jahre lang als Geisel, bevor er die Yuezhi erreichte. Erst 125 v. Chr. gelang es ihm, zu entkommen.

Was er zu berichten wusste, war für die Chinesen um Kaiser Wudi erstaunlich und bereicherte ihr Weltbild um viel Neues. Der Gesandte erzählte nicht nur von den Yuezhi, sondern von Gegenden und Ländern, die er nie selbst gesehen hatte. Darunter gab es das Land *Dayuan* (Sogdien) auf dem Territorium des heutigen Usbekistan. Er berichtete von den Städten Baktriens, das er *Daxia* nannte, und sogar von Anxi weit im Westen. *Anxi* war das Partherreich, ein Nachfolgestaat des legendären Perserreichs der Achämeniden, die einst Alexander besiegt hatte. Auch von Alexanders griechisch geprägten Nachfahren, den Seleukiden im Gebiet Mesopotamiens und des heutigen Süd-Irans, brachte Zhang Qian Kunde. Ihnen gab er den Namen *Tiaozhi*.

Der Gesandte erzählte begeistert von den weiten Grasländern von *Yancai* und erwähnte einen gewaltigen uferlosen See, an den dieses Steppenreich grenzen sollte. Damals führte der Aralsee tatsächlich noch Wasser und war weit entfernt davon, zum tragischen Symbol einer der gigantischen ökologischen Katastrophen in der Menschheitsgeschichte zu werden. Auch *Shendu* kam als neues Territorium, jenseits der höchsten Berge weit im Südwesten gelegen, in das Bewusstsein der Han-Chinesen. Daraus wurde später *Yindu*, Indien. Auch von *Da Qin*, dem legendären Römerreich im Westen, hatte Zhang Qian erfahren.

Die wichtigste Nachricht dabei war: Diese unbekannten Reiche bevölkerten nicht unzivilisierte, todesverachtende Nomaden wie die Xiongnu, sondern Menschen, die es wie die Chinesen verstanden, Ackerbau zu betreiben und Städte zu gründen. Auch hatte Zhang Qian im Westen chinesische Waren gesehen, die dort gehandelt wurden. Da musste es doch möglich sein, diesen Handel auszuweiten und eine Direktverbindung, zum Beispiel nach Baktrien, herzustellen, das noch immer mit den Errungenschaften des alexandrinischen Erbes lebte.

Han Wudi war fasziniert. Als erfahrener Eroberer und Militärstratege schmiedete er Pläne, wie man all diese Länder mit einer ersten One-Road-Initiative erschließen könnte.[9] Die Völker im Westen und Südwesten schätzten also chinesische Waren, wie Seide und Bambus. »Made and designed in China« war begehrt. Han Wudi lächelte: Gute Voraussetzungen also, um das starke Han-China mit seiner Kultur und seinen wirtschaftlichen Möglichkeiten zur treibenden Kraft eines internationalen Handelsaustausches zu machen. Dazu bedurfte es der Diplomatie und der Verständigung über die jeweiligen politischen Absichten, damit China sich diese Völker gefällig stimmen konnte.

Dann war es wichtig zu investieren. Han Wudi und Zhang Qian wählten eine Politik der großzügigen Geschenke in Form von »Gold und Seide«[10] als Finanzierungsgrundlage einer Pro-China-Kampagne in den neu entdeckten Reichen und Städten Eurasiens. Der Aufwand zur Finanzierung der One-Belt-Politik Han Wudis verschlang »fast ein Drittel der Einnahmen des Kaiserreichs«.[11] Eine Art moderner Bank, vergleichbar mit der Asiatischen Infrastrukturbank im Rahmen von BRI heute fehlte damals. China musste alle Ausgaben für die neue Seidenstraßenpolitik allein stemmen. Jedoch stellten sich Erfolge ein. Der Warenaustausch, bei dem die Seide eine entscheidende Rolle spielte, kam in Fluss. Mit dem Infrastrukturausbau war es noch schwieriger. Bevor man Wege anlegen oder vorhandene Wege ausbauen konnte, war erst einmal zu erkunden, welche Routen nach Indien oder nach Baktrien führten. Leider hatten Han Wudis Kundschafter nicht das Glück eines Sven Hedin, der erfolgreich die Optionen von Autostraßen für Chiang Kai-shek sondierte: Sie wurden ausgeraubt und getötet.[12]

Trotz aller Schwierigkeiten war die One-Belt-Politik des Han-Kaisers Wudi bemerkenswert modern. Sie enthielt bereits alle vier Arbeitsfelder der heutigen Neuen-Seidenstraßen-Initiative Chinas: 1) Auslotung der politischen Agenden von Ländern und Stadtstaaten,

2) erste Versuche, Infrastrukturen zu schaffen, 3) das Primat des Handels und der Wirtschaft sowie 4) ein System zur Finanzierung des Gesamtprojekts.

Diese »Proto-BRI« war nicht zuletzt auch ein erstes politisches Konzept zum Aufbau eines internationalen Handelsnetzwerks.

Viele Jahrhunderte lang funktionierte Wudis Netz erfolgreich. Dann erschwerten Kriege, Zölle und Naturkatastrophen es zusehends, neue starke Großreiche zu bilden und behinderten die Aufgabe wichtiger Oasenstädte, den Handel über die eurasischen Verbindungen zu betreiben.

Eine Alternative musste her: die See. Ein florierender Seehandel etablierte sich und lag überwiegend in privaten Händen. Seit dem ersten Jahrhundert n. Chr. begann der Handelsaustausch Chinas mit dem Westen über den Indischen Ozean. Damals dominierten ausländische Schiffe, vor allem indoiranischer Herkunft, die Meere. Südostasien, mit der Mekong-Mündung in der Region des heutigen Kambodschas und des südlichen Vietnams, verfügte über wichtige Häfen, die auch der Verladung chinesischer Seide dienten. Chinesische Dschunken befuhren auf etablierten Seerouten der Araber seit dem 11. Jahrhundert kontinuierlich den Indischen Ozean, und die mongolischen Herrscher der Yuan-Dynastie hatten unter anderem Java mit hochseetüchtigen Schiffen eingenommen.[13]

Im 15. Jahrhundert erreichte das Ganze einen abschließenden Höhepunkt. Dafür waren wieder ein Herrscher und sein Untertan verantwortlich. Sie etablierten das Konzept einer Seeroute nach Westen als Bestandteil chinesischer Außenpolitik. Der Ming-Kaiser Yongle (1360–1424), dritter Kaiser der damals noch jungen Ming-Dynastie, beauftragte seinen Hof-Eunuchen und hohen Beamten Zheng He (1371–1435), mit einer gewaltigen Flotte von 300 Schiffen auf insgesamt

DIE SEIDENSTRASSE

sieben verschiedenen Reisen auf bereits bekannten Handelsrouten entlang des Indischen Ozeans bis nach Afrika vorzustoßen. Zhengs Reiseplanung erklärt, warum Afrika innerhalb der modernen BRI-Politik einen wichtigen Stellenwert einnimmt. Auch hierfür gibt es das passende historische Vorbild.

Anders als noch zu den Zeiten Han Wudis wussten die Chinesen deutlich mehr über die Außenwelt jenseits des ost- und südchinesischen Meeres. Entscheidend war der Aspekt, dass die Entsendung Zheng Hes und der riesigen chinesischen Armada des 15. Jahrhunderts eine geopolitische Strategie war – die erste dieser Art in der chinesischen Geschichte. Yongle wollte unmissverständlich zeigen, welche Fähigkeiten sein Reich besaß und dass es sich lohnte, seinen Hof in der neu gegründeten Hauptstadt Peking aufzusuchen. Dem Kaiser musste die gebotene Achtung gezollt werden. Die Belohnung dafür war, dass der ehrerbietige Vasall in die chinesische Variante eines »Commonwealth« eingebunden wurde. Yongles »Empire« sollte mit Peking ein souveränes Zentrum besitzen – so wie Jahrhunderte später das Empire Ihrer Majestät Queen Victoria mit London.

Die Missionen der Schatzflotte nach Indien, Sri Lanka, zum Persischen Golf und bis an die afrikanische Küste waren eine der drei Säulen kaiserlicher Außenpolitik: Diese bestand erstens aus der Befriedung der Mongolen im Norden und der Sicherung des Reiches durch den Neubau der Großen Mauer, zweitens in der Festigung des Einflusses in Annam, dem heutigen Vietnam, und drittens in der Demonstration klarer wirtschaftlicher und kultureller Überlegenheit gegenüber den Ländern entlang des Indischen Ozeans. Gigantische Schiffe zeigten Chinas Überlegenheit. Zur See bewies das Reich der Mitte unbewusst seine Dominanz gegenüber Europa. Der »Vorsprung vor Portugal und Spanien, deren Schiffe erst ganz zu Ende desselben Jahrhunderts Hochseefahrten über lange Distanzen unternahmen, war enorm«.[14]

Wirtschaftlich jedoch waren die gewaltigen Unternehmungen – an jeder Expedition nahmen rund 20 000 Personen teil – erneut ein Desaster für das Kaiserreich. John King Fairbank listet allein für die erste Reise 300 Offiziere, die eine Besatzung von 26 800 Männern kommandierten.[15] Es wurde weitaus mehr investiert, als man an neuen Beziehungen oder an Waren zurückbekam. Doch das politische Signal war unmissverständlich: »Chinas Prestige stieg in allen Meeren Ostasiens, auf den Inseln und Halbinseln im Südosten und im Indischen Ozean gewaltig an, und mit allen Staaten dieser Regionen dehnte sich der Handel in Form von Tributlieferungen rasch aus«, schreibt Gernet,[16] während Fairbank vor allem die »diplomatische Rolle der chinesischen Expeditionen« betont.[17] Beide Historiker sind sich einig, dass geopolitische und nicht ökonomische Überlegungen für die Maritime-Silk-Road-Politik des Yongle-Kaisers in den Jahren 1405 bis 1433 entscheidend waren.

Die Geschichte ist natürlich kein Abbild der Gegenwart. Doch immerhin beweisen die historischen Bezugspunkte der BRI-Politik des 21. Jahrhunderts, dass vieles, was uns neu und erstaunlich an der modernen chinesischen Politik erscheint, mit Blick auf die Geschichte gar nicht so neu und erstaunlich ist. Auch die Ängste vor einer chinesischen Geopolitik der Hegemonie, die viele Zeitgenossen aus Indien, Sri Lanka oder anderswo entlang des Indischen Ozeans gegenüber der heutigen chinesischen Außenpolitik formulieren, werden angesichts der historischen Machtdemonstration des Gespanns Yongle und Zheng He verständlich. Allerdings waren es später die Europäer, die als Erste »nachhaltigen Imperialismus« betrieben. Chinas Seeexpeditionen strahlten kurz und demonstrierten Glanz. Doch sie verschwanden schnell wieder von der historischen Bühne, noch bevor Kolumbus Amerika entdeckte und damit das euroamerikanische Zeitalter begann.

DIE SEIDENSTRASSE

Eine moderne Geschichte – Die Belt-and-Road-Initiative

Die G312 ist die längste Straße Chinas. Sie führt von Shanghai bis nach Zentralasien in die Gegend, die einst Richthofen, Hedin und Stein erkundeten. Von Shanghai, meinem Wohnort, bin ich ihr gefolgt, der langen Straße, 4000 Kilometer nach Westen. Mitten hinein in die Wüste Gobi, dem Abenteuerland Sven Hedins. Zu seiner Zeit war das echte Wüstenschiff, das zweihöckrige baktrische Kamel, noch Hauptverkehrsmittel. Heute hat man die Wahl zwischen Fernbus, Eisenbahn, Privat-Pkw oder Flugzeug. Wer nicht fliegen, aber rasant vorankommen will, setzt auf die Hochgeschwindigkeitszüge der *fuxing*-Klasse, 350 km/h Spitze garantiert, Bodenhaftung kaum noch vorhanden. Das ist die Zukunft.

Ich reise im Stil der Vergangenheit. Für die letzten 1000 Kilometer bis Urumqi habe ich mich gegen den Fernbus und gegen Kung-Fu-Filme aus Hongkong entschieden. Ich ziehe den bildschirmfreien Klassiker vor, den alten langsamen Zug. Fast leer rattert er gen Westen, von Schwelle zu Schwelle. Alte braune Kunstlederbänke dienen wenigen Uighuren als Schlafstätte. Ich schaue aus dem Abteilfenster. Draußen herrscht die Gobi, ein endloses graues Feld aus Gesteinsbrocken. So stelle ich mir die Mond- oder Marsoberfläche vor. Dann plötzlich wieder auf der Erde, mitten in einem Windpark aus Tausenden rotierender Stromerzeuger. Die Illusion des Zeitlosen ist verschwunden, unser Jahrhundert ist zurück.

Mitten im Wald der grauweißen Pfähle taucht plötzlich ein roter Farbklecks auf. Beim Näherkommen wird er breiter und länger und entpuppt sich als *hengfu*. Das ist eines der typischen Propagandaspruchbänder der Partei, die dem Hightech-China der Gegenwart einen merkwürdigen nostalgischen Zug verleihen. Sie sind die Ikonen des Sozialismus, und wie schon zu Maos Zeiten verkünden sie Führerworte. Nun bin ich nahe genug, um die Zeichen lesen zu können: 建设»一带一路«是党中央，国务院统揽政治，外交，经济社会发展作出的重大决策. Ins Deutsche übersetzt heißt das so viel wie »Die Neue Seidenstraße (»ein Gürtel – eine Straße«) aufzubauen, ist die zentrale Entscheidung von Partei und Staatsrat, die Politik, Diplomatie, wirtschaftliche und gesellschaftliche Entwicklungen zusammenführt«.

Wenige Kilometer später durchfahren wir einen verlassenen Bahnhof, den der radikale Abriss übersehen hat. Dort ein weiteres rotes Banner: 让中国走上世界, wörtlich »Lasst China in die Welt ziehen«. Dieser Slogan verkündet den Willen der Partei: China muss in die Welt ziehen, um weiter zu wachsen. Davon wird nichts und niemand das Reich der Mitte abhalten.

Die Globalisierung bestimmt unser Leben. Alle Staaten der Welt sind miteinander verknüpft. Sie sind aufeinander angewiesen, um so zu funktionieren, wie unser gewohnter Lebensstil uns das vorschreibt. Um Stabilität herzustellen, nutzt die Globalisierung seit jeher das Ungleichgewicht. Und so ließen bis in die jüngere Vergangenheit hinein die reichen westlichen Staaten ärmere wie China für sich produzieren.

Doch damit ist es bald vorbei. China ist reich und teuer geworden, seine Milliardenbevölkerung längst satt. Die Jahrtausende dauernden Kämpfe chinesischer Herrscher gegen den Hunger sind Geschichte. Stattdessen sind die Menschen anspruchsvoll, konsumfreudig, weltoffen und benötigen statt Kalorien immer mehr Energie. China selbst ist längst nicht mehr groß genug, um den neuen Lebensstandard zu befriedigen. Es gibt nur einen Ausweg, und der zwingt dazu, sich mit dem Rest der Welt zu verbinden.

Im Mittelalter ging das wachsende Norddeutschland mit dem Hansebund diesen Weg der Verbindung. Dergleichen folgten Westeuropäer,

DIE SEIDENSTRASSE

Spanier, Portugiesen, Holländer, dann die Briten, die ihr Empire aufbauten, um selbst zur führenden Wohlstandsnation des Planeten zu werden. Ihr Erbe traten die Amerikaner an. In den Achtziger- und Neunzigerjahren glaubte man, dass Japan als erste nicht westliche Zivilisation groß und weltoffen genug sei, um in die Fußstapfen der alten Globalisierer zu treten. Dies erwies sich langfristig als falsch. Nun ist der Stab in Chinas Händen. Die Globalisierung erfolgte in historisch mehr oder weniger verknüpften Erfolgsgeschichten, nur mit unterschiedlichen Mitteln.

Die Briten bauten ihren Erfolg auf kultureller, militärischer und ökonomischer Überlegenheit in Form des Empires auf, die Amerikaner gingen den Weg militärischer Stärke und den fast pietistischen Glauben an ihren Way of Life. Viele im Westen glauben noch immer, dass Freiheit und Liberalismus globalen Erfolg bedingen. Die Chinesen haben den Glauben daran erschüttert, so wie einst Galileo die Überzeugung, dass alle Gestirne um die Erde kreisen, umwarf. Sie setzen auf die eigene Geschichte nicht demokratischer Staatsführerschaft und auf globale Handelsstraßen, auf ein engmaschiges Netz von Infrastrukturen, teils mit historischen Vorbildern, welches das Reich der Mitte über Land und über Meere hinweg enger und intensiver als je zuvor mit der Welt verbindet.

China zieht seine Stärke aus Beziehungen, wohl wissend, dass es seine ehrgeizigen Visionen nicht aus eigener Kraft umsetzen kann. Die Familie, *jia*, die engste aller Beziehungsformen, ist dabei bis heute das Kernelement. Aus dieser Tradition heraus glauben die Chinesen an den Erfolg von Vernetzungen, denn das chinesische Sozialsystem beruhte über viele Jahrhunderte darauf. Die Seidenstraßeninitiative ist ein offenes Netzwerkmodell, das, begründet auf bilateralen Beziehungen, zwischen den Seidenstraßenländern globales Handeln ermöglicht. Führerschaft wird nicht thematisiert, eher stillschweigend konstruiert. Für China gibt es keine Alternative. Ohne Globalisierung wäre diese Nation nicht das, was sie heute ist, und ohne die Neuen Seidenstraßen droht die Globalisierung stecken zu bleiben, an der wir alle hängen. Die Neuen Seidenstraßen sind logische Zwänge auf dem Weg des weiteren chinesischen Voranschreitens in der Welt, notwendig für den Erfolg. Sie sind der äußere Ring eines jahrzehntelangen Öffnungsprozesses des Landes, der immer weitere konzentrische Kreise gezogen hat.

»Lasst China in die Welt ziehen – und die Welt China verstehen.« Dieser Spruch begleitet mich seit den Neunzigerjahren, fast so lange wie ich das Land kenne. Irgendwann in der zweiten Hälfte der Neunzigerjahre tauchte er auf. Zunächst in den Metropolen und Städten, wie Shanghai oder Beijing, dann zunehmend auch in kleinen Orten und in ländlichen Regionen. Als ich in den Neunzigerjahren meine ersten ausgedehnten Reisen nach Zentral- und Westchina unternahm, sah ich neben diesem Spruch häufig einen kleinen Mann, der energisch nach vorn schaute. Meist suchte sein Blick eine neu gebaute Autobahn oder ein neu erschlossenes Stadtgebiet, das ebenfalls auf diesen Plakaten prangte. Der kleine Mann war kein anderer als Maos alter Stratege und späterer Widersacher in wirtschaftlichen Fragen: Deng Xiaoping (1904–1997). Er ist außer Mao Zedong (1893–1976) und Xi Jinping (geb. 1953) einer der drei Politiker, deren Gedanken und Ideen die kommunistische Partei explizit in die Verfassung aufgenommen hat. Deng steht als Vater der sogenannten Reform- und Öffnungspolitik für eine wesentliche Strategie: die Öffnung nach außen.

China steckte noch tief in den Nachwehen der Kulturrevolution, als Deng Xiaoping in seinem klassischen grauen Sun-Yatsen-Anzug im Juni 1980 verkündete, dass es sich nun auch nach »außen öffnen müsse«, da es für Chinas künftige Entwicklung unabdingbar sei. Was ein führender Politiker verlautbart, das wird umgesetzt. So viel

DIE SEIDENSTRASSE

Planungssicherheit bietet dieses Land. Schon 1982 war die »Öffnung nach außen« (*duiwai kaifang*) ein fester Bestandteil der Verfassung. Chinas Grundgesetz erweitert sich stets um die klugen und richtungsweisenden Gedanken seiner Starpolitiker. Das war auch schon in den Achtzigerjahren des letzten Jahrhunderts so.

Doch Worten und schriftlichen Fixierungen müssen Taten folgen. Das ging bereits Anfang der Achtzigerjahre in einem damals vergleichsweise bettelarmen und noch recht verschlossenen China erstaunlich schnell: Deng ließ vier Orte an der Südostküste, die Städte Shenzhen, Zhuhai, Shantou und Xiamen, sich als sogenannte Sonderwirtschaftszonen nach außen öffnen. Hier durften ausländische Investoren Geld anlegen, Technologie ins Land bringen und erste Experimente mit Chinas gerade frisch geplanter Marktwirtschaft betreiben. Nur vier Jahre später wurde das Konzept wirtschaftlicher Öffnung nach außen auf 14 weitere Küstenorte übertragen, darunter auch eine so traditionsreiche Metropole internationalen Austausches aus vergangenen Zeiten wie Shanghai. Nachdem die Partei dieses Öffnungsexperiment erfolgreich umgesetzt hatte, war die erste Phase eines lang angelegten Öffnungsplanes vollzogen – man ging optimistisch in Phase zwei über.

Die Regie lag erneut in den Händen des kleinen Mannes aus der Provinz Sichuan. In der Tradition des Kaisers Qianlong entschloss sich Deng Xiaoping 1992, eine groß angelegte Inspektionsreise in die neuen Sonderwirtschaftszonen und soeben geöffneten Städte des Südens zu unternehmen. So wie sein berühmter kaiserlicher Vorgänger es gern tat, reiste er ohne Glanz und Gloria in Mantel mit Schal und Schlägerkappe als einfaches Parteimitglied. Die einmonatige Reise, vom 18. Januar bis 21. Februar, sollte nicht nur aufzeigen, ob sich die angestrengten Öffnungen und Reformen bereits bewährten, sondern sie sollte den einmal eingeschlagenen Öffnungskurs festigen und unumkehrbar machen. Dabei stellte Deng fest, dass Plan und Markt nur zwei verschiedene Maßnahmen des Wirtschaftens seien, keine jeweiligen Merkmale von Sozialismus und Kapitalismus. Er legitimierte die Einführung der Marktwirtschaft als Instrument, um Chinas Sozialismus weiter aufzubauen. Allein mit der Auswahl seiner Reiseorte trieb der Herrscher die »Glasnost-Politik« des Landes voran: Wuchang am Yangtse setzte Zeichen. Eine Binnenstadt weiter im Westen, fernab der Küsten, zeigte den Weg für die Zukunft des Prinzips von Reform und Öffnung.

Mit Wuchang ging die Öffnung des Landes einen Schritt weiter. Mit der Marktwirtschaft hatte man zugleich das passende ordnungspolitische Werkzeug festgelegt. Was dies de facto für das Leben im Lande bedeutete, spürte jeder, der die Neunzigerjahre in China erlebte: Das Wörtchen *mei you* (»gibt es nicht«) war 1992 noch in vielen Staatsläden zu hören. Als damaliger Student fühlte ich mich immer wieder an die soeben vergangene Deutsche Demokratische Republik erinnert. Wenig später verschwand *mei* (das »nicht«) und wich einem vielstimmigen *you* (»haben wir«). Supermärkte entstanden Mitte der Neunzigerjahre, chinesische und westliche Produkte füllten die Regale. Wir tranken Budweiser und Beck's neben Tsingtau-Bier. Das Symbol des künftigen Wohlstands, Shanghais neuer Distrikt Pudong, begann in die Höhe zu wachsen. 1998/99 fiel der Startschuss für die wunderbarste Geldvermehrung der jüngsten Weltwirtschaftsgeschichte: China erhielt einen freien Immobilienmarkt. Die Öffnung im Landesinneren verstärkte Auslandsinvestitionen und Außenhandel.

Phase zwei der Öffnung erreichte ihren Abschluss und Höhepunkt mit dem lang angestrebten Beitritt zur Welthandelsorganisation WTO. Nur wer ein armes, der Welt verschlossenes Land, wie das China der Mao- und unmittelbaren Post-Mao-Zeit, erlebt hat, vermag sich vorzustellen, was das psychologisch bedeutete: China war endlich auf der internationalen Bühne angekommen und hatte nun legitimen Zutritt zur weiten Welt des Handels, zur immer stärker werdenden Globalisierung. Hier bot sich die Gelegenheit zur Selbsterneuerung. Der offizielle Weltmarktbeitritt eröffnete die Chance, vom Nutznießer und Vehikel selbst zum Motor der Globalisierung zu werden. 2001 bedeutete das für dieses Land in puncto Entwicklung zur Welthandelsnation mindestens so viel, wie die Einführung des Elektroautos im zweiten Jahrzehnt des 21. Jahrhunderts für seine Stellung als künftige führende Technologienation bedeutet: vom Schauplatz zum *Akteur* des Weltgeschehens zu avancieren.

Der 16. Parteitag im Jahr 2002 eröffnete nach dem WTO-Beitritt neue Perspektiven. Den dritten, mit weit breiterem Radius gezogenen Kreis der Öffnung nach außen. In Phase drei formulierte die Staatsförderung erstmals das Ziel, dass Chinas wirtschaftliches Engagement eine Strategie brauche, um nach draußen, über die eigenen Grenzen hinauszugehen. Der vor rund fünf Jahren verstorbene Deng Xiaoping hatte bereits während seiner Südreise 1992 zu einer Beschleunigung des Reformprozesses aufgerufen.

Die Im- und Exporte stiegen in den Jahren zwischen 2003 und 2011 um jeweils mehr als 20 Prozent. Damit erreichte das internationale Handelswachstum ein Maximum. Jeder, der damals in China lebte, sah das Land von internationalen Marken überschwemmt – und das innerhalb weniger Jahre. Der Individualverkehr stieg enorm, das Warenangebot in den zunehmend internationaleren Konsummärkten wuchs deutlich an. Viele Chinesen telefonierten mit dem iPhone, tranken australische, in Holzfässern gereifte Weine, trugen Jack-Wolfskin-Jacken und Ähnliches.

Die Politik erfand den bis heute gern genutzten Begriff des »Winwin« (*huli shuangying*),[18] wörtlich »gegenseitiger Nutzen und doppelter Gewinn«: In Form einer friedlichen wirtschaftlichen Zusammenarbeit zwischen Staaten erfolge immer ein beidseitiger Gewinn, während kriegerische Auseinandersetzung stets zu Verlust auf beiden Seiten führe, und Kriege nicht nur für den Kaufmann keinen Gewinner hervorbringen. Damit verschrieb sich China seiner Tradition als Beamten- und Händlerzivilisation. Die Grundhaltung lautete, kriegerische Konflikte möglichst zu vermeiden und sich auch in internationalen Allianzen aus kriegerischen Operationen herauszuhalten.

Sehr zum Missfallen des Westens war das eine klare Absage an die amerikanische Strategie führbarer Kriege, die George W. Bush verfolgte und sein Nachfolger Barack Obama fortsetzte. Der letzte amerikanische Krieg begann bekanntlich mit der Invasion in Afghanistan 2001 und der im Irak zwei Jahre später. Beide führten am Ende zum längsten kriegerischen Engagement in der amerikanischen Geschichte. Allein zwischen 2001 und 2009 kosteten sie die Amerikaner allein fast 700 Milliarden US-Dollar und damit fast so viel, wie China in den nächsten zehn Jahren mit der internationalen Staatengemeinschaft in die Neue Seidenstraße investieren will.[19]

Die Wirtschaft und die Sicherheitslage in Afghanistan und Irak verschlechterten sich eher, als dass sie sich verbesserten. Noch schlimmer fällt die Gesamtbilanz der internationalen »Lose-lose-Initiative« in Afghanistan und Irak aus: Wolfgang Koschnik schätzt die Verschwendung an Steuergeldern der internationalen Sicherheitsgemeinschaft ISAF auf rund 1 Billion US-Dollar.[20] Die Kosten des Irakkrieges beliefen sich zwischen 2003 und 2011 auf rund 2,2 Billionen US-Dollar.[21] Damit könnte man nach dem jetzigen Planungsstand drei Neue-Seidenstraßen-(BRI)-Projekte finanzieren. Mehr Worte bedarf es dazu nicht.

Während die USA Kriege als geostrategische Maßnahme akzeptieren, setzt China statt auf Außenmilitärpolitik auf Außenwirtschaftspolitik.

DIE SEIDENSTRASSE

Dieses Land will sich nicht am Hindukusch verteidigen, sondern statt-dessen lieber am Hindukusch investieren. Statt feindliche Regime zu destabilisieren, unterstützt Peking eigene Unternehmen, die bereit sind, in allen Ländern der Welt – auch in sogenannten Krisenregio-nen – zu investieren. Wir haben es also mit einer völlig anderen Form von Geostrategie zu tun, die das Ökonomische dem Militärischen voranstellt.

Der Fortschritt Chinas, der wachsende Binnenkonsum, sollte ent-wickelten Ländern wie Deutschland im Reich der Mitte mehr Markt-chancen ermöglichen, und das verbessere technologische Niveau in China wiederum neue Investitionsanreize liefern. Chinesische Firmen wurden umgekehrt gefördert, um erstmals auch im Ausland zu inves-tieren. Entwicklungsländer sah China immer als Partner. Sie konnten vom chinesischen Wachstum profitieren, indem sich für sie Nischen in Bereichen der Produktion auftaten, für die chinesische Arbeitskraft bereits zu teuer war. Win-win wurde auch zur Leitlinie der Neuen Sei-denstraße. Natürlich sind politische und wirtschaftliche Abhängigkei-ten gegenüber China nicht zu vermeiden. Doch wer die Wahl hat zwi-schen Krieg und Armut auf der einen und neuer Abhängigkeit und mehr Wohlstand auf der anderen Seite, wird sich leicht entscheiden.

Nachdem ein 17. Parteitag 2007 die Grundlinie einer umfassenden Öffnung nach außen bekräftigt hatte, folgte sechs Jahre später, im No-vember 2013, die nächste Vollversammlung der größten politischen Organisation der Welt. Die Bilanz fiel, wie immer auf Parteitagen der Kommunistischen Partei, positiv aus. Nach gut 30 Jahren Öffnungs-politik proklamierte die Partei stolz, dass die Außenwirtschaftspolitik, die einst mit der vorsichtigen Öffnung vier kleiner Sonderwirtschafts-zonen im chinesischen Südosten unweit Hongkongs begonnen hatte, dazu beigetragen hatte, das Land zur zweitgrößten Volkswirtschaft der Welt zu entwickeln.[22]

Doch dann bemerkte die Partei plötzlich, dass das Wirtschaftswunder einen dunklen Fleck hatte: Der damalige Handelsminister Gao Hucheng stellte fest, dass trotz emsigen Wetteiferns mit dem großen »Zwilling« USA das Gesamtvolumen von Handel und Dienstleistungen gerade einmal 50 Prozent der amerikanischen Zahlen erreichte.

Noch viel beunruhigender für Chinas Planer war die äußerst ungleichgewichtige Bilanz der Öffnung nach außen: In einem Jahrzehnt hatte man sich zwar zum attraktivsten Land für Investitionen des Auslands entwickelt, umgekehrt aber betrug das Volumen des finanziellen Engagements Chinas im Ausland nur 10 Prozent der amerikanischen Direktinvestitionen. Trotz umfassender Öffnung nach außen und beschworener Win-win-Strategie hatte China gerade einmal 660,48 Milliarden US-Dollar im Ausland investiert, um sich an ausländischen Märkten und Technologien zu beteiligen, während die US-Amerikaner, im internationalen Ranking der großen Wirtschaftsnationen nur einen Platz vor China, stolze 6291 Milliarden US-Dollar, investiert hatten.[23]

Selbst Deutschland, viertgrößte Volkswirtschaft und damit zwei Plätze hinter den Chinesen, engagierte sich im globalen Wettbewerb um ökonomische Einflussnahme, Gewinn und Vormachtstellung mit 1440,9 Milliarden US-Dollar deutlich mehr. Der chinesische Drache konnte sich zwar an Größe mit dem amerikanischen Adler messen, doch außerhalb seiner Grenzen war er ein Scheinriese.

Eine weitere Schieflage im Inland kam hinzu: Die Küstenprovinzen blieben die Hauptziele des wirtschaftlichen Engagements. Das Wohlstandsgefälle im Lande zwischen Küsten- und Hinterlandregionen wurde zu einem gefährlichen Abhang. Der Abstand zwischen den reichen Küstenregionen im Osten und fast Dreiviertel der chinesischen Landesfläche im Hinterland, auf der immerhin 30 Prozent aller Einwohner der Volksrepublik wohnen, vergrößerte sich trotz starker

78

politischer Steuerung aus Peking. Die Wirtschaftsleistung des Westens machte 2016 gerade 19,9 Prozent der Gesamtleistung Chinas aus.[24]

Selbst statistisch partizipierten fast ein Drittel aller Chinesen nur marginal an den Erfolgen der Reform- und Öffnungspolitik. Das war alarmierend und lag wie ein Schatten über der »großartigen« Politik der Partei. Schlimm für die politischen Führer des 18. Parteitags war, dass Chinas früherer Staatspräsident Jiang Zemin bereits 1999 die groß angelegte Initiative »Go West« ausgerufen hatte, die das Ziel hatte, den Graben zwischen Küste und Binnenland zu schließen. Doch die Direktive griff nicht.

Der Missstand forderte die Planer zu erneutem Handeln auf. Ein neues Konzept musste her, eine andere Idee – und ein Führer, der diese Idee propagieren und vorantreiben konnte. Den hatte man wie einen neuen »Dalai Lama« der Partei gefunden und bereits ein Jahr früher auf den Thron gesetzt: Xi Jinping sollte es richten. Er wurde zum Motor der nun folgenden vierten Phase der Öffnung nach außen gekürt. Für den Namen dieses nächsten Zeitabschnitts hatte Xi bereits gesorgt. Nach seinen Auftritten in Kasachstan (September 2013) und in Indonesien (Oktober 2013) wusste die Welt, dass China mit einem neuen außenpolitischen Konzept namens »One Belt and One Road« eine neue Phase wirtschaftlichen Engagements begonnen hatte. Bald wurde deutlich, dass dieses Konzept globale Dimensionen annehmen sollte. Die Globalisierung, der China seinen schnellen Aufstieg an die Weltspitze verdankte, wurde zum chinesischen Handlungsinstrument.

Belt and Road versus Achse des Guten

Die Idee, die Alte Seidenstraße in unseren Tagen wiederzubeleben, ist keine chinesische Erfindung. Im Gegenteil: China hat sich lange Jahre

KAPITEL 2

mit Visionen von Neuen Seidenstraßen zurückgehalten. Die Ersten, die über eine Neue Seidenstraße nachgedacht und entsprechende Konzepte entwickelt hatten, waren Europäer und Amerikaner. Da ich auf europäische Vorstellungen noch ausführlich zurückkommen werde, lohnt es sich, zunächst auf die Ideen und Vorstellungen der USA zu schauen. Drehen wir dazu das Rad der Geschichte zurück, aber nur in das späte 20. Jahrhundert, in die Jahre kurz nach dem Kollaps der Sowjetunion 1991.

Wenige Jahre nach dem Zusammenbruch planten Geostrategen um den amerikanischen Ex-Sicherheitsberater des US-Präsidenten Jimmy Carter Zbigniew Brzezinski (1928–2017) eine Art Neuer Seidenstraße. Sie beschrieben ihre Ideen in einem umfangreichen Papier mit dem Namen »Silk Road Strategy Act«, das sie 1999 veröffentlichten. Der Plan war, die Regierung des damaligen US-Präsidenten Bill Clinton zu einem zielgerichteten Engagement in Zentralasien zu bewegen.

Brzezinski, der auch den Untergang des größten kommunistischen Staatengebildes der Welt vorhergesehen hatte, witterte eine einmalige Chance zum Handeln. Die zentralasiatischen Staaten der ehemaligen Sowjetunion hatten gerade ihre nationale Eigenständigkeit erhalten und waren auf internationale Anerkennung und Einbindung in die Weltgemeinschaft ausgerichtet. Die USA sollte zum Partner einer neuen »Ost-West-Achse«[25] politischer Kooperation werden. Zwar ging es nebenbei auch um neue Optionen für den US-Außenhandel und um eine gewisse wirtschaftliche Unterstützung der beteiligten Staaten, die Hauptstoßrichtung der US-Initiative aber war eindeutig: Sie drehte sich um Destabilisierung neuer politischer Allianzen.

Brzezinski fürchtete, dass Russland sich unter Vladimir Putin mit dem verfeindeten Mullah-Regime im Iran verbände. Die beiden stärksten Staaten der Region, Russland und Iran, könnten die nun freigesetzten Staaten Armenien, Aserbaidschan, Georgien, Kasachstan,

80

DIE SEIDENSTRASSE

Kirgisistan, Tadschikistan, Turkmenistan und Usbekistan politisch und wirtschaftlich in eine neue Allianz gegen die Interessen Amerikas einbinden. Dagegen sollte man schnellstens vorbeugen. Brzezinski, geboren in Polen, wusste, dass mit den Russen nicht zu rechnen war. Hatten sie sich doch dem internationalen Embargo gegen den Iran verweigert und lieferten dreist Waffen an den fundamental-islamischen Erzfeind der freien Welt. Donald Trumps Aufkündigung des Atomabkommens mit Iran 2018 hat alte Vorläufer, und der Iran ist seit Jahrzehnten ein Staat, an dem sich West und Ost voneinander scheiden.

Die Amerikaner hatten es eilig, denn Brzezinski und die anderen waren sich sicher, dass die Russen um ihren neuen Alphamann Vladimir Putin nicht lange warten würden, bis sie mit einer eigenen Allianz versuchten, diese Staaten wieder an Russland zu binden. Sie hätten einen entscheidenden Vorteil gehabt, denn die gesamte Infrastruktur der acht Länder war auf Moskau ausgerichtet. Das weiß jeder, der schon einmal mit dem Zug tagelang durch die kasachische und usbekische Steppe Europa entgegenreiste. Alle Verbindungen führen mehr oder weniger über Moskau.

Die USA hatten 1999 noch einen wichtigen Zeitvorteil vor den anderen. Putin löste soeben seinen Vorgänger Boris Jelzin ab, dessen wirtschaftliche Inkompetenz Russland an den Rand des Zusammenbruchs getrieben hatte. Er musste sich zunächst etablieren. Sein eigenes Seidenstraßenprojekt, in Gestalt einer Eurasischen Wirtschaftsunion (EEU), sollte erst 15 Jahre später Wirklichkeit werden. Alle acht Staaten der amerikanischen Seidenstraßeninitiative hatten Probleme mit dem Aufbau von Demokratie und freiheitlichen Ordnungen. Wie sollte es anders sein? Dafür hatte es nie eine historische Grundlage gegeben.

Nun konnte sich Amerika als Mastermind einer neuen liberalistischen Zukunft anbieten. Unterstützung erhielten solche Regierungen,

81

bei denen man Perspektiven sah, die amerikanischen Grundwerte westlicher Demokratie und des Menschenrechtsverständnisses umzusetzen. Selbstverständlich fielen praktisch alle Staaten durch den Normenkatalog von Freiheit und Menschenrechten nach dem US-amerikanischen Standardmodell durch. Doch die Chance, eine Achse des Guten quer durch Eurasien aufzubauen, war einfach zu verlockend. Gegenüber den Russen sahen sich Brzezinski und die Seinen in dem Vorteil, dass sie sich im westlich orientierten Osteuropa mit Polen, der Ukraine und auch dem wichtigen Brückenland Vorderasiens, der Türkei, nur auf US-freundliche Staaten verlassen konnten.

Doch Jimmy Carters Ex-Berater und entschlossener Sowjetfeind hatte seine Rechnung ohne den außenpolitisch schwächelnden US-Präsidenten Clinton gemacht. Amerikas vermeintliche Stärke, die Demokratie, erwies sich als seine Achillesferse. Clintons Regierung ließ den Silk Road Strategy Act nicht passieren. Damit war die Chance der USA vertan, Russen und Chinesen in Sachen Seidenstraßenerschließung entscheidende Jahre zuvorzukommen.

Jahre später bot sich eine neue, allerdings weit bescheidenere Chance: Nachdem die USA 2001 in Afghanistan einmarschiert waren, heroisch entschlossen, den radikalen Frevlern und Terroristen des 11. Septembers 2001 das Handwerk zu legen, fanden sie sich am Ende in den Dollarbillionen verschlingenden Dauerkriegsszenarien wieder, die länger als der Vietnamkrieg dauerten. Die Amerikaner brauchten einen guten Rückzugsplan, kein neues Mittelostmanöver. Den Plan verkündete niemand anderes als die resolute Gattin des US-Präsidenten Clinton: 2011 verkaufte Hillary ihre eigene New Silk Road Strategy erfolgreich. Die Idee war, damit das sündhaft teure Problem Afghanistan loszuwerden. Der schwachen afghanischen Wirtschaft bot man mit Möbeln und Früchten als einzigen Handelsgütern eine Anbindung an die südasiatische Wirtschaftswelt, mit Indien im Zentrum. Das war wenig und zudem wenig professionell. Kritiker bezeichneten die zweite amerikanische Seidenstraßeninitiative als »dubiosen Plan«[26] der US-Außenministerin.

Zu offensichtlich war hier der erneut gegen Russland gerichtete Ansatz. Nun ging es aber nicht mehr um einen kühnen neuen Korridor der Freiheit wie zu Zeiten Brzezinskis. Es war der eher halbherzige Versuch, ein schwaches Land, in dem man feststeckte, in ein gedachtes Handelsnetz aus turkmenischem Gas, pakistanischen und indischem Energiehunger und tadschikischer Wolle[27] über alle trennenden Hochgebirge und jeder Geografie zum Hohne hinweg einzugliedern. Geld wollten die USA dafür auch nur wenig aufbringen. Das Resultat: Diese Seidenstraßenstrategie Hillary Clintons und ihrer Washingtoner Politberater war im Ansatz zum Scheitern verurteilt.

Die beiden amerikanischen Seidenstraßeninitiativen von 1999 und 2011 haben trotz Unterschieden eine klare Gemeinsamkeit: Sie sollten als regionale Strategien gegen den ehemaligen Kontrahenten des Kalten Krieges, gegen Russland, Nutzen bringen. Beide Ansätze waren hauptsächlich politisch motivierte Geostrategien. Für die eigene Volkswirtschaft waren sie eher unbedeutend, insbesondere im späteren Fall. Auch das unterscheidet beide fundamental von der chinesischen Initiative.

Das Rethink Institute Washington bescheinigt in einer Analyse verschiedener Seidenstraßenstrategien den chinesischen Anstrengungen in Zentralasien, »sehr pragmatisch und geschäftsorientiert« zu sein. China habe darüber hinaus auch keine ersichtliche »ideologische oder politische Agenda in seine Seidenstraßeninvestitionen eingewoben« und sei »vorsichtig darin, seine politische Neutralität in der Region zu wahren«.[28] Dieses Urteil bezog sich noch nicht auf die Seidenstraßeninitiative Xi Jinpings, die erst Ende des Jahres verkündet werden sollte.

Doch bewertete es immerhin die ersten wirtschaftlichen Großprojekte, die China noch unter seinem starken zweiten Mann, dem damaligen Premierminister Wen Jiabao, betrieb. Der ließ bereits eine Gaspipeline von Turkmenistan via Usbekistan und Kasachstan nach China bauen. Die Fertigstellung im Jahr 2009 war die erste zentralasiatische Verbindungslinie chinesischer Initiative. Zügig investierte China bereits vor Xi Jinpings Amtsantritt in verschiedene Eisenbahnprojekte der gesamten eurasischen Großregion bis in die Türkei. Wen Jiabao durfte als Visionär 2012 in Urumqi verkünden, dass »die Alte Seidenstraße ihre alte Geschäftigkeit und Lebendigkeit wiedererhielt«. Zur weiteren Erschließung dieser »Lebensenergie« – auch im buchstäblichen Sinne des Wortes bedurfte es eines Planes, der »Politik, Diplomatie, wirtschaftliche und gesellschaftliche Entwicklungen zusammenführt«.[29] So verkündete es auch das Propagandabanner in der Wüste Gobi. Sie erinnern sich.

Neue Verbindungen im Osten

Samarkand, Usbekistan. »Scheiße, Scheiße, Scheiße«. Ich traute meinen Ohren nicht. Deutsche Schimpfwörter in Samarkand und das gegenüber einem grün uniformierten Ordnungswächter, der darauf achtete, dass kein Unbefugter mehr das Areal der Moscheen betrat. Am nächsten Tag sollte die koreanische Staatspräsidentin exklusiv hier besichtigen – gemeinsam mit dem Staatspräsidenten. Wichtige Partner mit deutlichem Vorrang vor einfallenden Touristen. Und dann: »6000 Kilometer bin ich extra gereist und nun wieder alles abgesperrt für den Präsidenten. Die gleiche Scheiße wie gestern in Tashkent.«

Ich blickte hinüber. Ein kleiner bärtiger Mann im schwarzen T-Shirt mit weißem iPhone in der Hand gestikulierte, redete mit Händen und

Füßen auf den grünen Mann ein. Der schien nicht allzu viel zu verstehen. Der kleine Bärtige wechselte die Sprache: »Tamam. Güzel«, glaubte ich zu verstehen. Türke? Ich ging hinüber, redete den Bärtigen auf Deutsch an. Das Gesicht strahlte: »Ah, auch Deutscher, ej«, sagte er und dann: »Der lässt mich nicht rein. Verdammt. Übrigens, ich bin Turhan aus Berlin.« Eine Frau trat hinzu, redete uns auf Englisch an. Sie erklärte uns: »Zahlt dem Mann einfach das übliche Eintrittsgeld doppelt. Dann kommt ihr rein, exklusiv.« Turhan strahlte: »Wir kommen rein, geil«, und: »Ich zahle auch das Zehnfache. Ej, das ist meine Kultur, verstehst du, meine Kultur. Da muss ich rein. Das Klopapiergeld hier ist eh nichts wert.«

Turhan zog einen Packen Som hervor, ich ebenfalls. Der Grünuniformierte wollte erst kein Geld. Doch dann lockten die Bündel unwiderstehlich. Er ließ uns hinein, zeigte dabei auf die Uhr: »No long. 6 finish.« Geld wollte er erst später, unbeobachtet. Wir nickten. Turhan eilte voran – mitten hinein in eine Welt aus Grün, Lila, Rot, Blau, Gelb und allen Farben des Regenbogens, in denen die Moscheen am abendlichen Registan erstrahlten. Das iPhone flashte, Turhan war verzückt: »Hätte ich mir nie verziehen, wenn ich das nun nicht gesehen hätte.« Wir konnten ihm und seinem Besichtigungseifer kaum folgen. Plötzlich stand er unter dem golden glänzenden Portal einer Medresse, einer alten Koranlehranstalt. »Hier bekomme ich echt spirituelle Gefühle, Alter«, sagte Turhan. Doch die hielten nur kurz, schon raste er weiter durch den stillen Innenhof des Gebäudes. Der Videomodus des iPhones war aktiviert. »Geile Sache, so 'n Phone. Kann man mit Panoramabildfunktion alles aufnehmen.«

Der Grüne war uns gefolgt. Mahnte zur Bezahlung und zum Ende unseres Exklusivrundgangs »after 10 minutes«. Turhan wurde noch schneller: »So, habe nun auch den Platz da im Phone. Wie heißt der noch, ah, Registan oder so?« Dann waren wir wieder draußen. Das kurz geöffnete Sesam des Komplexes schloss sich hinter uns. Der Grüne kassierte die Geldpacken. »Der wollte nur Kohle machen«, kommentierte Turhan die Aktion. Er kramte seine Usbekistanabhakliste hervor. Alles, was er in zwei Tagen schaffen musste.

Mein Reisebegleiter holte den Dumont-Kunstreiseführer hervor. »Oh Dumont, geil«, erkannte Turhan an. Dann erzählten wir von der langen Reise von Shanghai bis hierher nach Samarkand. Von riesigen Kakerlaken. Turhan schüttelte sich vor sichtbarem Ekel, zog instinktiv an den zu kurzen Ärmeln seines Diesel-Designershirts. »Oh Mann, so 'n Viehzeug habe ich nur einmal bei Verwandten gesehen, in Istanbul«, sagte er. »Letztens war ich kurz in Australien. Muss ich auch nicht wieder hin. Giftquallen, Seeschlangen und so 'n Zeugs.« Dann ein nachdenkliches Gesicht: »Wie Türkei vor 50 oder 60 Jahren, als ich Kind war.« Wir wunderten uns. »Nein, ich bin erst 35«, rückte Turhan die Verhältnisse zurecht. »Aber mindestens wie Türkei vor 30 Jahren, mindestens.« »Jungs, schaffe ich Samarkand an einem Tag – mit allem?« »Schaffst Du, Turhan«, versicherte ich. »Na dann, Jungs, muss weiter, mache noch ein Foto von der Straße, von dem Platz da. Registan oder so? Richtig? War geil, euch getroffen zu haben. Danke für die Info. Man sieht sich.« Turhan trabte davon, das Handy flashte ununterbrochen.

Wie Turhan schaut auch Recep Tayyip Erdogan nach Osten. Seit dem Tod von Usbekistans ewigem Präsidenten Islom Karimov (1938–2016) entwickelt sich dieses Land zu einem türkischen Bruderstaat. Keiner drückte das unlängst eindeutiger aus als Usbekistans amtierender Präsident Shavkat Mirziyoyev, als er im Herbst 2017 Erdogan und die Türkei besuchte: »Wir verstehen uns, ohne auch nur ein halbes Wort zu äußern, ja sogar ohne Wort. Es reicht, dass wir einander anschauen.«[30] Tiefe Gefühle füreinander – und das, nachdem 18 Jahre lang kein usbekischer Präsident türkischen Boden betreten hatte? Sprachliche Nähe ist wichtig, denn sie lässt auch das Denken vertrauter werden. Schon der amerikanische Sprachwissenschaftler Benjamin Lee Whorf hatte in den Dreißigerjahren formuliert, dass die Sprache eines Volkes auch das Denken wesentlich prägt.

Bei Mirziyoyev und Erdogan waren Worte offenbar gar nicht mehr nötig, um in eine gemeinsame Richtung zu denken, denn der emotionale Faktor, dass hier zwei mächtige Vertreter der großen pantürkischen Zivilisation zusammengetroffen sind, gehörte zweifellos dazu. Schließlich haben die türkischen Stämme in den vielen Jahrhunderten ihrer Genese ein gewaltiges Siedlungsgebiet zwischen dem Mittelmeerraum und China kulturell und auch sprachlich geprägt. Das ist recht genau die Region der Seidenstraße.

Diese emotionale Nähe zweier Brudervölker hat auch der Deutschtürke Turhan gespürt, als er begeistert über die weiten Plätze des Registans im Zentrum Samarkands zappte, in das strahlende Gold verfestigter großtürkischer Zivilisation eintauchte und hier einen Glanz wiederfand, den ihm die moderne Türkei kaum bietet. Erdogan und sein usbekisches Gegenüber wollen ihre wiederentdeckte Brüderschaft auch gleich mit politischen Maßnahmen feiern: Die Abschaffung der Visapflicht in absehbarer Zeit und die jährliche Ausweitung des Handelsvolumens gehören dazu.[31] Als Mirziyoyev an der Seite Erdogans die pompöse Militärparade in Ankara abnahm, brach erneut das pantürkische Gefühl aus dem studierten Maschinenbauingenieur hervor. »Merhaba asker – ich grüße die Soldaten.« Türkische Worte eines usbekischen Staatsführers in der und für die Türkei.

Dabei waren die Verhältnisse der beiden turksprachigen Bruderländer lange Jahre alles andere als günstig. Der Grund dafür war Islom Karimov, von 1991 bis zu seinem Tod nicht abwählbarer Staatspräsident des Gasriesen an der Seidenstraße. Zwar hatte die Türkei, die großtürkische Chance witternd, als erster Staat die neuen Turkstaaten Zentralasiens nach dem Zusammenbruch der Sowjetunion diplomatisch anerkannt und auch die fragilen Neubildungen wenig später mit ersten generösen Finanzspritzen in die rohstoffreichen Steppenregionen aufgeputscht. Doch der erfahrene Sowjetmann Karimov misstraute nach der Loslösung vom politischen Ex-Bruder Russland der allzu festen Umarmung des neuen großen Bruders im Westen. Für Karimov war die Sache klar, nachdem Ankara seinem politischen Widersacher Muhammed Solih politisches Asyl gewährt hatte. Der Mann war bekannt für seine pantürkische Begeisterungsfähigkeit und den Wunsch nach enger Tuchfühlung mit Ankara.

Das Verhältnis kühlte ab, wurde fast eiszeitlich, als Usbekistan 2011 entschied, harte Sanktionen gegen türkische Händler durchzuführen, türkische Waren aus den Ortsbildern von Buchara, Samarkand oder Tashkent zu verdrängen und seiner Bevölkerung die beliebten türkischen Soap-Operas im TV-Dauerprogramm zu streichen. Mit dem Apparatschik Islom Karimov kam Erdogan damals nicht weiter. Doch nun könnte sich alles ändern und der türkische Einfluss ein Stück weiter Richtung chinesische Grenze nach Osten voranschreiten.

Usbekistan ist nicht das größte Land mit türkischem Kulturgut und türkischer Sprachverwandtschaft in Zentralasien. Dieser Ehrenplatz fällt Kasachstan zu, das mit Abstand der wichtigste Handelspartner der Türkei an der Seidenstraße ist. Der Warenaustausch visiert aktuell 10 Milliarden US-Dollar an. »Kasachstan ist das wichtigste Land für die Türkei in Zentralasien«, schrieb auch die aserbaidschanische Beobachterwebseite Azvision am 18. April 2015.[32] Für türkische Unternehmen, von denen rund 2000 in Kasachstan aktiv sind, ergibt sich ein beachtliches Potenzial, insbesondere im Waren- und Dienstleistungsbereich: Als ich in Almaty rasch einen neuen Mehrfachstecker benötigte, bekam ich nicht, wie erwartet, ein Made-in-China-Modell, sondern

DIE SEIDENSTRASSE

ein türkisches Produkt. Großtürken und ambitionierte Globalplaner Chinas konkurrieren miteinander – nicht nur bei Steckverbindungen. Nursultan Nazarbayev, dessen Musterhauptstadt Astana nicht nur für die Chinesen, sondern für Staatsoberhäupter aus der gesamten Seidenstraßenregion zum Dreh- und Angelpunkt für Abkommen und Konferenzen avanciert ist, weiß um die Bedeutung seines Landes für den bevölkerungsreichen Bruderstaat zwischen Mittelmeer und Schwarzem Meer: Er rief das 21. Jahrhundert zum »Jahrhundert der Türken aus« und schmückte sich wortreich vor Erdogan als der »Turkvisionär«.

Doch geht das so ohne Weiteres ohne die ehemalige Mutter Russland im Norden? Auch Nazarbayev verdankt ihr letztendlich die Gloria seiner Präsidentschaft. In Kasachstan leben neben 50 weiteren Minderheiten immerhin über 20 Prozent Russen, obwohl ihr Bevölkerungsanteil zurückgeht. Offenbar funktioniert die Amalgamierung der russischen Einwohner in einem Kasachstan, das federführend gemeinsam mit der Türkei das Jahrhundert der Türken gestalten möchte, nicht ohne Probleme.

Die russische Herrschaft über das Gebiet der heutigen Republik währte immerhin rund 200 Jahre. Sie endete erst, als die Sowjetunion zusammenbrach. Stärker als in den anderen Ländern Zentralasiens spürt man in Kasachstan Russland. Diese Nation tat sich weit schwerer als ihr Nachbar Usbekistan damit, die international hinderliche kyrillische Schrift nach dem Vorbild des türkischen Bruders in Ankara durch die lateinische zu ersetzen. Doch nun ist der Übergang vom kyrillischen Alphabet zur latinisierten Schreibweise beschlossene Sache und in Usbekistan längst Realität. Dem Grenzgänger zwischen Usbekistan und Kasachstan springt sie bei Tschimkent sofort ins Auge. Ohne jedes kyrillische Sonderzeichen wird man dort lateinisch begrüßt und weiß schon vor der aufwändigen Pass-, Devisen- und

KAPITEL 2

Stempelkontrolle, dass man die Republik Ozbekiston erreicht hat. Was die Usbeken längst vollzogen haben, will auch Nazarbayev, vielleicht als letzte große Amtshandlung seiner Führerschaft, bis 2025 umsetzen, um Kasachstan als Qazaqstan mit einem großen unkyrillischen »Q« noch weiter in die turksprachige und auch in die internationale Gemeinschaft zu führen.[33]

Ansonsten ist Mütterchen Russland nach wie vor allgegenwärtig. Dies gilt insbesondere für den Südosten des Landes, nahe der chinesischen Grenze, in und nahe Almaty: Als ich nach Tscharkent, gleich nach der chinesischen Grenze, kam, begrüßten mich Kirschbäume hinter einem fahlgrauen Jägerzaun. Dahinter ein kleines Häuschen, etwas größer als in einer Berliner Laubenkolonie. Fast ein Idyll – und so osteuropäisch oder russisch wie die beiden blonden Frauen, die sich soeben ein paar Früchte vom Baum pflückten. Nicht nur den Kirschbaum – in China eine absolute Rarität – gab es hier knapp jenseits der Grenze. Auch das seltsam vertraute Gefühl, einen großen Schritt nach Westen und Richtung Europa getan zu haben, stellte sich ein.

Rund 300 Kilometer weiter erreichte ich nach wilder Fahrt in einem bald ausgedienten Audi 100 der Achtzigerjahre Kasachstans alte Hauptstadt Almaty, früher bekannt unter dem Namen Alma-Ata. Mitten in Almaty, das sich über Hügel an den Füßen des Tianshan-Gebirges erstreckt, sah ich ein erhabenes Gebäude: die Sophien-Kathedrale. Ich war überwältigt. Überwältigt von der Vertrautheit, die mir durch den dichten Weihrauchdunst im Kirchenraum entgegenschlug. Vor mir eine alte Frau mit Kopftuch, ein Mensch, wie er auch in Moskau oder St. Petersburg anzutreffen ist. Die Inkarnation von Mütterchen Russland war eine Seelenverwandte meiner eigenen Großmutter, die nie ohne Weihwasser zur Nachtruhe ging. Hier ist es statt Kruzifix die Ikone. Sie fesselte Gedanken, Bewusstsein und Worte der Achtzigjährigen vor mir. Im tiefen Gebet in sich

90

gekehrt, verhielt sie sich wie meine Großmutter in den Tagen meiner Kindheit, als ich sie mit dem Rosenkranz zwischen ihren von der Landarbeit verhornten langen Fingern fast für eine Heilige gehalten hatte.

Am Nebenaltar knieten junge Frauen in Minirock. Doch das schien niemanden zu stören, denn die jungen Damen, im Alter der Putin-Herausforderinnen von Pussy Riot, waren im Gebet versunken. Hier war Russland, das nicht mehr Russland ist, konservativer als in den europäischen Städten Moskau oder St. Petersburg. Hier in Almaty war Russland Asien und Europa zugleich.

Die Bilder aus Kasachstan, die mir lebhaft im Gedächtnis haften geblieben sind, setzten sich auch in Buchara, Usbekistan, fort. Ich traf Emi, den Lehrer, der von seinem Lehrergehalt nicht mehr leben kann. Was in der Sowjetunion gerade zum bescheidenen Dasein reichte in einer Zeit, wo alle mehr oder weniger gleich wenig zum Leben hatten, ist im marktwirtschaftlichen Zentralstaat Usbekistan nicht mehr genug. Emi hielt sich und seine Familie über Wasser, indem er Menschen wie mich, Touristen, zum Mittag- oder Abendessen gegen ein kleines Entgelt nach Hause einlud. Das Essen trug bekannte Züge der türkischen Küche: gefüllte Weinblätter und Paprikaschoten. Ich aß mit ihm zusammen. Seine Frau war, wie allgemein üblich, damit beschäftigt, das Essen aufzutragen. Emi hatte für alles gesorgt – mir sogar den Wunsch nach einem Bier, eine Wohltat nach dem Staub in Bucharas Straßen, erfüllt. Das gibt es in Usbekistan nur in bestimmten Läden. Auch Emi gönnte sich ein Bier, er schien kein streng ritualisierter Muslim zu sein, so wenig wie viele seiner Landsleute.

Dann aber drängte der Frust aus ihm heraus: »Ich weiß kaum, wie ich unser Leben bestreiten soll. Es gibt keine Perspektive in diesem Staat. Wer es nicht mehr schafft, hat nur eine Wahl: nach Russland. So machen es viele Usbeken. Dort sind wir Menschen zweiter Klasse, auch keine Sowjetbürger mehr wie damals, nur noch schlechter bezahlte Arbeiter. Aber was haben wir für eine andere Wahl?«

Wirtschaftlich sei »Russland noch wichtig für zentralasiatische Staaten, und Geldsendungen zentralasiatischer Arbeiter in Russland erhalten noch immer die Wirtschaft dieser Länder«.[34] Emi wollte von der neuen Zeit nichts wissen – er sehnte sich nach dem, was war: »Zu Sowjetzeiten ging es uns besser, viel besser. Du warst versorgt, ich hatte einen Status als Lehrer und ein regelmäßig gezahltes, hinreichendes Gehalt.« Der Schatten der untergegangenen Sowjetunion ist lang. Ohne Russland, ihren verkleinerten Nachfolger, scheint der Alltag für viele Menschen zwischen Taschkent und dem Aralsee nicht zu funktionieren. Und die Perspektive China? »Ja vielleicht«, sagte Emi. Aber China schien für ihn noch weit weg, obwohl die Touristen längst da waren. Vielleicht müssen er und seine Frau bald mehr Weinblätter rollen, als sie schaffen. Nachdem wir kurz die Zukunft berührt hatten, das Abschiedsfoto. Das wollte Emi unbedingt zusammen mit seinem rostigen Wolga, draußen vor dem Tor, machen lassen. Solide sowjetische Erinnerungen im Staat Usbekistan.

Russland hält seine ehemaligen Bruderstaaten an der langen Leine. Es verwundert, dass die »Welt sich erschüttert gezeigt« haben soll, »als sich der russische Präsident Vladimir Putin auf der 43. Münchener Sicherheitskonferenz 2007 für eine multipolare Sicherheitsarchitektur aussprach«[35] und damit ausdrücklich Kasachstan und die übrigen eurasischen Staaten in ein von Russland geführtes Freihandelsnetz in Eurasien einbezog.

Das waren erste Gedanken in Richtung Eurasische Union, deren Ebenbild mir oft in Gestalt entschlossener russischer Grenzer unterwegs in Eurasien begegnete. Diese Union wurde gemeinsam mit den

DIE SEIDENSTRASSE

beiden engsten Verbündeten Russlands, Weißrussland und Kasachstan, am 29. Mai 2014 natürlich in – Sie dürfen dreimal raten – Astana
begründet, just dort, wo der tatkräftige Gast aus China wenige Monate vorher die Neue Seidenstraße ausgerufen hatte. Weiter entfernt
als jeder andere Präsident von den Weltmeeren, war der Zentralasia-
te Nazarbayev erneut mitten im Weltgeschehen. Astana, die Retortenhauptstadt, wurde zum Zentrum einer neuen, alten Welt eurasischer
Wirtschaftsbeziehungen.

Wer die Kirschbaumgärtchen von Tscharkent und die Sophien-Kathedrale in Almaty gesehen hat, der muss sich auch nicht über die
Worte Vladimir Putins wundern. Der zeigte sich 2016 überzeugt, »dass
die Kasachen zur großen russischen Welt«[36] gehören. Mit diesem Eindruck reist man nach wie vor durch Kasachstan. China dagegen wirkt
noch wie ein Fremdkörper.

Weiter auf der Alten Seidenstraße nach Westen fallen dem Reisenden immer mehr Lastwagen mit iranischen Kennzeichen auf, die Waren durch Usbekistan und Turkmenistan transportieren. Die staubigen Gefährte bilden einen bizarren Kontrast zu den aus Deutschland
stammenden, ausrangierten Lkws, die mit alten Werbeaufschriften
für ALDI oder LIDL aktuell in kasachischen Diensten stehen. Doch
Deutschland ist fern, trotz der vielen deutschen Aufschriften. Der
Iran hingegen ist sehr nahe. Er könnte der stabilste Partner Chinas in
den kommenden Jahren werden, wenn ihn die Weltpolitik denn lässt.
Chinas Beziehungen zum alten Persien – einer ausgesprochen anpas-
sungsfähigen Kultur mit unverwechselbarem Stil und politischer Größe – gehen zurück auf das zweite Jahrhundert vor Christus: China bezieht 10 Prozent seiner Ölimporte aus Iran und hat schon 2004 einen
100 Milliarden US-Dollar-Vertrag mit dem Iran über Gaslieferungen
beschlossen. Egal, ob die beiden Schas Reza Pahlavi, Vater und Sohn,

93

Iran regierten oder die folgenden Ayatollahs: Chinas politische Nähe zum Iran blieb stets konstant.

Das Reich der Mitte geht heute so weit, dass es den Iran als engsten Verbündeten betrachtet. Seine Interessen an den iranischen Rohstoffen bekräftigte Peking mit einem Versprechen, den Iran im Falle eines Krieges ebenso zu schützen und verteidigen wie eigenes Territorium. General Zhang Zhangzhong, Professor an der Staatlichen Universität für Verteidigung, bekräftigte 2012 noch einmal den Treueschwur: »China wird nicht zögern, den Iran zu schützen – und wenn es dabei zu einem dritten Weltkrieg käme.«[37] Das war schon sechs Jahre vor Donald Trumps Aufkündigung des Atomabkommens mit dem Iran eine klare Ansage an Israel, die USA und auch die EU. An diesem Satz allein ist schnell erkennbar, wie politisch hochbrisant die chinesischen Beziehungen zur Seidenstraßenregion sein können. Das Verhältnis China–Iran, beide sind Nachfolgestaaten kulturell bedeutsamer historischer Reiche, zeigt auch, wie wichtig die Geschichte für das Verständnis unserer Weltentwicklung und Weltsicherheitsstruktur ist.

Afghanistan, der große Unruheherd an Chinas Westgrenze, war einst Kernland des Kushan-Reiches (30–375). Seine Bewohner waren die Yuezhi, ein mit den Persern verwandtes Volk. Ursprünglich kamen die Yuezhi von Osten, aus der Gegend der heutigen chinesischen Provinz Gansu. Chinesisches Territorium besiedelten von jeher sowohl chinesisch aussehende Han-Chinesen als auch eurasisch aussehende Völker. Später prägten die Liao oder Khitan das Gebiet, das heute Afghanistan heißt. Sie, die einstigen Konkurrenten der großen Song-Dynastie (960–1279), wurden von einem turkstämmigen Volk, den Dschurdschen – auch sie gründeten eine chinesische Dynastie –, nach Westen abgedrängt. So entstand das Reich der Westlichen Liao, bekannt auch als Qara Khitai, das Gebiet der »Schwarzen Khitan«.

DIE SEIDENSTRASSE

Dieses Großreich umfasste das Gebiet des heutigen Xinjiang, reichte bis zum Iran und hatte seine Hauptstadt in Balasagun. Das entspricht dem heutigen Staate Kirgistan, einem weiteren Partnerland der Neuen Seidenstraße. Die Khitan waren durch ihren engen Kontakt mit der Song-Dynastie konfuzianisch und stark chinesisch geprägt. Sie brachten dieses Kulturerbe mit nach Zentralasien und regierten ihr neues Reich mit chinesischen Standards. Chinesisch war Amtssprache. Qara Khitai, eine Art Chinesisch-Zentralasien, ist eine weitere der vielen chinesischen Seidenstraßengeschichten.

Im heute islamisch geprägten Afghanistan ist nur wenig chinesischer Einfluss zu spüren. Sollte Afghanistan intensiver in die Entwicklung der Neuen Seidenstraße einbezogen werden, gibt es dafür allerdings gute historische Fundamente. Eine neue, mehr nach Osten gerichtete Sichtweise könnte dem von Taliban, Sowjets und Amerikanern zerrütteten Land neue Perspektiven und sogar eine neue Identität bieten. Die Chancen stehen insofern gut, da sowohl Russen als auch Amerikaner mit ihren Regionalplänen und militärischen Aktionen dem Land mehr Unglück als Glück brachten. China verspricht nichts außer Chancen auf Wohlstand. Und das ist für das Land besser als der Status quo, auf jeden Fall einen Versuch wert.

Die Beziehungen Chinas zu Russland und der Türkei führten in der Vergangenheit immer wieder zu Spannungen. Im Falle Russlands hat sich China eindrucksvoll aus der Rolle des hilfesuchenden kommunistischen Entwicklungslandes von Stalins Gnaden nach dem Zusammenbruch der Sowjetunion zur neuen Führungsnation Eurasiens entwickelt. Heute hat allein China das Geld und die technologischen Möglichkeiten für die Entwicklung der Region. Russland besitzt im wesentlichen Rohstoffe, an denen das Reich der Mitte wiederum interessiert ist. Den Russen kommt eher der passive Juniorpart zu. Daran vermochte auch Vladimir Putins nationale Politik der Stärke nichts zu ändern.

Die Türkei hat in der jüngeren Vergangenheit immer wieder Solidarität mit den uighurischen Brüdern in Xinjiang bekundet. Einer ihrer Wortführer war kein anderer als Erdogan, der 2009 noch als türkischer Ministerpräsident beklagte, dass die damalige Unterdrückung von Unruhen im chinesischen Urumqi einem »Genozid« ähnelte.[38] Nach weiteren Zusammenstößen zwischen Han und Uighuren in den Jahren 2014 und 2015 kam es immer wieder zu Solidaritätsbekundungen insbesondere national gesinnter türkischer Politiker sowie zu antichinesischen Demonstrationen. Am Ende aber zählen Geld und die bereits beschriebenen großtürkischen Perspektiven im Osten. Als zweiter Juniorpartner nach Russland mit regionalen Machtoptionen in Chinas Seidenstraßenprojekt eingebunden zu werden, ist für die Türkei durchaus attraktiv.

Chinesische Grenzüberschreitungen

Wo endet Asien, wo beginnt Europa? An Chinas Westgrenze bei Khorgos endet Ostasien, obwohl die Menschen diesseits und jenseits der Grenze eng miteinander verbunden sind. Hüben wie drüben gehören sie zum Volk der Kasachen – die einen Chinesen, die anderen Staatsbürger Kasachstans.

China betritt oder verlässt der Reisende auf dem Landweg immer durch ein Tor, das *guomen*. Dieses hier bei Khorgos ist wuchtig und aus Beton, steril verklinkert, wie im modernen China üblich. Schon im alten China waren Tore zu durchschreiten, wenn man ein Haus oder einen Hof betrat. Tore sind die Abgrenzung zwischen innen und außen. Im alten China verfügte zumindest jedes größere Haus über ein

Hoftor, das die Mauern durchlässig machte, welche die Häuser umgaben. Draußen auf der Straße sah man nichts von dem, was innen war. Die Mauern beherrschten das Straßenbild, das Leben der Familie spielte sich verborgen vor denen, mit denen man nichts tun hatte, innen ab.

In der klassischen Vorstellung Chinas ist der Staat eine Familie, die Beziehung zwischen Herrscher und Untertan entspricht der zwischen Vater und Sohn. Also ist auch der Staat durch Mauern und Grenzen abgetrennt von dem, was außerhalb liegt, geschieden vom Ausland. Nur durch feste, gut kontrollierte Tore ist der Zugang nach innen und der Ausgang nach draußen möglich. Wie in den mittelalterlichen Städten Europas. So ist es an dieser Grenze zwischen China und Kasachstan, genauso ist es an den anderen Landgrenzen, egal, ob nach Russland oder Vietnam. Stets ist ein Tor zu durchschreiten, das anzeigt: Jetzt verlässt du dein Haus, deine Familie. Hinter dem Tor liegt die Welt der Barbaren, der Nichtchinesen.

Als ich dieses Tor 2014 zum ersten Mal durchschritt, war da nicht viel mehr als eine hermetische Grenze. Hinter den symmetrisch angelegten chinesischen Avenuen und Verwaltungsanlagen kam das Niemandsland, das in der Hand kasachischer Schlepper war. Die Währung wechselte schlagartig von chinesischen Yuan zu Euro, den eigenen kasachischen Tenge schätzten die Männer in den abgerissenen Second-Hand-Jacken und den schmutzigen Jeans nicht. Ich wurde in einen bis zum Bersten gefüllten Iveco-Kleinbus gepfercht. Wir fuhren Schlangenlinien durch Niemandsland, ein Manöver, das Entfernung suggerieren sollte. Nach ein paar hundert Metern spuckte der Bus seine menschliche Ladung wieder aus. Jetzt erwiesen sich die guten Beziehungen zu einem chinesischen Kasachen als günstig: Freunde des Freundes dieses Mannes warteten bereits. Sie nahmen mich vor

der Passkontrolle in Empfang und schleusten mich an allen Warten-
den vorbei ins Land.

Dort entließen sie mich. An einer Schotterstraße endete der
Dienst des Freundes vom Freund meines Bekannten. Nach einigen
Verhandlungen fand ich bei russischem Borscht und Pelmeni einen
Fahrer, der mich in seinem Audi 100 aus den Achtzigerjahren über
staubige, schlecht asphaltierte Straßen weiter nach Almaty bringen
wollte. Khorgos und Tscharkent waren 2014 noch Orte, die nur den
Wunsch hervorbrachten, schnell wieder wegzukommen. Die Pläne,
die alles verändern sollten, gab es damals bereits. Ich wusste nichts
davon.

Wenige Jahre später entsteht am selben Ort die zukünftige Mitte
der Welt, das Mediterra Peter Frankopans. Zumindest sehen es die
Entwickler des neuen Trockenhafens dort so. Khorgos Dry Port ist ein
gewaltiger Containerumschlagplatz für den Warenaustausch zwischen
China und Europa.[39] Die neue Mitte der Welt liegt auf beiden Seiten
der Grenze. Ihr Aufbau folgt einem bekannten Entwicklungsmodell
chinesischer Prägung. Es heißt Shenzhen und ist die Urmutter aller
neuen Stadtkonstrukte, die China seit 1978 umgesetzt hat. Mit mehr
als 12 Millionen Einwohnern ist Shenzhen, das einst verschlafene Fi-
scherstädtchen nördlich des Grenzzauns nach Hongkong, heute eine
der Metropolen Chinas. Sie hat eines der höchsten Pro-Kopf-Einkommen aller chinesischen Städte und strebt an die Spitze der Weltent-
wicklungen im IT-Bereich. Shenzhen ist auf dem Weg zu Chinas
»Silicon-Valley-Start-up-Gründer-Megacity«.

Der eigene Erfolg an der Küste ist Modell für die Neue Seidenstraße.
Der Schritt geht über Shenzhen hinaus. Die vierte und nicht die erste
Phase der Öffnung eben: Das Reich der Mitte beginnt, aktiv die Welt
anderer Länder zu verändern und mit Infrastruktur nach seinem Bild
zu gestalten. In Grenzregionen entstehen binationale Stadtzentren,

die Grenzen bald überflüssig machen könnten. Das wäre eine ganz neue Erfahrung für China und die Welt.

Folgt man den Planern und Verantwortlichen von Khorgos, die wie Karl Gheysen, CEO des Khorgos Gateway Dry Port, mitnichten alle aus der Volksrepublik stammen, entsteht am beinah meeresfernsten Punkt der Welt tatsächlich ein neues binationales Welthandelszentrum, die Kernstadt des neuen Seidenstraßenprojekts. Vorausgesetzt, China könnte wirtschaftlich seine enormen Wachstumsvorhaben in gewohnter Art vorantreiben, erscheint eine solche Entwicklung durchaus plausibel – sie setzt allerdings den Kooperationswillen der Partnerländer voraus.

Khorgos ist unterwegs, und es ist ein Hybridmodell: Auf der chinesischen Seite entstehen die gewohnten Leuchtturmbauten: Ein 300-Meter-Turm, weitere Hochhäuser mit Apartments für geplant 30 000 Seidenstraßenarbeiter und ihre Familien. Sogar ein Museum, das mittlerweile zu jedem Stadtausbau in China gehört, obwohl niemand genau weiß, was es da an Sehenswertem zu zeigen geben wird. Natürlich hofft das Welthandels- und Logistikzentrum in spe auf einströmende Touristen. Für sie und für die vielen erwarteten Geschäftsleute werden großzügige Hotelbauten hochgezogen. Chinas reiche Küstenprovinz Jiangsu, vor den Toren Shanghais, hat Khorgos Eastern Gate mitfinanziert: ein neues Areal für Produktion und logistisch perfekte Lagerhaltung – möglichst nach Internet-of-Things- oder Industrie-4.0-Standards.

Bisher führen bereits 39 Routen für Güterzüge quer durch Eurasien nach Europa. Viele davon laufen noch über die alten russischen Verbindungen der Transsibirischen Eisenbahn und des alten sowjetischen Eisenbahnnetzes, die sternförmig nach Moskau führen. Dostyk und Alashankou, die dschungarische Pforte etwas weiter nördlich, wickeln noch die meisten Zugverbindungen ab. Kasachstan, Chinas wichtigster Partner in Zentralasien, ist an Verträge mit den Russen gebunden. Das moderne Khorgos wäre viel schneller und effizienter. Doch der unbefriedigende Istzustand soll und muss sich bald ändern, sollen die Dimensionen erreicht werden, die China sich mit dem BRI-Projekt gesetzt hat. Zu den regelmäßigen Direktfrachtlinien von chinesischen Städten nach Budapest, Duisburg, Lugo/Italien und seit Mai 2018 auch nach Wien[40] sollen sich weitere europäisch-chinesische Logistikpaare gesellen.

»We are seeing the signs of the world's center of gravity shifting – back to where it lay for millenia«, schreibt ein begeisterter Peter Frankopan in seinem Buch *The Silk Roads*.[41] Khorgos könnte ein Zeichen dafür sein, wenn die ehrgeizigen Ausbaupläne zu einem zentralen Verkehrsknotenpunkt, einem »mobility hub« für Güter und Menschen weiter gedeihen. Solange China dynamisch bleibt, gibt es daran keinen Zweifel, denn das Projekt Seidenstraße ist für diese Nation die Verlängerung des ehrgeizigen Wachstumskonzepts über die Grenzen hinaus. Will das Modell China weiter gut wachsen, muss es Grenzen überschreiten.

Noch ist die Europäische Union der größte und wichtigste Handelspartner Chinas mit fast 600 Milliarden Euro Umsatz im Jahre 2015.[42] Doch die beteiligten Länder der Neuen Seidenstraße – wozu nach chinesischen Planungen auch Deutschland und einige weitere EU-Länder gehören – sollen insgesamt für mehr als 1 Billion US-Dollar Umsatz gut sein. Der Handelsschwerpunkt wird sich unweigerlich nach Osten verlagern müssen, China entgegen.

Dessen Politplaner haben für die Aktivitäten in den angrenzenden Ländern einen Begriff geschaffen: die »außenpolitische Strategie der Grenzregionen« (*zhoubian waijiao zhanlüe*). Selbstverständlich haben sie die definitorischen Hausaufgaben längst gemacht. China hat zu 14 Staaten Landgrenzen, seinen Küsten liegen weitere sieben

Staaten gegenüber. Damit ergeben sich 21 angrenzende Länder, die das Zuhause von mehr als einem Drittel der Weltbevölkerung sind. Wieder ein Superlativ, der für die Belt-and-Road-Initiative äußerst bedeutsam ist.

China »in action« – Aktivitäten auf vier Arbeitsfeldern

Khorgos ist das Tor in eine Welt des rastlosen Austauschs und des permanenten Geschäftemachens. Es könnte auch das Tor zur größten Dauerbaustelle der Menschheit werden. Zumindest, wenn es nach den Vorstellungen Pekings ginge und alles nach Plan liefe – so wie zu Hause. China ist und bleibt die größte Planwirtschaft der Welt, die es geschafft hat, die Marktwirtschaft in sich zu integrieren und sich in Dauergeschäftigkeit gefügig zu machen. Aus dem alten Antagonismus der Wirtschaftswelt hat die chinesische Politik eine Synthese geformt, mit der die Kommunisten erfolgreich und offenbar krisenresistent die Geschicke ihres Staates lenken.

Bisher läuft alles reibungslos für den riesigen Planungsstab um Xi Jinping. Das Konzept hat ein deutlich zu erkennendes Muster: Alles begann mit Arbeitsfeld Nummer eins, der politischen Auftaktphase. Dazu gehören die Verkündungen von Astana und Jakarta im Jahr 2013, denen wenig später der 18. Parteitag folgte. Die Neue Seidenstraße wurde zum Schwerpunktthema, dem die Parteielite gewohnt einstimmig applaudierte. Aufgabe der Politik waren erste Planungen für Handlungsfeld Nummer zwei, den künftigen Infrastrukturaufbau. Noch kein halbes Jahr später, im Februar 2014, war Xi mit dem Projekt bereits bei Putin. Beide erzielten einen Konsens für eine gemeinsame

KAPITEL 2

Planung ihrer eurasischen Verbindungskonzepte und feuerten sich gegenseitig zum schnellen Handeln an.

Zuerst agierte der Führer Russlands. Putins Eurasische Union verfügt allerdings im Ganzen nur über fünf Mitglieder, die sich diesem neuen Unionsversuch angeschlossen haben: Weißrussland, Russland, Kasachstan, Armenien und Kirgisistan. Gerne hätte Putin bei seiner Alternative zur EU die Ukraine dabei, doch dieses Ansinnen musste er nach den Spannungen und kriegerischen Auseinandersetzungen bis auf unbestimmte Zeit aufgeben. Die Ukraine schloss zudem 2014 ein Assoziierungsabkommen mit der EU, und so blieb Putins Alternativunion ohne das wichtige Brückenland nach Europa. Wie sehr das Gebilde als russische Antwort auf die EU verstanden wird, zeigt auch die Begriffsfindung für den Zusammenschluss. Heißt es offiziell »Eurasische Wirtschaftsunion«, so verstieg sich Putin dazu, die Bezeichnung zu »Eurasische Union« zu verkürzen. Damit wird die Verbindung rein begrifflich noch enger und geht über die wirtschaftliche Ebene hinaus.

Xi und der chinesischen Führung kommen diese eurasischen Entwicklungen zum weiteren Ausbau der Neuen Seidenstraße durchaus entgegen: Die Verhandlungen über ein Freihandelsabkommen wurden angestoßen und so eröffnet sich die Möglichkeit, unter der Führung Russlands mindestens vier weitere Staaten in die gemeinsame Karawane aufzunehmen. Zumal es mit jedem der Einzelstaaten bilaterale Abkommen gibt, die China wichtige Infrastrukturmaßnahmen ermöglichen.

Am Ende ist ohnehin derjenige am handlungsfähigsten, der das meiste Geld zur Verfügung hat. Der Vorteil liegt eindeutig bei Xi, denn mit den geplanten Euro-Billionen-Investitionen über verschiedene Banken und Fonds kann kein anderer Staat konkurrieren. Für die Führerschaft auf den vielen neuen Karawanenwegen der Neuen Seidenstraße ist China prädestiniert, und das weiß auch Vladimir Putin.

DIE SEIDENSTRASSE

In jedem Fall war es ein kluger Schachzug Xis, den Repräsentanten des einstigen Widersachers aus altkommunistischen Zeiten, als »Chi-li-Mao« sich von »Wodka-Stalin« befreite, freundschaftlich mit Seide zu umgarnen. Ohne Russland sind die großen Transportwegepläne nicht umzusetzen, ohne Russland mangelt es an wichtigen Rohstoffquellen, die Chinas Hunger stillen, ohne Russland fehlt der Hauptverbündete auf Chinas Wegen gen Westen.

Nach dem frühen Besuch bei Putin verordneten sich die Nummer eins und die Nummer zwei der VR China, Präsident Xi Jinping und Ministerpräsident Li Keqiang, ein straffes Reisepensum in Sachen »One Belt and One Road«: Über 20 Staaten besuchten die beiden innerhalb eines Jahres.

Bereits am 26. April 1996 schlossen sich Russland, China und die Seidenstraßenstaaten Kasachstan, Kirgistan und Tadschikistan zu den sogenannten Shanghai-Fünf-Staaten zusammen. Die damals gerade wirtschaftlich aufblühende Metropole am Huangpu erlebte politisches Tauwetter zwischen den einst so verfeindeten Riesenreichen des Sozialismus beziehungsweise ihren Nachfolgestaaten. Abrüstung und militärische Kooperation waren daher die ersten Themen, die für eine engere politische Zusammenarbeit in der Region auf den Tisch kamen.

Den Shanghaier Fünfen folgte nur ein Jahr später in Moskau eine wichtige Erklärung, die China und Russland, datiert am 15. Mai 1997, gegenüber den Vereinten Nationen abgaben. Sie lautete »Gemeinsame russisch-chinesische Erklärung über eine multipolare Welt und eine neue internationale Ordnung«. Darin wurde ausdrücklich gefordert, dass »jedes Land das Recht habe, unabhängig seinen eigenen Entwicklungsweg zu gehen«. Dieser sollte »im Lichte seiner eigenen spezifischen Konditionen« verfolgt werden – ohne dass sich »andere Staaten einmischen«.[43] Unterzeichner: Boris Jelzin und Jiang Zemin für Russland und China.

103

KAPITEL 2

Die Führer des Ostens wollten ein Zeichen setzen gegen die neue Weltführung der USA nach dem Zusammenbruch des Ostblocks. Im Gefolge der großen Freudengesänge über das »Ende der Geschichte« (Francis Fukuyama) und über den historischen Sieg des ewigen, einzigen und globalen Liberalismus wurden universale Werte und Entwicklungsmuster erschüttert. Moderne Visionäre, wie Yuval Noah Harari, stufen den Liberalismus mittlerweile als Glaubensbekenntnis ein – ähnlich den großen Religionen, an die man glauben kann oder auch nicht.[44] Jiang und Jelzin haben jedenfalls dafür gesorgt, dass die Geschichte der Menschheit weitergeht.

2001 setzten ihre beiden Länder erneut in Shanghai den nächsten Meilenstein für eine Alternativwelt im Osten: Sie gründeten am 15. Juni die Shanghaier Organisation für Zusammenarbeit (SOZ). Usbekistan trat als sechste Kraft hinzu. Bis heute gesellten sich immer mehr Staaten als Mitglieder, Beobachter oder Dialogpartner hinzu. Darunter mittlerweile die wichtigsten Länder entlang der Belt-and-Road-Initiative. Sogar Israel hat einen Antrag als Dialogpartner gestellt. Mit dem Beitritt von Indien und Pakistan am 9. Juni 2017 in Astana kann die Organisation mit Recht sagen, dass sie »die Hälfte der Menschheit« repräsentiert. Allein die enormen Bevölkerungszahlen legen nahe, dass die SOZ mittlerweile de facto eine der größten internationalen Organisationen nach den Vereinten Nationen ist – auch wenn sie politisch noch nicht viel bewegt.

Doch bewegt die alte Dachorganisation der Staaten, als Atlantic Charta ein Kind Franklin D. Roosevelts (1882–1945) und Winston Churchills (1874–1965), etwa mehr? Darüber lohnt es sich nachzudenken. Die UNO-Alternative aus Shanghai, die noch gar keine sein will, hält sich übrigens recht genau an UN-Statuten: Bisher kann der Iran, obwohl als Beobachter stark an der Mitgliedschaft interessiert, noch nicht der Organisation beitreten, weil das Land zum Zeitpunkt, als diese Zeilen entstanden, nach wie vor unter UN-Sanktionen stand.

104

DIE SEIDENSTRASSE

Der Völkerbund des Westens kann auch als Hemmschuh für den Osten interpretiert werden. Interessant ist auch der Fall der Türkei: Erdogans Zerwürfnis mit Europa hat seinen Blick Richtung Shanghai gelenkt. Für Erdogan liegt die Alternative zur EU auf der Hand: Will mich Europa nicht, gehe ich mit den Russen und Chinesen zusammen und werde lieber SOZ-Mitglied. Ob die SOZ künftig das Zeug haben wird, zu einer echten Eurasischen Union zusammenzuwachsen, ist unklar. Noch erscheint das angesichts des nationalen Egoismus ihrer Mitgliedsstaaten unwahrscheinlich. Doch wer weiß? Als 1953 die Montanunion für Kohle und Stahl in Europa beschlossen wurde, wusste man auch noch nichts von einem Konstrukt namens Europäische Union. Und schon gar nichts vor einer Erweiterung um die damaligen ideologischen Feinde.

Eine neue Organisation beweist Stärke durch ihre Handlungsfähigkeit. Reden am runden Tisch ist Silber, Handeln ist Gold. Das wusste auch Chinas Ex-Präsident Hu Jintao, als er die SOZ zu mehr »action« aufforderte: Immerhin wurden in seiner Amtsperiode über 20 Großprojekte in den Bereichen Transport, Energie, Telekommunikation, Sicherheit, Kultur und Bankwesen gestartet. Die Shanghaier Organisation für Zusammenarbeit ist die politische Grundlage der Seidenstraßeninitiative.

»China in action«[45] ist nach Hu zum saloppen Schlagwort trockener Parteidekrete geworden. Die Aktionskünstler Xi Jinping und Li Keqiang stehen als Dirigenten des Events dabei ganz oben: BRI wird durch Straßen, Bahnlinien und neue Hafenterminals konkret. Der aktiven Außenpolitik Chinas folgt der Aufbau von Infrastruktur. Wir sind im Arbeitsfeld Nummer zwei des Projekts »Neue Seidenstraße« angekommen: Infrastrukturen sollen und müssen verbunden werden. Ohne ein Netz von logistischen Servicezentren, die man seit einigen

105

Jahren im Inland aufbaut, geht es nicht. Auf Chinesisch heißen diese Knotenpunkte *shuniu*, Englisch »hubs«. Ohne sie lassen sich die enormen Warenströme, Dienst-, Arbeits- oder Entwicklungsleistungen nicht realisieren, die sich China künftig entlang den neuen Seidenstraßenrouten zu Wasser, zu Lande und in der Luft erhofft.

Die Orchester des zweiten Handlungsfelds Infrastruktur spielen bereits recht gut. Bis 2017 wurden circa 900 Infrastrukturprojekte umgesetzt. Von den 17 Infrastrukturprojekten, die Hartmann, Maennig und Wang als Beispiele für typische BRI-Vorhaben auflisten[46], die China finanziert, dienen sieben dem Ausbau und der Modernisierung von Bahnstrecken in den beteiligten Ländern, sechs unterstützen den Auf- und Ausbau von Hafeninfrastruktur für die maritime Seidenstraße, und der Rest verstärkt das Autobahn- und Schnellstraßennetzwerk in verschiedenen Ländern.

Hinzu kommen die großen Energieversorgungs- und IT-Projekte: »Transport, Energie und Connectivity [das hippe Schlagwort für Verbindung, M. H.] – ob Tiefseehäfen, Straßen und Airports, Bahnhöfe und Schienentrassen, Kraftwerke, Pipelines oder Datenleistungen –, diese Projekte der Seidenstraße erstrecken sich auf bis zu 65 Länder, in denen mehr als vier Milliarden Menschen leben. Diese Region repräsentiert beinahe ein Drittel der globalen Wirtschaftsleistung, 70 Prozent des Wirtschaftswachstums und sogar 75 Prozent der Energiereserven.«[47]

Dabei ist ein Muster zu erkennen. Oberste Priorität genießen Verkehrswege, die den Waren- und später wohl auch Personentransport durch Eurasien deutlich erhöhen und beschleunigen sollen. China baut oder plant neue Hochgeschwindigkeitstrassen in wichtige Nachbarregionen in Südostasien. Diese Regionen sind bedeutsam für den Aufbau der maritimen Seidenstraße, und die schnellen Bahnlinien dienen der Vernetzung mit dem Kernland. Die Hochgeschwindigkeitsnetze sollen

bis an die Grenze zu Myanmar ausgedehnt werden. China spekuliert
darauf, dass das Peking-skeptische Land einem Weiterbau an den Indischen Ozean zustimmt. Auch in andere südostasiatische Länder soll es
künftig deutlich schneller gehen. Hochgeschwindigkeitsstrassen sollen
nach Laos führen. Noch wichtiger ist, die indochinesische Halbinsel,
bis hinunter in den chinesisch geprägten Stadt- und Hafenstaat Singapur, weitaus schneller befahrbar zu machen.[48]

Auf dem Seeweg sind gut funktionierende Häfen mit entsprechen-
der Infrastruktur notwendig. Hafenbeteiligungen senken langfristig
Kosten und sparen viel Zeit. Chinesische Logistikketten sind in der
Lage, alles aus einer Hand zu erledigen, den »ganzen Drachen« vom
Kopf zum Schwanz abzuwickeln, wie es auf Chinesisch heißt. China
hat nicht nur gewaltig in eigene Hafenanlagen an der Küste investiert
und dabei Shanghai und Qingdao zu führenden Containerumschlag-
plätzen ausgebaut, sondern arbeitet auch gezielt daran, entlang der
Routen der neuen maritimen Seidenstraßen Hafenbesitz zu erwerben:
»China sammelt Häfen rund um den Globus«, titelte daher die *Badi-
sche Zeitung* am 12. Februar 2018.[49] Der Autor verweist auf Hafenin-
vestitionen in Sri Lanka, im pakistanischen Gwadar oder in Dschibuti,
wo China seinen ersten Militärstützpunkt im Ausland unterhält, nicht
zuletzt, um von dort aus besser die schwimmenden Wareninseln in
Form unzähliger Containerschiffe gegen Piraten zu schützen, welche
die Gewässer am Horn von Afrika unsicher machen.

Die Lage der neuen oder ausgebauten Häfen folgt recht genau dem
historischen Verlauf der alten Seeseidenstraße, die an die afrikanischen Küsten führte. Hätte es damals im 15. Jahrhundert bereits einen Suezkanal gegeben, wären die chinesischen Dschunken sicher bis
in den Mittelmeerraum vorgedrungen. Doch angesichts langwieriger
Umschiffungen des Kaps der Guten Hoffnung verzichteten chinesische Seefahrer auf die Erschließung Europas.

Abbildung 5: Chinas Infrastrukturprojekte an den Küsten
Quelle: *The Wall Street Journal*

Das sieht heute anders aus. Schauplatz Piräus: Athens Hafen ist der westliche Endpunkt der neuen maritimen Seidenstraße. Für die geradezu lächerliche Summe von »280,5 Millionen US-Dollar erwarben die Chinesen einen Anteil von 51 Prozent. Für weitere 88 Millionen bekommt der chinesische Logistikkonzern Cosco weitere 16 Prozent, sofern dieser bis 2021 die vereinbarten Investitionen getätigt hat«.⁵⁰ Damit kann Griechenland seine Riesenschulden zwar nicht annähernd

DIE SEIDENSTRASSE

zurückzahlen, doch der Verkauf ist nach Aufforderung durch die Geldgeber erfolgt. Nicht zuletzt ist es die EU, die Griechenland mehr oder weniger zu Verkäufen von Staatseigentum genötigt hat, und die EU war es auch wenig später, die sich verwundert die Augen rieb und in Gestalt ihres amtierenden Kommissionschefs Jean-Claude Juncker deutliches Unwohlsein formulierte: China ante portas!

Juncker warnte: »Europa muss seine strategischen Interessen verteidigen. Wenn eine ausländische Firma im Staatsbesitz einen europäischen Hafen, Teile unseres Stromnetzes oder einen Waffenhersteller kaufen will, dann muss das transparent und mit genauer Prüfung und Diskussion erfolgen.«[51] Mit Diskussion – typisch europäisch also. In China wird nicht viel diskutiert – es wird gehandelt und zwar immer dann, wenn sich günstige Momente und Gelegenheiten eröffnen. So wie 2016, als die EU es den Griechen nahelegte, Staatseigentum zu verkaufen, um sich aus der Schuldenfalle herauszuarbeiten. Doch wie heißt es so schön in Goethes Zauberlehrling: »Die Geister, die ich rief, die werd' ich nicht mehr los!« Dass diese Geister von Piräus 2016 chinesische Investoren waren, verwundert nicht, denn für so wenig Geld bot sich nirgendwo anders in Europa die Möglichkeit, die Mehrheit an einem kompletten Hafen zu übernehmen. EU-Politik öffnet Grenzen.

Die chinesischen Investoren brauchten nur dem bekannten Strategiesatz vom fetten Schaf zu folgen, das man mit leichter Hand hinwegführen kann.[52] Die Logik passt, und wer würde nicht zuschlagen, wenn ein interessantes Objekt für wenig Geld hilft, ein eigenes, hoch ambitioniertes Entwicklungsprojekt wie die Neue Seidenstraße voranzutreiben? Wichtig ist dabei der Aufbau eines Netzwerkes, das eine günstig zu betreibende, in sich geschlossene chinesische Logistik ermöglicht. Dabei werden nicht nur Beteiligungen oder Anteile an Häfen und Hafenterminals gekauft, sondern nach dem Kauf auch chinesische Arbeiter entsandt, die jenseits aller europäischen Arbeitsbestimmungen fast

KAPITEL 2

rund um die Uhr tätig sind. Günstige Kosten, ständige Verfügbarkeit der Menschen und eine reibungslose chinesische Logistikkette scheinen die Hauptelemente des Hafeninvestments chinesischer Prägung zu sein. Auch Piräus funktioniert bereits in weiten Teilen nach diesem Muster.

Wenn Deutsche grob vereinfachend als erfolgreiche Techniker, Konstrukteure und Ingenieure gelten können, dann kann man sich mit derselben Verallgemeinerung darauf einigen, dass Chinesen in ihrer langen Geschichte stets erfolgreich als Händler agiert haben. Seit dem Tode Mao Zedongs erobern chinesische Produkte die Welt. China selbst war als Markt schon zu Zeiten der Opiumkriege (1840–1842) und der gewaltsamen Eroberung durch die imperialen Mächte enorm attraktiv. Die Vision, vielleicht sogar der Mythos vom riesigen chinesischen Markt, beflügelt noch immer manch einen Investor, gen Osten, ins Reich der Mitte zu ziehen.

Alle großen Infrastrukturprojekte dienen dem dritten Arbeitsfeld »internationaler Handel«. Das zweite Arbeitsfeld ist Voraussetzung für den Erfolg des dritten. An beiden sind deutsche Akteure längst beteiligt, etwa in Duisburg. Dort, wo sich im Ruhrgebiet die Ruhr in den Rhein, weit sauberer als in meiner Kindheit, ergießt, liegt der größte Binnenhafen der Welt. Wer dorthin fährt, nach Duisburg-Ruhrort oder nach Duisburg-Rheinhausen, sieht schwere Containerlastwagen, ähnlich betriebsam unterwegs wie auf der Shanghaier Jungong Lu, wo die Hochschule liegt, an der ich unterrichtet habe, und wo die kilometerlangen Umschlagplätze des weltgrößten Containerhafens nicht weit entfernt sind. Kaum ein Ort in Deutschland zeigt deutlicher als Duisburg, dass in Krisen enorme Chancenpotenziale stecken. *Weiji* – »Gefahr und Chance« heißt Krise auf Chinesisch.

Das Ruhrgebiet war das Sorgenkind Deutschlands, Duisburg das hässliche Entlein der alten Industrieregion, der die Bundesrepublik

110

DIE SEIDENSTRASSE

einen gewichtigen Teil ihres Wohlstands verdankt. Krisenberichte über den sozialen Brennpunkt von Duisburg-Marxloh ließ manch einen Münchner in seinem BMW den Ruhrpott schnell umfahren. Bloß weg hier. Jetzt erwägt der milliardenschwere Premiumautobauer exklusiv über Duisburg seinen stärksten Wachstumsmarkt zu bedienen: China. Denn dieser Staat ist über die Belt-und-Road-Initiative zum Premiumpartner des Ruhrpott-Hafens geworden.

Erich Staake, Chef der duisport AG, die das neue Hafenprojekt betreibt, ist stolz, mit den Chinesen »auf Augenhöhe« kooperieren zu dürfen.[53] »Stolz, zu dürfen«: Das ist ein neuer Ton aus dem Westen. Nicht mehr der überlegene und besserwissende Experte, wie er aus Generationen deutscher Expatriates in China nur zu gut bekannt ist, sondern ein Experte, der mitmachen darf. Das klingt fast demütig, aber in jedem Fall neu und erfrischend.

Seit 2011/12 ist der Hafen dabei. Heute ist er ein fester deutscher Player in Arbeitsfeld zwei: Infrastrukturzentrum und Verteilerknoten in Europa. »Derzeit rollen kontinuierlich und verlässlich zwischen China und duisport jede Woche 25 Züge, bei denen die Fahrzeit im Vergleich zur Ausgangssituation (19 Tage) bereits auf 12 Tage verkürzt wurde.«[54] Xi Jinpings chinesischer Traum von der Moderne hat auch die Duisburger infiziert. Obwohl Wuhan die offizielle Partnerstadt ist, schwärmen die westdeutschen Duisburger vom westchinesischen Chengdu, Hauptstadt der bevölkerungsstarken Provinz Sichuan und Primus unter den chinesischen Wachstumshoffnungen im strukturschwachen Westen. Von dort kommen jetzt die Züge nach Europa.

Die zweite wichtige neue Partnerstadt der Duisburger ist Urumchi, Hauptstadt des zentralasiatischen Xinjiang. In der westchinesischen Stadt soll ein neues Logistikzentrum für BRI entstehen. Was die Duisburger einbringen, ist ihre Logistikkompetenz. Globaler Handel erfordert zunehmend funktionierende Logistikketten. Da China der Motor

111

des globalen Handels ist, scheint in den chinesischen Projekten auch der Bedarf an Logistiklösungen am größten. Eine enorme Chance, nicht nur für die Duisburger.

Auf dem Feld der Logistik waren die Deutschen zuletzt führend, wurden in den Jahren 2012, 2014 und 2016 dreimal hintereinander zum Logistikweltmeister gekürt. Weitere sechs europäische Länder gehören in dieser für BRI so wichtigen Dienstleistungsdisziplin ebenfalls dazu.[55] Logistik könnte künftig für Deutschland sogar ähnlich bedeutsam werden wie früher der Maschinenbau. Und diese Branche wird vielleicht in Kürze sogar zur Paradedisziplin Europas. Oder die Logistik revolutioniert den Maschinenbau als Industrie 4.0.

Zahlreiche Möglichkeiten eröffnen sich für die deutsche Wirtschaft. Das Duisburger Beispiel ist auch daher interessant, weil Expertise im Bereich Logistik für das gesamte Projekt der Seidenstraßen gefragt ist. Sowohl auf der Nord- als auch auf der Südroute engagiert sich die Hafenfirma. Die Nordroute über Polen, Weißrussland, Russland und Kasachstan nach China – aktuell noch nicht, aber sicher bald über den neuen Superhub Khorgos – verspricht ebenso Aufträge wie die Südroute via Türkei und Iran. Auch auf der maritimen Strecke via Triest, Piräus – und künftig vielleicht auch in Indien – bestehen Kooperationen und zumindest Beraterfunktionen des aufstrebenden Duisburger Unternehmens.

Ein hoch interessantes Gebiet des dritten BRI-Arbeitsfeldes ist E-Commerce. Wer in China lebt, der spürt alltäglich noch stärker als in Deutschland, dass das Leben ohne diesen Bereich gar nicht mehr denkbar ist. Wenn ich meinen Alltag in Shanghai betrachte, so konsumiere ich bereits zu rund 50 Prozent über E-Commerce-Logistik. Chinas große Plattformen Taobao oder JD liefern mir deutsches Bier und australische Butter, um meine westlichen Konsumgewohnheiten zu befriedigen. Fast jedes westliche Lebensmittel kann ich mittlerweile per E-Commerce in wenigen Tagen in China erhalten. Deutsche

DIE SEIDENSTRASSE

Supermarktinventare gelangen per Zug dorthin. Europa exportiert mit jedem Tag, an dem die chinesischen Konsumgewohnheiten sich den europäischen annähern, mehr.

Auch hier liegen Chancen für Duisburg: Mit einer Beschleunigung der Zugfahrten auf zehn Tage und weniger können mehr und mehr verderbliche Lebensmittel von West nach Ost und von Ost nach West transportiert werden. Die wachsende Datengesellschaft operiert zunehmend mit digitalen Frachtbriefen. Die so verkürzte Transportdauer erlaubt Kühlkettenlogistik.[56]

Auf dem Caspian Sea Cargo Summit des Jahres 2017 zeigte Henry Wong, wie Logistik, E-Commerce und Informationstechnologie zu den Hauptfeldern einer neuen Art Machtkampf zwischen den Staaten des 21. Jahrhunderts werden. Chinesen sehen vor allem die Amerikaner, weniger die Europäer, als Hauptakteure im IT-Bereich, doch insbesondere mit E-Commerce und Logistik punktet Europa. Mit Facebook, YouTube und WhatsApp liegen die amerikanischen Social-Media-Plattformen mit 1,59 Milliarden beziehungsweise geschätzten rund je einer Milliarde Nutzern zwar vor den Chinesen WeChat und Alibaba, doch die beiden Letztgenannten sind eng oder hauptsächlich mit dem E-Commerce verbunden.

Wer auf Alibaba-Plattformen oder JD einkauft, zahlt entweder Alibaba intern mit Alipay oder auf WeChat mit seinem Smartphone. Diese Verzahnung ihrer neuen IT-Dienstleister haben die Amerikaner zwischen dem Zuckerberg-Imperium um WhatsApp und Facebook und ihrem E-Commerce-Giganten Amazon noch nicht so hinbekommen wie die Chinesen. Amazon hat mit circa 300 Millionen Nutzern über 100 Millionen Kunden weniger als die Alibaba-Plattformen – weltweit. In diesem Vergleich zeigt sich das große Potenzial, das die chinesischen E-Commerce-Aktivitäten auf den Märkten Eurasiens bieten werden.[57]

KAPITEL 2

Ein neuer Wettbewerb um die notwendige Transportlogistik entbrennt unter den Fluggesellschaften, die entlang den Seidenstraßenrouten zwischen Europa, Asien und Fernost unterwegs sind. Waren es bisher die Flugzeuge, die vor allem Verderbliches exklusiv transportierten, wächst mit immer schnelleren Zugverbindungen die Herausforderung durch die Schiene. Der Vorteil liegt bei der doppelten Geschwindigkeit gegenüber Schiffsverbindungen und der Hälfte des Preises gegenüber dem Flugtransport.[58] Ein realisierbarer Kompromiss, geeignet für viele Handelsprodukte entlang der Seidenstraße.

Damit sind wir wieder zurück in Duisburg. Hier stehen trotz vielfältigen Engagements die Zugverbindungen im Mittelpunkt. Der Partner auf der chinesischen Seite ist die China Merchants Logistics Holding. Obwohl klein und mit nur wenigen Mitarbeitern, ist dieses Unternehmen Teil der mächtigen China Merchants Holding, ansässig in Hongkong. Diese gehört wiederum zur China Merchants Group, die 18 Prozent Anteile an der wichtigsten Handelsbank des Landes besitzt: der China Merchants Bank. Untergebracht ist die mächtige Handels- und Bankenorganisation Pekings in Hongkong. Der China Merchants Tower ist wiederum Teil des Shun-Tak-Komplexes. An dessen Spitze steht Stanley Ho. Wer gerne zockt, der kennt Macao. Ho war der Boss des Casinobetriebs in der ehemaligen portugiesischen Enklave und mit fast 100 Jahren noch Mitglied der politischen Konsultativkonferenz des chinesischen Volkes, dem politischen Beratergremium der VR China.

Hier zeigt sich eindrucksvoll, wie eng die Eliten des immer offen kapitalistischen Hongkongs beziehungsweise Macao-Komplexes, heute Teil des ökonomisch hoch bedeutsamen Perlflussdeltas, mit den Eliten der chinesischen Staatsführung verknüpft sind. Mit China Merchants haben die Duisburger einen mächtigen Partner, der übrigens in Weißrussland das erste Offshore-Industriepark-Projekt Chinas betreibt, den Great-Stone-Industriepark. Da man in Weißrussland ähnliche politische Strukturen wie in China vorfindet, war der Deal vermutlich leicht zu bewerkstelligen. Es geht darum, bis 2030 das Modell eines typischen chinesischen Industrieparks auf europäischem Territorium aufzubauen. Duisport ist direkt am Aufbau der Parklogistik beteiligt. Nachdem die amerikanische Shoppingmall die Welt erobert hat, wird der chinesische Industriepark möglicherweise zur neuen Normvariante der Globalisierung.

Mit China Merchants und der dazugehörigen Bank führt uns die Geschichte der Neuen Seidenstraße nun auf das Arbeitsfeld Nummer vier: die Finanzierung der Projekte. Das zurzeit interessante Instrument in diesem Rahmen ist eine neue Bank, die seit dem 16. Januar 2016 operiert: die Asian Infrastructure Investment Bank (AIIB). Mit Jin Liqun ist der Präsident dieser Bank selbstverständlich ein Chinese, und China ist der größte Anteilseigner der Bank. Mit 160 Milliarden US-Dollar Einlagekapital ist das Finanzinstitut nicht in der Lage, den enormen Kapitalbedarf von BRI zu decken, doch immerhin ist sie nur eine von drei Einrichtungen, die zur Finanzierung von BRI-Projekten existiert.

Hinzu kommen der Silk Road Fund und die Bank der BRICS-Staaten, die ebenfalls Gelder für Projekte zur Verfügung stellen. Nicht zu unterschätzen sind auch chinesische Staatsbanken, wie die China Merchants Bank, die wiederum Projekte mitfinanzieren, an denen andere Unternehmen ihrer Gruppe beteiligt sind. Duisport und die enge Verbindung zur China Merchants Logistics Holding ist dafür ein gutes Beispiel.

James Kynge, Chinaspezialist der *Financial Times*, überschlug 2016 ein Gesamtvolumen von 890 Milliarden US-Dollar für die geplanten BRI-Projekte.[59] Nicolas J. Firzli geht noch viel weiter: 900 Milliarden

US-Dollar wird Asien ohne China in den nächsten zehn Jahren jährlich an Infrastrukturinvestitionen benötigen, um das Great Game der
Entwicklung mitzuspielen. Von dem benötigten Bedarf können viele
Länder nicht einmal die Hälfte decken. Viele (asiatische) Staatslenker
drückten daher freudestrahlend ihr Interesse aus, sich an einer internationalen Finanzinstitution zu beteiligen, die sich nur auf reale Dinge und eine Wirtschaftsentwicklung fokussiert, die von Infrastrukturprojekten getrieben wird. Angesichts der oben erwähnten Ausgaben
für die amerikanischen Kriege in Afghanistan und Irak sind diese Investitionen außerdem als eher günstig einzustufen – zumal die Strahl-
kraft bis in das instabile Afrika reichen kann.

Die AIIB ist für die Chinesen im Grunde eine doppelte Erfolgsstory: Einerseits belegen sie damit, dass sich ihr Wirtschaftsmodell,
in Infrastruktur zu investieren, plausibel exportieren lässt, andererseits zeigen sie sich umgeben von Internationalität. Sie haben es, zum
Missfallen der Amerikaner und der Weltbank, geschafft, eine eigene
internationale Finanzinstitution aufzubauen, bei der 2018 bereits 64
Staaten Mitglieder sind. Damit ist immerhin der Zustand einer »Drit-
tel-Weltbank« erreicht. Kommen noch weitere 20 Staaten, wie geplant,
dazu, bewegt die Bank sich in Richtung 50 Prozent Internationalisierung. Ein enormer Erfolg in so kurzer Zeit. Nach China sind Russland
und Indien die wichtigsten Kapitaleinleger.

Indien ist der große Skeptiker und Konkurrent gegenüber Chinas
Internationalisierung. Die Inder fürchten offen neoimperialistische
Absichten Pekings und sind politisch kritisch eingestellt. Davon wird
im nächsten Kapitel noch ausführlich die Rede sein. Doch das Engagement in der AIIB spricht eine andere Sprache. Indien will führend
mitspielen, wenn es um die Projektfinanzierung geht. Es scheint keine
andere Wahl zu haben, genauso wenig wie die Deutschen. Sie sind mit
4,5 Prozent aller Einlagen die Nummer vier unter den AIIB-Staaten

und damit das am stärksten engagierte Land des Westens. Amerikaner und Japaner bleiben der AIIB aus nahe liegenden Gründen (noch) fern – fürchten sie doch die Konkurrenz gegenüber den eigenen Systemen Weltbank und Asian Development Bank (ADB), bei der Japan sich federführend engagiert.

Das Great Game der Banker um Einfluss auf globale Projekte zeigt sich auch an den interessanten Personalien der AIIB. Jin, der Big Boss, von Haus aus Anglist, war früher Vize der ADB und verfügt über langjährige Erfahrung bei der Investition in asiatische Entwicklungsprojekte. Der Vize der AIIB ist erwartungsgemäß ein Inder. Doch der dritte Mann ist kein Russe, wie zu erwarten wäre: Sir Danny Alexander, Jahrgang 1977, Ex-Finanzminister der britischen Cameron-Regierung, gehört ebenfalls zum Führungsteam.

Es sei daran erinnert, dass der Ex-Premierminister der Insel im Oktober 2015, im Rahmen des Besuchs von Chinas Präsident in London, einen Milliardendeal mit China abgeschlossen hatte. Die alte Verbindung hebt den Schotten Alexander nicht von ungefähr auf diesen wichtigen Posten. Zwei weitere Europäer vervollständigen das fünfköpfige Führungsteam der Bank: der Franzose Thierry de Longuemer und Joachim von Amsberg. Den Deutschen warben die Newcomer »made in China« von der Weltbank ab, wo er für Entwicklungsprojekte in Indonesien und auf den Philippinen zuständig war. Ähnliche oder weit größere Vorhaben darf er nun für die AIIB und die Neue Seidenstraße vorantreiben.

Das deutsche Finanzministerium ist stolz darauf: »Joachim von Amsberg wird damit an entscheidender Stelle in der AIIB dazu beitragen, dass Deutschland seine Rolle in der Bank aktiv wahrnimmt.«[60] Doch vor Skepsis gegenüber den neuen Entwicklungen unter Chinas Führung, insbesondere in Asien und in Europa, vermag die Internationalität der AIIB nicht zu schützen. Will China damit eine eurasische

KAPITEL 2

Hegemonie umsetzen und unsere gewohnten Strukturen unterwandern, bis zur Destabilisierung der europäischen Systeme? Solche Fragen führen uns ins nächste Kapitel, wo dem Reich der Mitte im Ozean der Globalisierung widrige Winde entgegenblasen.

KAPITEL 3
SANDSTÜRME UND MONSUNWINDE

Die Wahrnehmung Chinas wird negativer

»China ist *lihai* – China ist stark!« Chinesen finden ihr Land klasse. Zumindest, wenn es nach der BBC-Weltstudie des Jahres 2017 geht. Stolze 88 Prozent aller Befragten aus dem Reich der Mitte gaben an, dass ihre Nation einen positiven Einfluss auf die Weltentwicklung habe. Nur 10 Prozent zeigten sich skeptisch. In Umfragen strotzt China vor Selbstvertrauen, und das schon seit mindestens vier Jahren. Zwei global angelegte BBC-Studien zwischen 2013 und 2017 belegen, dass die Chinesen zu den Völkern zählen, die ihr Land am höchsten bewerten.[1]

Doch das ist nur der eigene Blick. Wie sehen es die anderen? Wie bewerten sie China, nachdem der Staat BRI gestartet hat? Interessant ist, dass die 16 Länder, deren Bevölkerung die Grundlage der Befragungen bildet, zu den wichtigen Zielländern der Belt-and-Road-Initiative gehören. Genauer betrachtet, zählen sie zu drei

KAPITEL 3

BRI-Zielregionen: erstens die EU, zweitens Eurasien und drittens Afrika. Die Bürger der vier EU-Länder, welche die BBC befragen ließ, stammten aus Deutschland, Frankreich, Spanien und dem »Noch-EU-Land« Großbritannien. Die Staaten Eurasiens, die in der Studie eine Rolle spielen, sind Pakistan, Indien, Indonesien, Russland und die Türkei. Für die dritte Gruppe kommen Nigeria, Kenia und Ghana hinzu. Letztere sind zwar noch keine expliziten BRI-Zielstaaten, werden aber als wichtige chinesische Partnerländer in Afrika eine Rolle für die Neue Seidenstraße spielen.

Alle vier Staaten der EU zeigten eine eindeutig negative Einschätzung Chinas. Diese fiel mit dem Auftakt von BRI zusammen. Nur 27 Prozent der Befragten sahen Chinas Rolle in der Welt »positiv«, 62 Prozent »negativ«. Der Rest (11 Prozent) hatte keine klare Meinung dazu. Das eindeutig negativste Chinabild hatten 2014 die Deutschen, schlechter schnitt das östliche Land weltweit allein beim Erzrivalen Japan ab. 76 Prozent der Deutschen bescheinigten China einen »negativen Einfluss« auf die Weltentwicklung. Die befragten Bürger Großbritanniens, meist weit cooler als die Deutschen, waren in puncto Chinas Wirkung leicht optimistisch eingestellt: 49 Prozent glaubten, diese Nation »präge die Welt hauptsächlich positiv«.

Auf dem Weg nach Osten passieren wir die Türkei, Russland, Pakistan, Indien und schließlich Indonesien – wichtige Partnerländer Chinas auf beiden Seidenstraßen, zu Lande und zu Wasser. Das brachte Zustimmung: 2014 standen die befragten Bürger dieser fünf Schlüsselstaaten überwiegend positiv zu China: Insgesamt glaubten 48 Prozent an eine »hauptsächlich positive« Rolle des Reichs der Mitte in der Welt. Besonders zustimmend offenbarte sich auch Pakistan, wichtiger Bündnispartner für den Wirtschaftskorridor von Westchina am Indischen Ozean (CPEC): 75 Prozent aller Befragten dort nahmen China positiv wahr. Selbst in Indien, dem großen Rivalen am Indischen

Ozean und politischen Gegner, zeigte sich 2014 ein ausgeglichenes Meinungsbild: Jeweils ein Drittel hatte ein »positives« beziehungsweise »negatives« Bild von Chinas Rolle in der Welt, ein letztes Drittel keine klare Meinung.

Und in Afrika – wo viele chinesische Händler und Unternehmer sowohl eine neue Heimat als auch neue Möglichkeiten für Geschäfte gefunden haben? Das mit Abstand positivste Bild: 72 Prozent aller befragten Afrikaner waren »optimistisch«, was Chinas Rolle in der Welt betrifft. Nur 18 Prozent hatten eine negative Meinung.

Drei Jahre vergingen. 2017 folgte die zweite Studie. Erste BRI-Projekte und -Initiativen hatten begonnen. Die Neue Seidenstraße war mittlerweile ein Begriff, der »uns betrifft«. Die Chinawahrnehmung wurde 2017 von der Belt-and-Road-Initiative geprägt: In Afrika hatte sich nichts an der positiven Meinung geändert: Mit 73 Prozent positiven und 18 Prozent negativen Einschätzungen blieben die Afrikaner optimistisch dem Reich der Mitte gegenüber. Noch besser zeigte sich ihre Haltung allerdings nicht.

Doch was ist in Asien geschehen? Die fünf BRI-Schlüsselstaaten gaben eine deutlich schlechtere Einschätzung Chinas als zuvor ab. Die drei Jahre vorher noch überwiegende Meinung, China könne viel Gutes in die Welt bringen, hatte sich ins Gegenteil gedreht. Nimmt man die Gesamtergebnisse, glaubten 40 Prozent aller Befragten, dass »China hauptsächlich negativ« wirke. Dass es *noch* 37 Prozent positive Stimmen waren, liegt daran, dass einzig in Pakistan (63 Prozent) und Russland (44 Prozent) weiterhin Akzeptanz herrschte.

Indien war gegenteiliger Ansicht: Zu 60 Prozent empfanden die befragten Inder China nun als Bedrohung, nur noch 19 Prozent glaubten, aus China käme Gutes. In Indonesien, dem Land, wo Xi Jinping 2013 stolz das Projekt der maritimen Seidenstraße verkündet hatte, und wo er als erster ausländischer Politiker überhaupt vor dem Parlament sprechen durfte, drehten sich die Zahlen von den optimistischen 52 Prozent des Jahres 2014 zu pessimistischen 50 Prozent 2017. Nur noch 28 Prozent der befragten Indonesier sehen seitdem etwas Gutes an Chinas Rolle in der Welt.

Im Westen nichts Neues: In der EU blieb alles überwiegend negativ. Das schlechteste Chinabild unter den vier Staaten fand sich 2017 in Spanien (68 Prozent). Interessant ist, dass die Deutschen nun milder gegenüber dem östlichen Land gestimmt waren: Nur noch 35 Prozent gaben eine Negativeinschätzung ab, bei 20 Prozent Positivstimmen. Fast die Hälfte aller Deutschen scheint allerdings kein klares Bild zu haben, wie sie Chinas immer präsentere Rolle in der Welt bewerten sollen.

Die besseren Werte für China aus Deutschland sind allerdings nur ein schwaches Trostpflaster für den deutlichen Abwärtstrend, den sein Ansehen bei den asiatischen Nachbarn und in den bevölkerungsstarken BRI-Staaten Indonesien und Indien hinnehmen musste.

Handel erzeugt Profit, aber auch Konflikt

Die alten Propheten der neuen Supermacht China gründeten ihre Euphorie auf wirtschaftliche Stärke und Chinas immer bedeutendere Rolle im Welthandel. William Overholt nannte das Land bereits 1994 den »Giganten der Zukunft«. Der Zukunftsforscher John Naisbitt setzte es an die Spitze seiner *Megatrends* für die Welt des 21. Jahrhunderts. Stets galt Handel von und nach Osten als Erfolgsstory, Handel als Rezept zum friedlichen Austausch in einer immer mehr prosperierenden Welt, die mit Thomas L. Friedman flach geworden ist. Stark in puncto Business, innovativ, erfolgreich – so wünschen sich Chinas Führer die

SANDSTÜRME UND MONSUNWINDE

Zukunft. Handel als Austausch, bei dem alle Teilnehmer nur gewinnen können.

Bei Samuel P. Huntington (1927–2008) rief kräftiges wirtschaftliches Wachstum eines Staates immer Stirnrunzeln hervor. Der Harvard-Politologe war überzeugt, »dass wirtschaftliches Wachstum [...] politische Instabilität innerhalb eines Landes und zwischen Ländern« befördere, »weil es das Gleichgewicht der Macht zwischen Ländern und Regionen verändert. Wirtschaftsverkehr bringt die Menschen in Kontakt miteinander; er bringt sie nicht in Übereinstimmung [...]. Der Handel zwischen Ländern erzeugt Profit, aber auch Konflikt.«[2]

Huntingtons Einwand ist ernst zu nehmen. Spätestens seit Chinas Wirtschaft zum Motor der Globalisierung avanciert ist. Konflikt folgt dem Profit, sogar im Iran, Chinas engstem Verbündeten in Eurasien. Das ist am »Taxifahrer-Stimmungsbarometer« abzulesen. Denn Taxifahrer bilden treffend die Stimmung der Bevölkerung ab. Unterwegs hören sie immer wieder Nachrichten, nehmen in Gesprächen mit Fahrgästen Meinungen auf und verbreiten diese Ansichten unter weiteren Fahrgästen. Von Taxifahrern höre ich immer wieder, wie ich als Deutscher in China angesehen werde. Auch wenn es oft Stereotypen sind, die ich zu hören bekomme.

Auch im Iran ist das so. Besonders traf es eine Chinesin, die in Teheran als Gastwissenschaftlerin arbeitete. Sie sprach und verstand Farsi. Mitten im Teheraner Verkehrschaos gelang es ihr, ein Taxi zu finden. Gerade eingestiegen, stellte der Fahrer ihr die gleiche Frage, die auch ich seit 25 Jahren in China auf Chinesisch höre, sobald ich die hintere Autotür geschlossen habe: »Woher kommst du?« »Aus China.« »Ach so, China.« Die Miene des Fahrers verfinsterte sich. Er betrachtete die junge Frau auf der Rückbank durch den Rückspiegel, vermied aber den Blickkontakt: »Ihr Chinesen, ihr Chinesen habt doch Geld.

Warum habt ihr nur so viel Geld?« Sicher spricht auch eine gute Portion Neid aus dieser Frage. Angesichts magerer iranischer Taxifahrergehälter leicht verständlich.

Die Chinesin auf der Rückbank fühlte sich unwohl. Verstohlen blickte sie an sich selbst herab. Sah sie so wohlhabend aus in ihrem einfachen gelben Kleid und den Stoffschuhen? Kaum. »Wieso glauben Sie, dass ich Geld habe?« Der Fahrer begann, sich aufzuregen: »Was? Du willst das auch noch leugnen? Die Nachrichten sagen doch, dass euer Bruttoinlandsprodukt im letzten Jahr [2015, M. H.] schon fast 10 Billionen US-Dollar betrug! Europa und die USA habt ihr bereits leer gekauft! Eure Händler sind überall. Wie eine Armee verbreiten sie sich bei uns im Iran. Bald habt ihr uns aufgekauft! Schau mal auf unsere Basare, unsere Geschäfte, unsere Fabriken: alles ›made in China‹! Eure minderwertigen Schrottprodukte. Das Geld, das wir hart erarbeiten, landet in den Taschen von euch Chinesen.«

Innerlich erregt, gereizt zum Widerspruch, entschied sich der Fahrgast aus China, lieber zu schweigen. Sie befürchtete, Missverständnisse weiter zu vertiefen, noch mehr Zorn zu ernten. Im schlimmsten Fall aus dem Taxi geworfen zu werden. Sie kannte das Problem, das aus zwei Hälften besteht. Die erste Hälfte liegt im Wesen des Handels. Handel ist eine Warenaustauschbeziehung, selten ein Austausch, der Verstehen erzeugt. Die ökonomische Funktion steht im Vordergrund. Der Mensch reduziert sich auf seine Rolle als Homo oeconomicus, der beim Geschäft mit seinem Gegenüber maximalen Nutzen erzielen möchte. Der Verkäufer oder Händler auf dem Teheraner Basar will möglichst viel Profit mit dem Verkauf erwirtschaften, während der Käufer für sein Geld möglichst viel beziehungsweise möglichst gute Ware erhalten möchte. Weitere Beziehungsfaktoren zwischen beiden Akteuren spielen in diesem Verhältnis kaum eine Rolle. Oft kommt der Bezug nur ein einziges Mal zustande. Manche Seidenstraßenstaaten, wie Kasachstan, fördern den reinen Handelsaustausch mit Chinesen. Sie machen eine Politik, welche die Kurzlebigkeit der Beziehungen zwischen Einheimischen und Chinesen fördert: Sie erteilen nur kurzzeitige Visa und machen es quasi unmöglich, dass Han-Chinesen – chinesische Kasachen ausgenommen – sich in Kasachstan langfristig ansiedeln können.[3] So werden viele Chinesen auf ihre Rolle als Homo oeconomicus reduziert. Der reine Handel bestimmt den Austausch.

Von Kasachstan kehren wir zurück in den Iran. Die Händler, die der Teheraner Taxifahrer beschreibt, sind angeblich Chinesen. Sie werden versehen mit den Attributen: »geldgeil, verschlagen, nur an Profit orientiert«. Profit wird zudem noch auf Kosten des gutgläubigen Käufers gemacht. Der erwartet schließlich, für sein sauer verdientes Geld zumindest nützliche und eine Zeit lang haltbare Produkte zu bekommen. Nach wenigen Tagen fällt die Ware auseinander. Der wütende Kunde nimmt das defekte Ding unter die Lupe und entdeckt die Eingravierung »Made in China«. Alles klar.

»Made in China« befreit sich zu Beginn des 21. Jahrhunderts schwerer von dem bekannten Negativ-Image, als die Pekinger Politik sich das erhofft. Mit der seit 2015 groß angelegten Qualitätskampagne »Made in China 2025« und langjährigen ISO-Zertifizierungskampagnen arbeiten Chinas Wirtschaftsplaner mit voller Kraft dagegen. Wer chinesische Produktentwicklung kennt, Produkte dieser Herkunft über einen längeren Zeitraum benutzt, weiß, wie stark sich viele Erzeugnisse sowohl in der Qualität als auch im Design tatsächlich enorm verbessert haben. Sie erringen Designerpreise, wie den deutschen Red Dot, oder erfüllen spitzentechnologische Standards. Dies gilt auch immer mehr für preiswertere Konsumprodukte, einschließlich der dazugehörigen Services.

Das Problem sind nicht die Möglichkeiten von »Made in China« heute, sondern die Strukturen und wirtschaftlichen Standards vieler

BRI-Länder. Chinesische Topprodukte und -marken tauchen im iranischen oder kasachischen Alltag nur selten auf. Was dort ankommt, ist zweite oder dritte Wahl. Dritte Wahl deshalb, weil die Kaufkraft vieler Menschen im Iran, in Kirgistan oder in Myanmar oft sehr beschränkt ist. Dieses Problem des »konzentriert Billigen« jenseits von Chinas Grenzen wirft einen langen Schatten auf die Chinawahrnehmung in den meisten der zentral-, süd- und südostasiatischen Länder, die eine wichtige Rolle entlang der Neuen Seidenstraße spielen sollen.

Während sich Konsumenten in Europa zunehmend anerkennend über chinesische Produkte äußern, verstärkt sich in den Seidenstraßenländern der Eindruck des Billigen, das sie zu überschwemmen droht. Das ist die Gleichzeitigkeit des Ungleichzeitigen. Teure Huawei-Telefone, die technisch ihre Konkurrenten von Apple oder Samsung übertreffen, machen Schlagzeilen in den Technik-Blogs deutscher Gadget-Jäger. Sie landen aber selten in den Händen eines Teheraner Taxifahrers, der wenig verdient und dazu noch eine mehrköpfige Familie von seinem Geld ernähren muss. China produziert neben Topmodellen mit Spitzentechnologie und edlen Materialien immer noch viel Billigelektronik für Märkte in Asien und Afrika. Dieses China der Konsumprodukte nehmen Bürger in Nairobi, Islamabad oder Teheran viel deutlicher wahr als jenes Hightech-Land, das neue Bahnstrecken oder Hafenanlagen im Auftrag von Regierungen baut.

Nun kommt die zweite Hälfte des Problems: Viele chinesische Produzenten und Händler haben einen Instinkt dafür, überall neue Geschäftsmöglichkeiten zu erschnuppern. Tom Miller spricht von »spekulativem Unternehmertum«: »Wo immer eine Chance auf Profit sich ergibt, da nehmen sie diese wahr«, schreibt er als Quintessenz seiner Recherchen von Laos über Myanmar nach Indien oder von Kasachstan bis nach Afrika.[4] Viele Einheimische glauben, dass chinesische

SANDSTÜRME UND MONSUNWINDE

Händler von Südostasien bis Osteuropa nur auf der Suche nach vorteilhaften Geschäften unterwegs sind. Davon ging auch unser Teheraner Taxifahrer aus.

Sein chinesischer Fahrgast wusste es besser: Tatsächlich treten meist Händler anderer Länder den Weg nach China an, um sich dort einzudecken. Maximaler Profit mit hohen Preisen für möglichst billige Produkte treibt Iraner, Afrikaner, Burmesen oder Araber auf die chinesischen Einkaufsmärkte. Der Kunde zu Hause darf dann den Trip, ergänzt um ordentliche Profitmargen, bezahlen.

Die Topdestination der Einkäufer ist die Stadt Yiwu in der wohlhabenden Provinz Zhejiang. Mit dem Hochgeschwindigkeitszug von Shanghai ist man bequem in zwei Stunden dort. Noch vor wenigen Jahrzehnten ein verschlafenes Nest in den grünen Bergen von Zhejiang, besteht die Stadt aus gewaltigen Lagern und Messehallen, in denen sich tagtäglich Ströme von Händlern, auf der Jagd nach Schnäppchen und neuen Produkten aus dem Wunderland China, tummeln. Yiwu ist weltbekannt, mehrfach ISO-zertifiziert und als führende Destination für Endverbraucherartikel aller Art direkt von der Partei reguliert. Im Schlaraffenland preiswerter und billiger Konsumprodukte herrscht straffe Parteiführung. Längst wirbt die aufstrebende Stadt als Mekka des Chinahandels im 21. Jahrhunderts mit Riesenplakaten am Frankfurter Flughafen mitten im Herzen Europas.

In Yiwu wird die ganze Welt mit allem versorgt, was Herr oder Frau Mustermann von Plastikspielzeug über Haushaltswaren bis zu komplexen Elektronikprodukten benötigt. Über zwei Millionen Händler aus Afrika, Arabien, den BRICS-Staaten und auch aus dem Iran kaufen hier gern ein. Die Neue Seidenstraße ist im Osten Chinas seit vielen Jahren Alltag. Auch Amerikaner und Europäer sind vor Ort. Während Letztere aber eher die höherwertigeren Produkte kaufen, ziehen die Händler der ärmeren Staaten die Billigprodukte vor, die ihnen hohe Gewinnmargen versprechen. Zurück auf den Basaren von Teheran oder Kairo wechselt Billiges und Billigstes den Besitzer.

Dort kaufte auch unserer Teheraner Taxifahrer ein und ließ sich Tage später nach Beschwerden über den kaputten Bluetooth-Lautsprecher glaubhaft versichern, dass man als Händler doch nichts dafür könne. Die Chinesen seien es, die den Schrott produzierten. »Die einheimischen Händler wälzen die Schuld auf die chinesischen Produzenten ab«, seufzt die junge chinesische Wissenschaftlerin aus Teheran. »Obwohl sie es sind, die von drei möglichen Qualitätsstufen nur die niedrigste einkaufen, um so viel Profit wie möglich zu machen, gelten nicht sie, sondern wir Chinesen den Einheimischen als Buhmänner.«

Schlechtes stammt aus China. Neue große Infrastrukturpläne für die Neue Seidenstraße ändern daran wenig. Der Schulterschluss der Politiker und die Beteuerung ewigen Beistandes im Krisenfall spiegeln nicht die Alltagsrealitäten entlang der Seidenstraße wider. Um »Made in China« bis 2025 auch bei asiatischen und afrikanischen Konsumenten als Qualitätssiegel zu etablieren, müssen der Güterhandel und die Qualität der gehandelten Waren neue Standards erreichen. Doch das wird zwangsweise die Preise nach oben treiben. Bessere Standards beginnen mit strikteren Auflagen und Anforderungen an Produkte und Händler, ob diese nun aus China oder aus den Seidenstraßenländern stammen. Handel allein reicht nicht – Handel allein kann zu Konflikten führen. Huntington in memoriam.

Hegemonie und große Pläne

Kürzlich war ich in der Shanghaier Zweigstelle der New York University zu einem Vortrag eingeladen. Ich war überrascht, wie viel Skepsis

SANDSTÜRME UND MONSUNWINDE

der Neuen Seidenstraße entgegenschlug. Kein einziger Deutscher, noch nicht einmal ein Europäer saßen unter den Zuhörern, nur Amerikaner und Asiaten, darunter auch zwei indische Gastwissenschaftler. Nachdem ich meinen Vortrag über Chancen und Möglichkeiten europäisch-chinesischer Zusammenarbeit entlang der Neuen Seidenstraßen beendet hatte, meldeten sie sich zu Wort: »Sehen Sie nicht, dass China versucht, uns einen neuen Imperialismus aufzuzwingen? Chinas Regierung behauptet, keinerlei Hegemonie anzustreben, sondern uns nur neue wirtschaftliche Chancen zu bringen. Doch wer fragt, ob wir das überhaupt wollen? Die neuen Großprojekte, die Häfen, in denen mehr chinesische Arbeiter beschäftigt sind als Einheimische? Was die Engländer mit Politik und Empire betrieben haben, das versuchen die Chinesen nun mit ihrer wirtschaftlichen Macht: Die Völker Asiens und Afrikas abhängig zu machen!«[5]

Indien befindet sich in einem Dilemma. Auf der einen Seite wirkt die Einbindung in das BRI-Netzwerk für den Subkontinent verlockend. Nicht zuletzt deshalb ist Indien, gemeinsam mit seinem Widersacher Pakistan, 2017 in die Shanghaier Organisation für Zusammenarbeit eingetreten. In der AIIB ist ein Inder Vizepräsident. China ist bedacht darauf, den alten Gegner in Asien seiner Sache gewogen zu machen. Seit 2014 ist das Reich der Mitte zwar der wichtigste Handelspartner Indiens, doch der Handelsbilanzüberschuss der Chinesen gegenüber den Indern beträgt fast das Dreieinhalbfache. Allein der Wert elektronischer Produkte, die Indien aus China 2014 importierte, ist ebenso hoch wie der Wert aller gelieferten Waren Indiens nach China.[6]

Viele Inder fürchten die militärische Stärke des Reichs der Mitte. Manch einem Älteren ist der sino-indische Krieg von 1962 noch in Erinnerung. Im Himalaya sind nach wie vor noch nicht alle Grenzverläufe mit Tibet geklärt. Bis zum Sommer 2017 standen sich chinesische und indische Soldaten an der umstrittenen Grenze in Doklam (Donglang) gegenüber, wo China im Zuge seiner nimmermüden Infrastrukturtätigkeiten eine Straße bauen lässt. Chinesen und Inder sind zudem direkte Konkurrenten in den afrikanischen und asiatischen Märkten.

Und zahlreiche Inder begreifen BRI eher als Gefahr denn als Chance. Man wittert strategische Schachzüge Pekings, um Indien via Pakistan militärisch weiter einzukreisen. Ein neues »Great Game« werde von Peking gespielt. Ein Spiel, das erstmalig im Osten beginnt. Great Game ist eine Anspielung auf den Machtkampf des 19. Jahrhunderts zwischen Russen und Briten um die Vorherrschaft auf dem asiatischen Kontinent. Beide Mächte versuchten damals, neue Gebiete in ihre Einflusssphäre zu bringen. Die Russen eroberten Zentralasien, die Briten sicherten sich mit Pufferstaaten wie Afghanistan ihr »Kronjuwel« Indien gegen das immer stärkere Zarenreich. Asien war im 19. Jahrhundert Spielball zweier äußerst aggressiv vorgehender Großmächte aus dem Westen.

»Wir wollen keinen neuen Imperialismus in Asien«, betont daher auch der indische Gastwissenschaftler in Shanghai, »wir fürchten, dass China an die Stelle der Briten treten könnte.« Für ihn beginnt der Imperialismus Chinas mit dem Aufbau des Wirtschaftskorridors zwischen dem pakistanischen Hafen Gwadar – in weiten Teilen finanziert mit chinesischen Geldern – und Kashgar in Xinjiang. Die Straßen und Zugverbindungen für den China-Pakistan Economic Corridor (CPEC) laufen durch Territorien in Nordpakistan, die Indien für sich reklamiert. Indische Medien werfen China vor, mit diesem Wirtschaftskorridor vor der eigenen Haustür gleich mehrere störende »Vögel mit einem Stein zu töten«.[7]

Da ist zum einen das Problem der Geschwindigkeit, das zu lösen ist. Der Korridor macht Chinas Exporte nach Afrika und Europa effizienter. Dann das Problem der Vernetzung: Der Korridor ermöglicht eine Verbindung der landgestützten Neuen Seidenstraße mit der

SANDSTÜRME UND MONSUNWINDE

maritimen Verbindung. Gwadar gehört zu den Schlüsselhäfen am Indischen Ozean. Ferner geht es um Sicherheitsinteressen. Die indischen Analysten fürchten Chinas immer stärkere Militärmacht vor der eigenen Haustür. Von Pakistan aus könnten »eine Milliarde Menschen wie einer« agieren.[8] Das ist für das indische Milliardenvolk mit seinen Hunderten von Sprachen, Glaubensrichtungen und Überzeugungen undenkbar. Obwohl Indien genauso bevölkerungsstark ist wie China, wird letztere Nation auch in Indien als Land einer homogenen Masse von Menschen wahrgenommen.

Inder und andere asiatische Nachbarn wie die Burmesen formulieren in merkwürdiger Einigkeit mit den Europäern des 19. Jahrhunderts die neue Furcht vor der »Gelben Gefahr«, welche die verlockenden BRI-Optionen verfinstert. Indische Kommentatoren wittern in der Korridorverbindung einen in Wahrheit nützlichen Nachschubweg über Land zur Versorgung der chinesischen Marine, die in Gwadar vor Anker geht. Trotz Bestätigungen aus anderen asiatischen Ländern, dass China sich im Vergleich zu den militärisch weit präsenteren »Westmächten« USA und Russland im Grunde nicht in innere Angelegenheiten einmische und »keinerlei politische Bedingungen stelle«,[9] traut man dem Konkurrenten nicht. Indische Analysten werten BRI nicht als konkreten Handlungsplan, dem sie Mangel an Details ankreiden, sondern als ein undefinierbares Etwas, das bewusst für Verwirrung sorgen soll. Eine dubiose Initiative, die weder Projekt noch Organisation sein möchte.

In dem Begriff der »Initiative« (*changyi*, 倡议), mit dem China aktuell BRI bezeichnet, steckt diese Unschärfe, die in Indien und Europa Skeptiker auf den Plan ruft. Was steckt dahinter? Mangelndes Planungsbewusstsein oder bewusste Verschleierung von Absichten? Ersteres führt dazu, dass manch ein Beobachter Chinas Idee von der Wiederbelebung und Neudefinition der Seidenstraßen als wenig

131

durchdacht und daher auch als wenig operabel empfindet und die bereits umgesetzten, in Bau oder in Planung befindlichen Infrastrukturmaßnahmen als nicht überzeugend genug. Letzteres stärkt die alten Ängste vor der »Gelben Gefahr«, dem »Roten Drachen«, der sich anschickt, den Imperialismus des Westens mit unerwünschtem Führungsanspruch aus dem Osten zu ersetzen. Hegemonie kann durchaus rein ökonomischer Natur sein. Starkes Ungleichgewicht erzeugt Ängste bei den vermeintlich Schwächeren. Die erfolgreichen Deutschen kennen das gut. Es ist noch nicht lange her, dass Angela Merkel in Griechenland in Nazi-Uniform porträtiert wurde und auch die Türkei das gleiche Bild bemühte.

Rein ökonomische Absichten vertreiben nicht die langen Schatten, welche die Geschichte auf ein Land zu werfen vermag. Hier ist die Karikatur der deutschen Bundeskanzlerin als »Neonazi« ein gutes Beispiel. Ökonomisches Ungleichgewicht zwischen Staaten führt leicht zu Skepsis und Ablehnung. In manchem Fall kommt hinzu, dass andere Machtinstrumente folgen. Dazu gehört militärische Präsenz unter dem Vorwand, Sicherheiten für die neu geschaffenen Infrastrukturen und die eigenen Investitionen schaffen zu müssen. Damit ist nicht gesagt, dass China eben dies anstrebt. Doch die Ängste, wenngleich unberechtigt, sind vorhanden. Ein Land, das mit Macht in die Welt strebt wie China, muss sich darauf einstellen und diesen Nöten in ständigem Dialog begegnen.

China weiß das. Hohe Regierungsvertreter, wie Außenminister Wang Yi, haben sich gegen die Vorwürfe gewährt, immer wieder beteuert, dass man keinerlei Hegemonie anstrebe, auch keinen Marschallplan für die ökonomisch schwachen Länder Asiens auflege, sondern ein Angebot allseitigen Gewinns.

Doch Beteuerungen überzeugen nicht. China muss sich darüber im Klaren sein, dass die Länder Asiens genauso detailliert die Geschichte

SANDSTÜRME UND MONSUNWINDE

betrachten wie das Reich der Mitte selbst. Wie oft hat Xi Jinping im Zusammenhang mit der Renaissance seines Landes die einstige Niederlage in den Opiumkriegen gegen die Westmächte 1840 bis 1842 und 1858 bis 1860 aus der Geschichte hervorgekramt, wie gern zitiert er historische Ereignisse, die Vorbild für seine neue Initiative sind.

Die Historiker und Analysten Zentral- und Südasiens könnten sehr wohl argumentieren, dass mit der Han-Dynastie im 2. Jahrhundert vor unserer Zeitrechnung eine lange, in Wellen verlaufende Geschichte von Expansionen und Eroberungen Chinas in Asien begann. Auch Chinas Geschichte verläuft in Form von Expansionen und Kontraktionen, einem natürlichen Organismus gleich. Die Expansionen sind die Zeitperioden, als das Reich seinen Einfluss auf die umliegenden Gebiete vergrößerte. Die Geschichte ist das umfassende Bild eines Landes, einer Kultur. Das »big picture« des gesamten Eisbergs, das ich oft in heutigen Darstellungen des Weltgeschehens vermisse.

Bereits unter dem ersten Kaiser Qin Shihuang (259–221 v. Chr.) begannen die militärischen Eroberungen des geeinten Chinas. Ziele waren westliche Territorien, die heute längst Teil des Landes geworden sind, wie das Gebiet der Xiongnu in Gansu, der Norden des heutigen Vietnams und die koreanische Halbinsel. Die expansionistische Politik des ersten Großherrschers eines geeinten Chinas, berüchtigt für sein ausgeklügeltes Wach- und Kontrollsystem und seine unerbittliche Härte gegenüber jedem Gegner, wurde auch unter denjenigen fortgeführt, die ihn wegen seiner Gewalttätigkeit stürzten: die Han-Dynastie. Diese setzte unter Kaiser Wudi ein Jahrhundert später die nach außen gerichtete Politik des Staates Qin – Namensgeber für »China«, das Reich der Qin – konsequent fort.

Zhang Qians Expeditionen nach Westen in das Gebiet Zentralasiens, heute als Xinjiang längst integraler Bestandteil des Staates, bereiteten eine Mischung aus wirtschaftlicher und militärischer Einflussnahme vor. Auf der einen Seite überhäufte der Han-Staat die Gebiete im Westen über die neu erschlossenen Handelsrouten mit großzügigen Geschenken, um sich dortige Herrscher und Völker gewogen zu machen, auf der anderen Seite sicherte er abhängig gemachte Regionen mit militärischer Präsenz. Kommandanturen, die neu gewonnene Territorien im Nordwesten militärisch abschirmten, wurden errichtet.

Besonders interessant ist die Politik der großen Geschenke, die uns bereits im vorhergehenden Kapitel begegnet ist: Jacques Gernet betrachtet sie als einzigartige Form der Außenpolitik chinesischer Prägung, die 30 bis 40 Prozent des gesamten Bruttoinlandsproduktes der damaligen Zeit verschlang: »Wohl kein anderes Land der Welt hat je solche Anstrengungen unternommen, seine Nachbarländer mit Geschenken zu überschwemmen, und hat damit das Geschenk zu einer politischen Methode erhoben.«[10] Diese Politik überdauerte rund drei Jahrhunderte.

Die tiefe Skepsis der Vietnamesen gegenüber dem mächtigen Nachbarn im Norden wurzelt in den frühen Jahren chinesischer Expansion. Auch der Widerstand gegen Chinas Anspruch auf seine Territorien im Südchinesischen Meer rührt nicht zuletzt daher. Immer wieder wurde das Gebiet des »Südlichen Yue-Volkes«, wie Vietnam übersetzt heißt, dem Reich einverleibt. Entsprechend dieser historischen Erfahrungen gehören auch die Vietnamesen zu den lautesten Kritikern der Initiative der Neuen Seidenstraße. Nach den Han erfolgte eine Phase der Kontraktion und des Zusammenbruchs, die bis in das späte 6. Jahrhundert andauerte. Dann setzte die zweite große Expansionsphase des Reiches unter den Tang im 7. Jahrhundert ein.

In der Zwischenzeit hatte sich den Han-Chinesen im Wesen ihres kulturellen Einflussgebietes ein starker Gegner entgegengestellt: Die Türken, chinesisch *tujue* genannt. Diesen war es gelungen, die ansonsten stark uneinigen Nomadenstämme Zentralasiens zu verbinden. Die

Zentralasiaten stellten den Ostasiaten eine starke, vor allem zu Pferde schlagkräftige Macht entgegen. Das provozierte die frühen Tang-Kaiser Taizu und Gaozong in den Jahren zwischen 626 und 683 zu neuen Expeditionen nach Westen. Die Seidenstraßen wurden zu Kriegsschauplätzen. Die Tang schafften es am Ende, die türkischen Reiter zu besiegen. Den Kämpfen folgten Stadtgründungen in Zentralasien, die in der Nähe der heutigen Oase Turfan liegen, eben dort, wo später Ferdinand von Richthofen seine Forschungen über die Seidenstraße vorantrieb. Gaochang und Jiaohe, die beiden chinesischen Stadtgründungen, sind heute noch als Ruinenstädte und als gern gezeigte Belege für die frühe han-chinesische Präsenz in Xinjiang zu besichtigen.

Doch der Eroberungsdrang der Tang endete nicht innerhalb der Grenzen des heutigen Chinas. Auch so berühmte Seidenstraßenstädte wie Taschkent, Samarkand und Buchara im heutigen Usbekistan waren Zentren chinesischer Provinzen in Zentralasien. Selbst die Skepsis der Inder gegenüber BRI zielt auf ein historisches Detail: Im Jahr 648 gelang es dem Tang-General Wang Xuance, mit multiethnischen Truppen kurzzeitig in Nordindien einzufallen.[11] So wie einst Alexander der Große. Vor einem neuen Alexander aus Griechenland fürchtet man sich heute nicht, wohl aber vor einem neuen Wang Xuance aus China.

Militärische Vorstöße Tang-Chinas reichten im Jahr 662 bis 35 Kilometer südöstlich des heutigen Bagdads in die alte Hauptstadt der Sassaniden nach Ktesiphon. Wieder sind wir im Iran: Die Sassaniden herrschten dort bis zur Mitte des 7. Jahrhunderts. Dann schlug die Stunde der Araber. Die Söhne des Propheten überrannten das alte persische Kulturland und machten das Gebiet des heutigen Iran muslimisch. Zwischen Ktesiphon und Chang'an, damals größte Stadt der Welt und Hauptstadt Tang-Chinas, gab es enge Beziehungen. Von dort brachten syrische Christen, bekannt als Nestorianer, das Christentum in Chinas weltoffene Hauptstadt. Von den Sassaniden um Hilfe gebeten, engagierten sich Truppen des Tang-Kaisers wenig erfolgreich gegen die Araber. Es gelang nicht, Persien dem Einfluss Allahs wieder zu entreißen. Chinas Kampf gegen einen militanten Islam hat eine lange Geschichte und reicht bis nach Westasien. Sehr wohl mischte man sich in die inneren Angelegenheiten anderer Reiche ein.

Von Xinjiang bis Vietnam sicherten die Tang ihre Herrschaft durch militärisch starke Generalgouvernements. Die Folgen der Tang-Expansion in Asien konnte man auf den Straßen und im Nachtleben der Hauptstadt sehen. Die Metropole sprühte in den Farben vieler Völker. Die Fremden trieben Handel, eröffneten Restaurants und Bordelle, bereicherten China mit Musik, Tanz und religiöser Vielfalt. Davon erzählen die detaillierten Fresken der Höhlen von Dunhuang in Chinas Westprovinz Gansu.

Die Ausdehnung des Reiches unter den Tang-Kaisern führte dazu, dass auch der Buddhismus nach Osten wanderte. In jener Zeit erreichte die Lehre Siddharta Gautamas den Höhepunkt ihres Einflusses in China. Der sinisierte Buddhismus brachte eine eigene Formensprache hervor. Er verband indische mit genuin chinesischer Kunst, erschuf Statuen und Tempelbauten. Der Sino-Buddhismus war das große kulturelle Merkmal Chinas jener Zeit. Wie die Tänze und die Musik in den Vergnügungsvierteln der Hauptstadt Chang'an, kam auch der Buddhismus aus Zentralasien. Er mutierte zu einer Art Softpower Chinas mit signifikanten kulturellen, künstlerischen und ästhetischen Besonderheiten. Diese chinesisch gewordene Kultur war exportfähig. Sie begründete das Ansehen des Reiches in Asien. Sie trug dazu bei, dass Korea und vor allem Japan zu dem wurden, was sie heute sind. China stand für eine neue Kultur, einen neuen Glauben.

Die Seidenstraßenregionen erlebten eine starke Mischung von Hard- und Softpower aus dem chinesischen Kaiserreich. Mit der Erschließung der Küsten begründete China seine damalige Vormachtstellung

SANDSTÜRME UND MONSUNWINDE

im Seehandel, die mit den bekannten Expeditionen des Admirals Zheng He im frühen 15. Jahrhundert ihren Höhepunkt und Abschluss fand. Auch Zheng Hes Expeditionen an die Küsten des Indischen Ozeans verliefen nicht ausschließlich friedlich und ohne imperiale Absichten. Auf den Inseln Sumatra und Ceylon, die Zheng He ansteuerte, kam es zu Kämpfen und Auseinandersetzungen mit Einheimischen. Mit einer Steinstele erklärte der Admiral des Kaisers Yongle die Insel Ceylon 1409 zu einem Vasallen der damaligen Ming-Dynastie. Das heutige Sri Lanka ist ein strategisches Schlüsselland der neuen maritimen Seidenstraße. Auch Indien wurde in Teilen China zugeschlagen: Es traf die Reiche von Kalikut und Kotschin, die an der heutigen Küste des indischen Bundesstaates Kerala lagen. Auch sie degradierte Zheng He per Stele zu Vasallen Chinas.[12] Nach dem Vorstoß nach Norden, der Jahrhunderte früher stattfand, war China erneut auf indischem Territorium präsent.

Gavin Menzies schreibt in seinem Buch *1421*, dass auch Chinas großer Admiral die alte Politik der großen Geschenke fortsetzte: Bestechung und direkte Einflussnahme auf Persönlichkeiten gehörten zu den charakteristischen Merkmalen, über den Weg der »Seeseidenstraße« die eigene Einflusssphäre zu vergrößern. Darin, so Menzies, »unterschied man sich von den Europäern, die den Chinesen viele Jahre später in den Indischen Ozean folgten«.[13] Die bekannten Methoden der Westler: offener Konflikt und direkte Kolonialisierung der dort lebenden Völker.

Doch der Höhepunkt chinesischen Expansionismus sollte noch kommen. Der letzte große »Marsch Chinas nach Westen«[14] fand unter den legendären drei »Großkaisern« Kangxi, Yongzhen und Qianlong statt. Sie waren Großvater, Vater und Enkel. Zusammen prägten sie zwischen 1661 und 1799 eineinhalb Jahrhunderte lang die Geschichte des chinesischen Reiches. An den Höfen und unter den Gelehrten

KAPITEL 3

Europas, die wie Gottfried Wilhelm Leibniz (1646–1716) die Erfolge des
Dreigestirns auf dem Drachenthron in Europa zur Nachahmung emp-
fahlen, war ihr Ruf verbreitet.

Die Folgen der Dreierregentschaft waren enorm: Mit 11,5 Millionen Quadratkilometern war »ihr China« das größte aller Zeiten, fast
2 Millionen Quadratkilometer größer als die heutige Volksrepublik. Nicht nur Tibet und Xinjiang wurden fest in das Reich eingeglie-
dert – Letzteres wurde übrigens schon damals streng militärisch kon-
trolliert –, auch Territorien heutiger BRI-Partnerländer gehörten ganz
oder teilweise zu China: Kirgistan, Tadschikistan und der Balchasch-
see, der heute in Kasachstan liegt. Hinzu kamen die gesamte Mongo-
lei und Gebiete nördlich des Amur, die heutige russische Küste am Japanischen Meer, einschließlich der Insel Sachalin, die auf Chinesisch
damals Kuye hieß.

Die spätere Einverleibung der meisten dieser Gebiete in das Zarenreich und die spätere Sowjetunion haben die koloniale Phase unter
den Qing verblassen lassen. Doch das historische Gedächtnis ist lang.
Die Geschichte ist ein Baustein für die Angst vor der neuen »Gelben
Gefahr« in Zentralasien. Die Qing-Dynastie war extrem mächtig: »Die
meisten Länder Asiens (Nepal, Burma, Siam, Vietnam, die Philippinen, die Ryukyu-Inseln, Korea) erkannten seine Oberhoheit an und
waren mehr oder weniger von China abhängig«, schreibt Gernet.[15]

Chinas Hegemonie und unverhohlener Imperialismus wird im
Rahmen des heutigen BRI-Diskurses gern ausgeblendet. Wer sich nach
außen öffnet, muss auch offen gegenüber unangenehmen Wahrheiten
sein. Dabei von einer anderen DNA zu sprechen, wie die chinesische
Regierung, die völlig anders und nicht hegemonial ausgerichtet sei,
im Vergleich zur aggressiven, erobernden, imperialen DNA der Westmächte früher, blendet die eigene Geschichte aus. DNA ist Erbgut und
insofern dem verpflichtet, was die Spezies in früheren Zeiten formte.

Jedes Weltreich – und China war ein solches in seiner Geschichte – ist zwangsläufig gegenüber Schwächeren gewalttätig. Das liegt in der Natur imperialer Größe. BRI benötigt hier einen offenen Dialog. Möchte die chinesische Regierung die Ängste ihrer Nachbarn beseitigen, muss sie im Gespräch bleiben.

Abbildung 6: China in seiner größten Ausdehnung – Das Qing-Reich im späten 18. Jahrhundert und der gegenwärtige Staat

Auch Europäer werfen China hegemoniale Absichten vor. Zwei Berliner Institutionen, der China-Thinktank Mercator Institute of China Studies (MERICS) und das Global Public Policy Institute (GPPI), veröffentlichten im Februar 2018 gemeinsam ein Papier, überschrieben mit *Bild*-ähnlichen, zeitungsgroßen Lettern: *Authoritarian Advance.* Die deutsche Entsprechung »Autoritäres Voranschreiten« bezieht sich auf Maßnahmen und Aktivitäten unterschiedlicher chinesischer Institutionen mitten in Europa. Es gehe darum, das öffentliche Meinungsbild dort zu beeinflussen und sich innerhalb wichtiger europäischer Eliten und Entscheidungsträger im Stillen Einfluss zu verschaffen. Am Ende könne die Spaltung Europas stehen. Drei große Zielgruppen der europäischen Gesellschaften seien von Chinas wachsendem Einfluss betroffen:

- Politische Eliten und damit auch politische Parteien unterschiedlichster Couleur.
- Medien und damit die öffentliche Meinung.
- Die Zivilgesellschaft und künftige Elite Europas, insbesondere Studierende an europäischen Hochschulen.

Aus chinesischer Sicht sieht alles harmonisch aus: Man betont, dass die Europäische Union »als vereinter und großer Markt eine große Rolle spielt, um die Verbindungen und die Handelskooperationen zwischen China und Europa zu fördern«. Klar und unmissverständlich wird formuliert, dass eine zersplitterte EU auch für China enorme Kosten bedeute.[16]

Diese Haltung erkennen europäische Kritiker an: Aus einer Makroperspektive betrachtet sei China, anders als Russland, durchaus interessiert »an einer stabilen EU« mit einem »großen und integrierten Binnenmarkt«.[17] Die EU gelte als guter Partner, der BRI »legitim machen«[18] kann. Die vielen Angebote zur Kooperation können die europäische Infrastruktur aufrechterhalten und sie in ihrer Entwicklung unterstützen: der Hafen von Piräus, der Wettbewerb chinesischer

Baufirmen um Straßenbauprojekte in Polen oder die Eisenbahnverbindungen in das Herz Europas nach Duisburg, von denen das struk-
turschwache Ruhrgebiet und Deutschlands alte Industriemetropolen
profitieren.

So weit, so gut, könnte man denken. Doch man denkt falsch – zumindest aus Sicht europäischer Kritiker. Die Vorwürfe aus Europa
sind klar und scharf formuliert. Chinakritische Organisationen, wie
MERICS und der German Marshall Fund der USA, sehen tiefer liegen-
de, nationalistische Absichten des chinesischen Drachens, die eben
nicht auf eine starke EU als Partner setzen.

Um die massive Kritik zu verstehen, ist es wichtig, die jüngsten
chinesischen Vorstöße zu Kooperationen mit Europa im Blick zu haben. Außer BRI gehört die sogenannte 16+1-Initiative dazu: Um seiner
bis dato schwachen Präsenz in Mittel- und Osteuropa (MOE) zu begegnen, hat das Reich der Mitte diese Initiative schon vor Amtstritt Xi
Jinpings und nach der Visite des ehemaligen Ministerpräsidenten Wen
Jiabao in Polen 2012 gestartet: 16 Länder Mittel- und Osteuropas sollen
gemeinsam oder einzeln mit China über Projekte und Investitionen
verbunden werden. Dazu gehören Firmenkooperationen, Beteiligungen und Firmenkäufe genauso wie Infrastrukturprojekte.

Nach chinesischer Auffassung passt 16+1 bestens zu BRI und Europa. Man wolle einen Ausgleich im Osten Europas zur intensiven
Kooperation mit den führenden Wirtschaftsnationen der EU weiter
westlich schaffen. Weiter westlich liegen die großen Vier: allen voran
Deutschland, dann Großbritannien, Frankreich und Italien. Anfangs
waren die relativen Neulinge in der EU, von Ungarn, Tschechien und
Polen bis nach Rumänien und Bulgarien, euphorisch. Ja, China bietet vieles, was die EU offenbar nicht oder nicht ausreichend hinbe-
kommt: Infrastrukturen erneuern oder neue schaffen. Zugänge zu einem großen Markt weit im Osten. Und China war stolz darauf, mit

dieser Sechzehnerplattform, die bis in das Herz Europas reicht, »einen seiner wichtigsten Erfolge« auf dem diplomatischen Parkett erzielt zu haben.[19] Es passte alles so gut. Kulturell nahe stehende Staaten meist slawischen Ursprungs, Teile des ehemaligen Ostblocks und des ehemaligen Jugoslawiens, mit dessen Führern China enge Verbindungen unterhielt, waren alte Freunde, die viel Gemeinsames in ihrer Geschichte teilen.

Doch die Euphorie wich der Ernüchterung: Chinesische Studien, wie sie Liu Zuokui, Direktor des Zentrums für Mittel- und Osteuropa-Studien bei der Chinesischen Akademie für Sozialwissenschaften (CASS), in Peking 2015 und 2017 zur Europäischen Wahrnehmung und Bewertung von BRI durchgeführt hat, kommen in überraschender Offenheit zu dem Ergebnis, dass vieles, was seit BRI und davor in Mittel- und Osteuropa mit chinesischem Engagement angestoßen wurde, nicht funktioniert. Ein gutes Beispiel ist Polen als Mitglied der Asiatischen Infrastruktur-Investitionsbank (AIIB): »Viele Unternehmen in Polen waren der Meinung, dass sie Investitionen seitens der AIIB erhalten könnten, doch das entsprach nicht der Wirklichkeit.«[20] Polen, das große Hoffnungen an BRI geknüpft hatte und ein wichtiges 16+1-Mitglied ist, sieht sich enttäuscht.

Trotz offensichtlicher Probleme, auch für China, ist das 16+1-Modell der Stein des Anstoßes, die Steilvorlage für die Kritik, Europa spalten zu wollen. Das Problem: Nur elf unter diesen zentral- und osteuropäischen Staaten sind EU-Länder. Fünf sind es nicht – Albanien, Bosnien und Herzegowina, Mazedonien, Montenegro und Serbien. Das ist fatal für die europäische Wahrnehmung chinesischer Europastrategie, denn schließlich haben wir es bei diesen potenziellen EU-Beitrittskandidaten mit Balkanstaaten zu tun. Man könnte argwöhnen, dass China erneut das Schreckgespenst der Balkanisierung nutzt, um einen Keil in die angestrebte Erweiterung europäischer Einigkeit zu treiben: »Aus der Perspektive liberaler Demokratien sind alle Formen des Austausches mit China potenziell problematisch und bedürfen der Überprüfung«[21], fordern die deutschen Chinaexperten aus Berlin.

Doch auch chinesische Thinktanks sind sich der Problematik bewusst: »Chinas Einfluss hat die Sensibilität der Balkan-Region erhöht.«[22] Peking weiß und gibt es offen zu, dass es sich in politisch hoch sensiblen und gefährlichen Fahrwassern bewegt. Europäische Beobachter fürchten Chinas versteckten langen Arm. Entlang der Achillesferse Europas, dem Balkan, würden Entwicklungskonzepte der EU für ihre neuen Mitglieder ausgehebelt, weil das Reich der Mitte tut, was die EU längst hätte anpacken müssen: Fleißig Eisenbahn- und Straßenprojekte finanzieren, um durch geschaffene Tatsachen mehr Überzeugungsarbeit auf dem Balkan zu leisten.

China baut – und holt sich nach Meinung der Kritiker opportunistische Unterstützung der politischen Eliten Mittel-, Ost- und Südosteuropas: »Im März 2017 unterlief Ungarn die Einigkeit der EU, indem es sich weigerte, einen gemeinsamen Brief zu unterzeichnen, der die berichteten Foltermaßnahmen an inhaftierten Rechtsanwälten in China anklagte.« Griechenland verweigerte sich drei Monate später, indem es »eine Erklärung der EU vor dem UN-Ausschuss für Menschenrechte blockierte, welche die Lage der Menschenrechte in China kritisierte«. »Zum ersten Mal«, so klagen die Kritiker, »misslang es der EU, eine gemeinsame Erklärung vor dem obersten Gremium für Menschenrechte« abzugeben.[23] Plötzlich spricht Europa nicht mehr mit einer Zunge, wenn es um den alten Konsens der Menschenrechtskritik in China geht. Doch auch mit geeinter Stimme erzielte man kaum tatsächliche Veränderungen, obwohl Menschenrechtsfragen immer und immer wieder auf die politische Bühne gehoben wurde. Das Thema Menschenrechte in China ist zu einem fast leeren Ritual des politischen Austausches geworden.

Was manchen in Europa schockiert, ist, dass China gemeinsame Wertvorstellungen durch seine wirtschaftliche Einflussnahme in Europa untergrabe. Plötzlich ist zu erfahren, dass die europäische Einigkeit auch in der Wertefrage zu bröckeln scheint. Doch wie hieß es schon bei Bertolt Brecht? »Erst kommt das Fressen und dann die Moral.« So auch in der Europäischen Union: »Mitgliedsstaaten des Südens und aus Mittel- und Osteuropa leiden an hohen Arbeitslosenzahlen und einem langsamen Wirtschaftswachstum. Sie haben chinesische Investitionen daher mit mehr Enthusiasmus begrüßt, während die Partner im Westen vorsichtiger sind.« Angeblich soll China allein 2016 »mehr als acht Milliarden US-Dollar in zentral- und osteuropäischen Ländern investiert haben«.[24]

Doch nicht nur auf politischer Ebene sehen Chinakritiker Europas Einheit durch das Reich der Mitte und seine globale Öffnungspolitik gefährdet: Chinas verdeckte Einflussnahme mitten in Europa betreffe vor allem die Medien, die öffentliche Meinung und auch die akademischen Eliten des Landes. Das Topthema, mit dem man Einfluss nehme: selbstverständlich die Belt-and-Road-Initiative. Dazu gehören Beilagen in westlichen Zeitungen, die man finanziert, um so ein Sprachrohr für die vielen Vorteile zu nutzen, die BRI mit sich bringe. Seit 2014 existiert ein jährliches Forum für Medienkooperation speziell für BRI. Hinzu kommen diverse bilaterale Medienforen, von China finanziert und in 16+1-Staaten, wie Ungarn oder Serbien, durchgeführt.

Nicht zuletzt sind zivilgesellschaftliche und akademische Zirkel ebenfalls Gegenstand eines antichinesischen Argwohns in Europa respektive Deutschland. Man beobachtet das Entstehen von immer mehr Plattformen und Vereinigungen in der akademischen Welt, die eine positive Sichtweise von BRI befördern sollen. So stehe der chinesische Staatsrat mit seinem Forschungszentrum für Entwicklung hinter Foren, die seit 2015 in regelmäßigen Abständen in EU-Staaten, wie

Spanien und Polen, und auch in Peking stattfinden. Im Fokus: BRI und seine Entwicklungschancen in, für und mit Europa. Andere finden an Orten statt, die sich wichtigen ökonomischen und strukturellen Aufschwung mittels BRI erhoffen, wie etwa Duisburg. Auch dort fand Ende 2017 ein internationales Forum zur Neuen Seidenstraße statt.[25]

Bei aller Kritik des Westens sollten insbesondere deutsche BRI-Kritiker nicht vergessen, dass zahlreiche Organisationen der westlichen Zivilgesellschaft – sogar parteipolitische Institutionen – in China operierten: Bis zur stärkeren Kontrolle ausländischer Nichtregierungsorganisationen (NGO) ab dem 1. Januar 2017 waren bis zu 10 000 NGOs[26] aller Couleur, darunter auch Stiftungen deutscher politischer Parteien, in China aktiv. Sie hatten seit Beginn ihrer Tätigkeiten, die oft wenige Jahre nach Chinas Öffnung im Jahr 1978 möglich wurden, großen Einfluss auf die Förderung von und auf den Diskurs mit chinesischen Eliten. Sie stießen Projekte und neue Formen der Zusammenarbeit an. An solche Dimensionen reicht die chinesische Wirkung auf Europas Akademiker noch lange nicht heran.

Politische und akademische Thinktanks haben oft eine andere Chinawahrnehmung als Vertreter der deutschen Wirtschaft. Chinas Ein-Parteien-Herrschaft passt nicht zum Glauben an den Liberalismus, auch und gerade, wenn man sich intensiv mit dem Land beschäftigt. Während ein Wirtschaftsvertreter, wie der Direktor des German Centers for Industry and Trade in Shanghai, seinem Publikum in Deutschland mit treffenden Argumenten vorträgt, wie krisenresistent China sei[27], erzählen uns Thinktank-Vertreter im selben Land, wie uns China in die Krise stürzt. Die Wirtschaft sieht die Dinge anders: Gerade unter den langjährigen Praktikern im Chinageschäft weiß man, dass am Ende alles grau ist, was zwischen diesem Land und Europa passiert. Es gibt keine Guten und keine Bösen. Wer wirtschaftlich handelt, denkt zunächst und auf beiden Seiten an eigene Vorteile und seinen Profit. Win-win ist ein dehnbares Schlagwort. Hintergedanken, Tricks und Betrügereien sind unter Europäern genauso verbreitet wie unter Chinesen.

Zwischen Misstrauen und Rivalität

Wer lange in China lebt, fühlt auch heute noch, dass er oft »drinnen vor der Tür« steht.[28] Man kann dort als Ausländer sehr gut leben – oft besser als viele Ausländer im Westen –, doch ein wirklicher Teil der Gesellschaft wird man nicht. Das ist nicht vorgesehen für *laowai*, die Ausländer, jene Damen und Herren, die »außen stehen«, denn die chinesische Welt ist, auch im digital vernetzten 21. Jahrhundert, immer noch viel zu ungewohnt für den Nichtchinesen. So lautet die Meinung vieler Chinesen. Das, was »innen« (*nei*) ist, also das Gefüge der chinesischen Gesellschaft trifft, ist für Chinesen geschaffen. Ausländer können und sollen darin nur eingeschränkt unterwegs sein. Die Tendenz zur Geschlossenheit bestimmte die chinesische Gesellschaft von Beginn an. Das unterscheidet China noch immer deutlich von den offeneren Gesellschaften des Westens.

In einigen Bereichen ist das heutige Reich der Mitte verschlossener als das alte: Im alten China konnten Ausländer mit entsprechenden Fähigkeiten zu hoher Beamtenschaft bei Hofe aufsteigen. So waren die meist jesuitischen Missionare, die seit dem 16. Jahrhundert im China der Ming-Dynastie (1368–1644) und der Qing-Dynastie (1644–1911) als Berater und Lehrer am kaiserlichen Hofe dienten, oft hohe Beamte. Sie waren sogar Teil der Beamtenelite, mit denen sich die Kaiser umgaben, um staatliche Angelegenheiten (*zheng*) aller Art zu regeln (*zhi*). Von solcher Offenheit ist der heutige chinesische Staat weit entfernt.

Die Greencard für Ausländer ist das Höchste beim Versuch, chinesische Staatsbürgerschaft zu erlangen – ein äußerst schwieriges Unterfangen in einer von Blut, Abstammung und »Rassedenken« (*minzu sixiang*) bestimmten Gesellschaft.

Die relative Geschlossenheit nach innen fördert das kritische Urteil gegenüber einer Öffnung nach außen, die derzeit noch wie eine Einbahnstraße wirkt. BRI ist das Hauptinstrument dieser halbherzig erscheinenden Öffnung. BRI beschleunigt das »Nach-außen-Gehen« der chinesischen Wirtschaft enorm. Unter dem Dach von BRI fanden sich allein 2017 900 Projekte. Chinesische Geldgeber und Firmen tummeln sich überall, auch wenn die Zahl der konkret umgesetzten und bereits implementierten Projekte, die seit 2013 begonnen wurden, weit bescheidener ausfällt. Vom technologischen Standpunkt und Preis-Leistungs-Verhältnis aus betrachtet, sind chinesische Unternehmen für alle beteiligten Staaten interessant, auch für Europa. Und Europa bietet die Möglichkeit auch und gerade für chinesische Bieter, den Zuschlag bei wichtigen Infrastrukturprojekten zu erhalten. Toptechnologie, vom Hochgeschwindigkeitszug bis zur digitalen Vernetzung, sogar bis zur Übernahme ganzer Systeme mit der Technologie künstlicher Intelligenz, reizen die einen und erschrecken die Kritiker: »Luigi Gambardella, Präsident der Business-Lobby EU-China [...] pries die Exportfähigkeit von Chinas besten Anwendungen aus der Digitalwirtschaft.«[29]

Dazu gehört auch Chinas Sozialkreditsystem, das einer Mischung aus privatwirtschaftlichen und polizeilichen Datenerfassungssystemen per Smartphone gestattet, ein mit Punkten bewertetes Bild eines jeden Bürgers zu entwerfen. Der gläserne Bürger also. Ein von Misstrauen geprägtes Horrorbild für jeden westlichen Datenschützer. Bei vielen Europäern schrillen die Alarmglocken, während viele Chinesen die Geschichte eher als willkommenen Wettbewerb empfinden, der

KAPITEL 3

nützlich für ein verbessertes Verhalten des Einzelnen in einer übergeordneten Gesellschaft ist.

Noch lauter wird es, wenn China Infrastrukturprojekte in Europa
startet. Typische Beispiele für Ungleichgewichte zwischen der EU
und China sind Straßenbauvorhaben. Chinesische Firmen können
sich ebenso wie europäische an den Ausschreibungen beteiligen. Dabei kommt es vor, dass chinesische Unternehmen aufgrund ihres
attraktiven Angebots eine europäische Infrastrukturausschreibung
gewinnen.
    So geschehen beispielsweise 2009 in Polen, einem zentralen Mit-
glied der 16+1-Plattform. Jeder deutsche Autofahrer kennt die A2, die
vom Ruhrgebiet nach Berlin und weiter via Frankfurt (Oder) als polnische A2 nach Warschau führt. Eine zentrale Verkehrsachse durch Mitteleuropa, die dringend der Sanierung bedarf. Polen hatte das Renovie-
rungsvorhaben öffentlich ausgeschrieben. Da sollte man zuschlagen,
dachten sich die Entscheider von China Overseas Engineering, Teil
des Konglomerats des Staatsbahnunternehmens China Railway. Mit
niedrigen Preisen und kompakten Leistungsangeboten ließ der chinesische Anbieter die polnischen Ausschreiber schwach werden. In Peking knallten vermutlich die Champagnerkorken: Man hatte das erste
chinesische Infrastrukturprojekt auf dem Boden der EU positioniert.
Von BRI, 16+1 oder sonstigen Plattformen, auf denen Chinas Strategie
der Globalisierung aufsetzt, war noch keine Rede.
    Doch die Euphorie wich schnell der Ernüchterung. 2011 beende-
te die polnische Regierung die Kooperation. »Damit endete das erste gewonnene Infrastrukturprojekt zwischen China und Osteuropa als
Flopp«,[30] kommentiert der Analyst Liu Zuokui die Unternehmung.
Weitere sollten folgen. Osteuropa, euphorisch pro BRI und 16+1 eingestellt, zeigte sich im Detail eher als Problemeuropa.

148

Doch nicht nur in Osteuropa werden Chinas Aktivitäten kritisch gesehen: Im Zusammenhang mit den Häfen entlang der maritimen Seidenstraße, die sich wie Perlen an der Kette von Chinas Ostküste über Südostasien, Südasien bis nach Piräus und weiter bis Zeebrugge aufreihen, wird es so manchem Beobachter mulmig. China sei »assertive«, heißt es. Diesen Begriff kann man mit »durchsetzungsstark« nur unzureichend in die deutsche Sprache übersetzen. Dem Wort haftet etwas Aggressives und Anmaßendes an. Manche amerikanischen und indischen BRI-Kritiker sehen China so.[31] Für sie ist dieses Land ein Rivale, den man nicht unterschätzen darf.

Über die »aggressive Durchsetzungsstärke« Gegenwartschinas wird seit Ende 2009 äußerst kontrovers diskutiert. Während die einen die vermeintliche neue Aggressivität eher als »Mythos« ansehen,[32] sind andere fest davon überzeugt, dass China mit immer stärkerer ökonomischer Dominanz entlang der maritimen Seidenstraße nicht nur am meisten gewinne, sondern das Ungleichgewicht auch militärisch verstärke. Erstere begründen den Mythos damit, dass das Land in seiner jüngeren Geschichte seit den Neunzigerjahren schon immer »aggressiv« gehandelt habe. Beispiele dafür sind Konfrontationen chinesischer U-Boote mit Japan oder US-Flugzeugträgern, Wellen stärkerer Drohung an der Taiwan-Straße, das Senkaku-/Diaoyu-Inselproblem von 2012 sowie mit Bautätigkeiten klar unterlegte Ansprüche im Südchinesischen Meer seit 2014.

Was weiter beunruhigt: Zunächst engagieren sich chinesische Geldgeber und Firmen in Infrastrukturprojekten, kaufen Hafenbeteiligungen, bauen eigene Logistiksysteme, wie in Piräus, und zeigen dann mehr oder weniger starke militärische Präsenz. Auch in Griechenland ankerten bereits chinesische Kriegsschiffe. Doch würde es China in Europa auch nur ansatzweise auf eine Konfrontation mit den USA und dem Westen ankommen lassen? Äußerst unwahrscheinlich.

KAPITEL 3

Wir reisen daher zurück in den Indischen Ozean. Im pakistanischen Gwadar und in Hambantota auf Sri Lanka ist die chinesische Marine in den neuen Partnerhäfen präsenter als früher. Auf Sri Lanka, direkt vor der indischen Südostküste, verfügen die chinesischen Investoren über einen 99-Jahres-Pachtvertrag. Nimmt man den chinesischen Marinestützpunkt in Djibouti hinzu, sieht sich der Indische Ozean in den Augen der alarmierten Inder in einen »Chinesischen Ozean« verwandelt. Tatsächlich scheint das Herzstück der maritimen Seidenstraße, der Indische Ozean, von der alten Rivalität zwischen China und Indien zu einem neuen Territorium von Ungleichgewicht und Unschärfe zu werden. Ungleichgewicht deshalb, weil China Indien militärisch mehrfach überlegen scheint. Das Verhältnis allein der U-Boote liegt bei 4:1 zugunsten der chinesischen Volksbefreiungsarmee.

Was aber sind die Absichten der chinesischen Militärpräsenz im Indischen Ozean? Erstens schützen die Schiffe die unsicheren Gewässer, die nicht frei von Piraten sind. Dies gilt für die afrikanische Küste genauso wie für die Straße von Malakka. Das Militär unterstützt den Schutz der wirtschaftlichen Unternehmungen. Eine Sicherheit, die allen an BRI beteiligten Staaten dient, nicht nur China.

Hinzu kommt eine zweite Absicht: Als wirtschaftliche Supermacht will man auch militärische Stärke zeigen. Das ist nicht ungefährlich. Eine Konfrontation mit Indien bereits im Jahr 2020, wie James Holmes sie in Foreign Policy fürchtet,[33] ließe nicht nur BRI kollabieren. Denn die Geschichte könnte und würde sich zum Endszenario eines chinesisch-amerikanischen Krieges und damit eines Weltkrieges ausweiten. Graham Allison zieht Parallelen zu dem historischen Modellfall des Peloponnesischen Krieges, den der Historiker Thukydides (460–395 v. Chr.) beschrieb. Damals forderte ein erstarkter griechischer Stadtstaat Athen die herrschende Lokalmacht Sparta zu einem Krieg heraus. Allison hält das Szenario eines

150

sino-amerikanischen Krieges aufgrund weiterer historischer Analogien für wahrscheinlich: »Tatsächlich«, so Allison, »gab es in 12 von 16 Fällen Krieg in den letzten 500 Jahren der Geschichte, immer dann, wenn die relative Stärke einer aufstrebenden Nation eine herrschende abzulösen drohte«.[34]

Allerdings erwähnt der Harvard-Politologe nicht, was seine Tabelle deutlich zeigt: Die wesentlichen Kriegstreiber waren die Europäer, welche die letzten 500 Jahre der Menschheitsgeschichte dominierten. Und: kein großer Krieg zwischen Herrschern und Aufsteigern mehr seit 1945. Dieser Sachverhalt und die Tatsache, dass der neue Aufsteiger aus Asien stammt, erhöhen die Wahrscheinlichkeit, dass Allison mit seiner Hypothese des unvermeidlichen Krieges falsch liegt. China heute ist nicht das Japan des frühen 20. Jahrhunderts. Das China unserer Tage gebärt sich trotz Aufrüstung lange nicht so militaristisch wie die alte Kriegernation Japan. Das können selbst die Inder nicht ernsthaft behaupten.

China ist fremd

Die Neuen Seidenstraßen sollen Völker verbinden. Das wünschen sich die Initiatoren in Peking. Verbindungen erzeugen Vertrautheit, im Normalfall. Das Problem ist nur: China ist und bleibt fremd, nicht nur in Europa. Fremdheit beginnt schon in China selbst, in den Randregionen wie Xinjiang und setzt sich unmittelbar hinter den chinesischen Außengrenzen fort – hinter Korgas oder Kashgar. Anders als die USA, die eine Art Schmelztiegel der Kulturen (*melting pot*) darstellen, ist China ein Vielvölkerstaat von 56 Ethnien. Eine einzige Ethnie, die Han, machen 96 Prozent der Bevölkerung aus, die übrigen 4 Prozent verteilen sich auf sogenannte nationale Minderheiten, 55 an der Zahl.

Kriege und Mächte

	Zeitraum	Dominierende Macht	Aufsteigende Macht	Krieg oder kein Krieg
1	Erste Hälfte des 16. Jahrhunderts	Frankreich	Die Habsburger	Krieg
2	16. bis 17. Jahrhundert	Die Habsburger	Osmanisches Reich	Krieg
3	17. Jahrhundert	Die Habsburger	Schweden	Krieg
4	17. Jahrhundert	Niederländische Republik	England	Krieg
5	Spätes 17. bis frühes 18. Jahrhundert	Frankreich	Großbritannien	Krieg
6	Spätes 18. bis frühes 19. Jahrhundert	Vereinigtes Königreich	Frankreich	Krieg
7	Mitte des 19. Jahrhunderts	Vereinigtes Königreich, Frankreich	Russland	Krieg
8	19. Jahrhundert	Frankreich	Deutschland	Krieg
9	Spätes 19. bis frühes 20. Jahrhundert	Russland, China	Japan	Krieg
10	Frühes 20. Jahrhundert	Vereinigtes Königreich	Vereinigte Staaten	Kein Krieg
11	Frühes 20. Jahrhundert	Russland, Vereinigtes Königreich, Frankreich	Deutschland	Krieg
12	Mitte 20. Jahrhundert	Sowjetunion, Vereinigtes Königreich, Frankreich	Deutschland	Krieg
13	Mitte 20. Jahrhundert	Vereinigte Staaten	Japan	Krieg
14	1970er- bis 1980er-Jahre	Sowjetunion	Japan	Kein Krieg
15	1940er- bis 1980er-Jahre	Vereinigte Staaten	Sowjetunion	Kein Krieg
16	1990er-Jahre bis heute	Vereinigtes Königreich, Frankreich	Deutschland	Kein Krieg

Quelle: Harvard Belfer Center for Science and International Affairs, https://www.theatlantic.com/international/archive/2015/09/united-states-china-war-thucydides-trap/406756/

SANDSTÜRME UND MONSUNWINDE

Diese wären zu vernachlässigen, doch das ist nicht so einfach. Tibet und Xinjiang sind als Krisenregionen bekannt, und die Krise ist noch lange nicht ausgestanden. Im Gegenteil: Spannungen in den Nordwestregionen, besonders in Xinjiang, dem größten Gebiet han-chinesischer Eroberungen, gehören zu unserer Gegenwart. Dank einer Kombination aus starkem wirtschaftlichen Wachstum und strikten Kontrollmechanismen wirkt Xinjiang zwar stabil, doch die Spannungen bleiben spürbar. Bei jedem Besuch in Xinjiang empfand ich es so, dass sich die kulturellen und ethnischen Unruhen zwischen den turkstämmigen Uighuren und den über die Jahrhunderte eingewanderten Han verstärkt haben. Vor allem spüre ich dies immer wieder in Urumqi, Hauptstadt von Xinjiang und ein wichtiges neues Logistikzentrum für BRI.

Wir reisen in einen namenlosen Vorort der Millionenmetropole. Auf den ersten Blick ein besseres Wohngebiet, mit großzügigeren Wohnungen, Fitnessgeräten für die Alten, Kinderspielplätzen. »Hier ist unsere Firma«, sagt F., mein Bekannter. Wir gehen durch einen kühlen Gang auf ein Apartment zu. »Sehr klein«, sagt er, »aber im Geschäft mit Kasachstan sind wir sehr erfolgreich.« Zwei angenehm eingerichtete Räume mit Kronleuchtern an den Decken, etwas Wohnliches, kontrastierend zu den kalten Betonwänden.

Plötzlich steht Z. vor uns, eine bemerkenswerte Frau. Große, braune Augen, rundliches Gesicht, offener Charakter – auf den ersten Blick ein Mensch, der für das lebt und einsteht, was er liebt. Und das meint nicht nur das Kasachstan-Geschäft, welches das kleine Team um Z. erfolgreich betreibt, sondern das meint die Liebe zum eigenen Land China und zur eigenen Kultur der Uighuren. Ihre Gefühle brechen sich Bahn. »Ich war jahrgangsbeste Absolventin der Hochschulaufnahmeprüfung in Xinjiang«, sagt sie. Sie halte es mit Konfuzius: Liebe es, zu lernen. »Ich hätte gern für mein Land China und den Staat gearbeitet, aber als Uighurin habe ich keine Chance. Mein Netzwerk in der han-chinesischen Gesellschaft reichte nicht aus – und ohne Netzwerk bist du in China nicht viel oder gar nichts.«

Von Wünschen nach einem eigenen uighurischen Staat finde ich bei Z. keine Spur. Dafür Enttäuschung über verwehrte Chancen trotz ausgezeichneter Leistungen. Diese entlädt sich in Wut, der sie mit ihrem Temperament ebenso leicht freie Bahn lässt wie der Herzlichkeit, mit der sie mich empfangen hat. »Unglücklich bin ich in China, wirklich unglücklich. Du weißt gar nicht wie – weil du ja Deutscher bist, ihr ja deutsche Pässe habt, frei reisen könnt. Wir haben keine Pässe mehr. Frei reisen ist unmöglich. Die Han dürfen, wir Uighuren nicht. Das Vertrauen ist zerstört. Wir trauen einander nicht mehr und werden uns immer fremder, wir Uighuren und Han-Chinesen.«

So geht es weiter. Z. klagt an, beschwert sich über die fehlende Rechtssicherheit in Xinjiang, stöhnt über die Unverhältnismäßigkeit der Reaktionen, mit denen der chinesische Staat in den letzten Jahren gegen Islamisten vorging: »200 Menschen opfern, festnehmen, verschwinden lassen – für einen Terroristen.« Sie sagt Terroristen und meint das auch. Attentäter sind in ihren Augen keine Helden, sondern Terroristen. Allerdings erklärt sie, warum manch ein Uighure sich so entwickelt hat: »Sie sind völlig verzweifelt, diese wenig gebildeten Menschen, glauben, es gibt keine Hoffnung mehr auf dieser Welt. Was bleibt, ist Allah – und so opfert man sich und andere, die man unschuldig mitreißt in den Tod.« Ein bekanntes Bild weltweit. Leider auch in Xinjiang, einer Kernregion neuer BRI-Projekte. Da, wo die neue Wirtschaftszone Khorgas liegt. Verzweiflung als letzte Stufe einer Ohnmacht, der sich die weniger Privilegierten eines Landes, das von sozialen Unterschieden tief zerfurcht ist, ausgesetzt fühlen. »Ich wünsche mir so sehr, dass die Regierung ein besseres Konzept findet, als uns ihre Soldaten zu senden«, sagte sie zum Abschluss unseres Treffens.

SANDSTÜRME UND MONSUNWINDE

Die Uighuren sind ein typisches und kulturell bedeutsames Volk an der Seidenstraße. Mit ihnen oder durch ihr Siedlungsgebiet sind die großen Religionen des Westens nach China gekommen: der Buddhismus, das Christentum, der Islam. Sogar persische Religionen wie der kaum bekannte Manichäismus. Ihre Geschichte ist typisch für die Seidenstraße, eine Historie der Bewegung, des Austausches und der Vielfalt – alles andere als eine Geschichte des Fundamentalismus.

Außer den Uighuren leben andere Völker in Xinjiang, mittlerweile mit eigenen Staaten in Zentralasien: Kasachen, Kirgisen, und Tadschiken. Die chinesischen Staatsbürger unter ihnen sind besser assimiliert als die Uighuren. Sie leben ähnlich wie die Han, gehen vergleichbaren Berufen nach und sind meist sesshaft geworden. Regelmäßig fahren sie über die Grenzen in die Länder der zentralasiatischen Verwandten, mit denen sie die Sprache und Essgewohnheiten teilen. Der Grenzverkehr läuft seit vielen Jahren. BRI soll ihn deutlich verstärken. Diese »Chinesen« exportieren weder die chinesische Sprache noch andere zivilisatorische Besonderheiten des Landes nach Westen. Sie sind Kasachen und sprechen mit ihren Geschäftspartnern »drüben« nur die gemeinsame Sprache, folgen den ethnischen Bräuchen. Sie machen ihre Geschäfte und kehren wieder über die Grenze zurück.

Trotz der eröffneten Konfuzius-Institute spricht kaum jemand in Almaty oder Bischkek Chinesisch. Das Russische bleibt die Verkehrssprache. Der Blick geht Richtung Moskau, genau wie die alten Eisenbahnlinien. Unter Kirgisen in Kirgistan existieren die gleichen Vorurteile über die Chinesen. Über die chinesischen Arbeiter, die mittlerweile zum Straßenbild im Lande gehören, witzelt man, »dass sie einem die Pferde und Kamele wegfressen werden«. Dieser Spruch hat eine doppelte Bedeutung: Da ist das alt bekannte Stereotyp über den allesessenden Chinesen. Hinzu kommt im übertragenen Sinne, dass die chinesischen Firmen nur mit ihren eigenen Leuten operierten. Damit

155

entstünden keine neuen Arbeitsplätze, klagen die Einheimischen. Im Gegenteil: Den Kirgisen blieben neue Chancen durch Wirtschaftswachstum verwehrt.

Andere fürchten, vorsichtig mit den Chinesen im Lande sein zu müssen: »Wir brauchen sie für die Wirtschaft. Passt man nicht auf, dann nehmen sie uns unser Land.«[35] Land ist und war für die Völker Zentralasiens von grundlegender Bedeutung. Ihre Vorfahren, Nomaden, nahmen sich das Gebiet, das sie brauchten, notfalls mit »Gewalt«.[36] Beim Land hört der Spaß auf. Der angeeignete Besitz oder »abgesteckte Claim« wurde zum verbrieften Recht des Einzelnen, auf das sich seine heutige Auffassung von Recht und Unrecht gründet. Das unterscheidet die Völker Zentralasiens traditionell weniger von westlichen Staaten in Europa oder Amerika als von ihrem östlichen Nachbarn in China. Dort wurde das Recht auf Landbesitz immer von oben bestimmt und verwaltet. Wer als Deutscher die Jägerzäune auf der kasachischen Seite sieht, die das eigene Gebiet von dem des Nachbarn abgrenzen, fühlt sich vertraut. »Mein gutes Recht« verbindet Menschen in Kirgistan, Kasachstan und in Deutschland. Nur wenige Kilometer jenseits von China sind Kasachen und Deutsche gemeinsam weit von den Chinesen entfernt.

Bleibende Fremdheit bei zunehmender Präsenz. Das gilt auch für Südostasien. Entlang der geplanten maritimen Seidenstraße lassen chinesische Sprache und Traditionen die Vietnamesen, Indonesier, Kambodschaner, Thai oder Malayen chinesischer Abstammung unter sich bleiben. Diese sogenannten Landsleute (*huaren*) sind schon vor Generationen aus China ausgewandert. Sie pflegen Sprache, familiäre Bande, in die Moderne hinübergerettete konfuzianische Rituale. Die Landsleute sind erfolgreich in wirtschaftlichen Dingen und im Handel. Für die wirtschaftliche Entwicklung Südostasiens sind sie unerlässlich. Einige von ihnen sind erfolgreich in Verbindungen zum chinesischen Staat verstrickt. Diese können auch dubioser Natur sein: Ein Beispiel dafür war Lo Hsing Han (1935–2013), ein Drogenboss aus Myanmar mit han-chinesischen Vorfahren: Sein Imperium kontrollierte den Heroinhandel in Myanmar und unterstützte die burmanische Militärjunta, die das Land vor der Wahl Aung San Suu Kyis zur Regierungschefin im Jahr 2016 führte.[37]

Huaren sollen künftig, nach Auffassung des chinesischen Präsidenten Xi Jinping, eine wichtige Rolle als Brückenbauer zwischen China und anderen Staaten im Rahmen von BRI übernehmen. Dazu gehört vorwiegend die Aufgabe, Fremdheit zu überwinden und echten Austausch zu ermöglichen. Ob sie aus ihrer eigenen, oft isolierten Situation dieser Rolle gerecht werden können, ist allerdings äußerst fraglich. Da bedarf es wohl einer neuen Generation offenerer Einwanderer aus China.

China steht für nichts – Das muss sich ändern

»In China kann man gut Geld verdienen, aber das Land steht für nichts, es inspiriert niemanden, fungiert nicht als Vorbild oder Messlatte.« Niemand in Deutschland, so glaubt der Deutschlandfan und Amerikaner Eric T. Hansen, würde über China »in Bezug auf die eigene Politik und Gesellschaft« sagen, dass das Land im fernen Osten da schon »viel weiter sei«.[38]

Leider hat Hansen recht. Das heutige China ist als kultureller Exporteur noch ein Entwicklungsland, weder politisches noch gesellschaftliches Vorbild. Vielmehr dient das straffe Führerstaatprinzip mit den vermeintlich unmündigen Bürgern manch einem im Westen dazu, den Glauben »an die eigenen Werte, das, wofür wir stehen« nicht zu verlieren, wie mir vor Jahren eine Redakteurin des Nachrichtenmagazins *Der Spiegel* mitteilte.

Das war einmal ganz anders. Für die europäischen Eliten der Aufklärung lieferte das prosperierende, politisch stabile und ebenso straff geführte China ihrer Zeit Anregungen und Inspirationen aller Art – jenseits von Handel und Wirtschaft, die damals noch kaum Bedeutung hatten. Fürsten in Europa schmückten ihre Schlösser mit nachgeahmter, europäisierter chinesischer Architektur. Sie stolzierten über chinesische Bogenbrücken und nahmen ihren Tee in chinesischen Pavillons ein. Denker hielten das chinesische Volk für »feiner und kultivierter« als die Europäer. Leibniz pries chinesisches Verhalten, lobte die vorausschauende Weisheit des dortigen Herrschers, den er für einen »nahezu beispiellos hervorragenden Fürsten hielt«.[39] Wer in Europa würde das heute über Xi Jinping sagen? Damals schaute Europa auf zu China. Manch einer war überzeugt, dass die Chinesen, gerade in Politik und Gesellschaft, viel weiter waren als der westliche Kontinent.

Das heutige China glaubt an nichts. Junge chinesische Internetsurfer fragen sich, »warum wir Chinesen keinen Glauben haben«. Die Antwort ist simpel: Weil sich ihnen in ihrer Geschichte die Frage nicht wirklich gestellt hat. Chinesen waren in ihrer langen Historie viel zu sehr mit dem Leben selbst beschäftigt. Man nahm den Menschen, wie er war, und kümmerte sich mehr darum, zwischenmenschliche Beziehungen, von der Familie bis zum Staat, zu regeln und möglichst in friedliche Harmonie miteinander zu bringen. Als die Chinesen eines Tages im 19. Jahrhundert merkten, dass das nicht mehr reichte, weil die Europäer ihnen mit Kanonen zeigten, woran sie fortan zu glauben hatten, entdeckten sie die Lösung: die westliche Wissenschaft, *kexue*. Mit dieser entwickelt China im 21. Jahrhundert die eigene Erfolgsstory.

SANDSTÜRME UND MONSUNWINDE

Natürlich ist auch das Reich der Mitte nicht frei von Religion. Götter gab es aus lebenspraktischen Gründen, einen tieferen Sinn des Daseins stiftende Religionen wurden mangels Eigenentwicklung importiert und dann mit dem eigenen Götterglauben vermischt. So füllte erst der Buddhismus, später der Islam und heute besonders das Christentum chinesische Glaubenslücken. Große Religionen und ihre Werte sind allesamt Westimporte.

Vieles, woran der Westen glaubt, kannte die klassische Kultur Chinas nicht: »weder die Idee der Transzendenz noch die Idee des Guten an sich oder den engen Eigentumsbegriff«.[40] »Wie kann es sein, dass Chinesen sich mit 70 Jahren Wohnrecht zufriedengeben und für Wohnungen Millionen von Euro bezahlen?«, fragen meine deutschen Studenten in jedem Semester. So viel Geld für etwas ausgeben, dass nur 70 Jahre lang Eigentum ist?

Vom Christentum bis zu Liberalismus und Demokratie ist die Exportgeschichte westlicher Glaubensbekenntnisse nach Osten sehr lang. China weist eine stark negative Handelsbilanz in Bezug auf Glaubenswerte auf. Kulturelle Exportschwäche steht im Kontrast zu seiner wirtschaftlichen Stärke. Systeme wie Religionen, die auf Glauben basieren, werden seit Jahren wieder verstärkt importiert: »Das evidente Wachstum von Religionen aller Art in China (wo die große Mehrheit aller nichtreligiösen Menschen heute lebt) zeigt an, dass die religiöse Zukunft der Welt sich lohnt zu studieren«,[41] frohlocken Beobachter religiösen Wachstums weltweit. Trotz einer autoritären Regierung nimmt China aktuell mehr Werte aus dem Westen auf, als dass es seine Werte in die Welt zu senden scheint.

Die Amerikaner haben als treue Christen ihr eigenes Glaubensbekenntnis: *The American's Creed*. Dieses formulierte bereits der frühe US-Präsident Thomas Jefferson (1743–1826), und es enthält zentrale, uns vertraute Werte: »Freiheit, Gleichheit, Individualismus,

159

Populismus und laissez-faire.«[42] Der Creed lautet in der Version »Glaubensbekenntnis eines Amerikaners« von William Tyler Page:

»Ich glaube an die Vereinigten Staaten von Amerika als eine Regierung seiner Menschen, von den Menschen, für die Menschen. Seine Macht kommt von denen, die regiert werden; eine Demokratie in Form einer Republik, eine unabhängige Nation vieler unabhängiger Staaten; eine perfekte Union, einig und untrennbar; erbaut auf jenen Prinzipien von Freiheit, Gleichheit, Gerechtigkeit und Menschlichkeit, für welche die amerikanischen Patrioten ihr Leben und ihr Schicksal opferten.«[43]

Eine Nation, die so an sich glaubt, kann andere mit ihrem Glauben begeistern. Sie missioniert, zieht in die Welt, verkündet die frohe Botschaft von Freiheit und Demokratie überall. Wer möchte nicht frei sein? Mit der amerikanischen Freiheit vermochten die Menschen in den letzten drei Jahrhunderten viel anzufangen. Frei entscheiden, wo und wie man sich niederlässt, offene Chancen, aus sich selbst etwas zu machen und vieles mehr. Frei, sich so zu entfalten, wie man will und dann noch Rechte zu haben, die diese Freiheit schützen sollen. Ein Lifestyle der Freiheit ist entstanden. Dafür steht Amerika – und damit hat Amerika trotz seiner gescholtenen »Kulturlosigkeit« Milliarden von Menschen auf der Welt enorm beeinflusst. Viele Deutsche kritisieren Amerika wegen der fatalen Globalpolitik eines Donald Trump oder lassen sich darüber aus, wie sehr die USA ihren eigenen Glauben immer wieder in anderen Teilen der Welt mit Füßen treten. Doch Karrieren in Kalifornien oder Florida scheinen nach wie vor höchst verlockend.

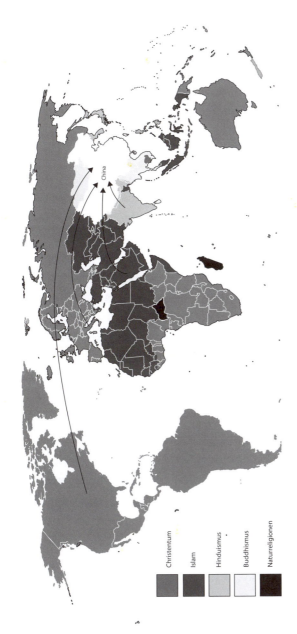

Abbildung 7: China, umgeben von Glauben. Das Land importiert Religionen und Glaubenswerte – es exportiert sie nicht. Es handelt sich um eine stark verkürzte Darstellung der Weltreligionen und ihrer Ausbreitung. Es wurde keine Unterscheidung zwischen katholischem, protestantischem und orthodoxem Christentum vorgenommen, ebenso nicht zwischen schiitischem und sunnitischem Islam, auch nicht zwischen den verschiedenen Ausprägungen des Buddhismus.

Springen wir über den Pazifik nach Westen bis nach Japan: Chinas Nachbar ist voller buddhistischer Tempel und voller Shinto-Schreine, die starke Anziehungskraft auf Einheimische und Touristen ausüben. Auch wenn Japans Metropolen ähnlich uniform aussehen, wie Städte in China einander gleichen, so pflegt ihre Bevölkerung doch ihren Buddhismus und die inseleigene Götter- und Geisterreligion so, dass man sofort fühlt, auf genuine Kultur zu treffen.

Japan ist kein Glaubensexporteur. Zudem leidet es am Verlust seiner einstigen wirtschaftlichen Dynamik und fortgeschrittenen Überalterung. Im Vergleich zum vitalen China wirkt dieses Land manchmal wie ein Greis. Doch der Greis ist charmant, sanft und äußerst lebendig. Versehen mit einer enorm jungen, attraktiven Kultur, infiltriert er den Westen – von China nach Amerika und Europa. Japanische Mangas, Animé, Hello Kitty, Cosplay, einst der Walkman, bis Apple auf die Idee mit dem iPod kam. Toyota, Honda, Nissan, Mitsubishi, Wabi Sabi, Bonsai, Japan-Style und selbst die japanische Flagge. Wow! *Omoshiroi* – interessant! Es ist beeindruckend, was Japan dem Westen an Lifestyle beschert hat.

Viele Vorbilder für Stil, Ästhetik und Tee kamen aus China, doch die Welt verbindet Japan damit. 2013 wurde japanisches Essen zum Weltkulturerbe – China schlug sich von einem Lebensmittelskandal zum nächsten. Kommen junge Chinesen mit Bildung nach Kyoto, staunen sie über die Präsenz chinesischer Dichtung in den Gärten der Stadt, fragen beschämt: Warum muss ich nach Japan kommen, um unsere eigene Kultur zu entdecken? Japan konzentriert Schönheit und Anziehungskraft ostasiatischer Kultur auf sich.

China möchte an seiner kulturellen Exportschwäche etwas ändern. 134 Konfuzius-Institute haben entlang der Neuen Seidenstraßen eröffnet, um Chinesisches in die Welt zu bringen. Das klingt beeindruckend. Da wird fleißig kalligrafiert, mit Tusche gemalt oder man inszeniert chinesische Opernarien in klassischen Kostümen. Hauptziel der Kulturverbreiter ist, die Sprache zu lehren. Diese ist wichtig, damit der Handel mit den BRI-Staaten reibungsloser abläuft. 2015 gründete sich als weitere kulturelle Initiative von BRI die UASR, abgekürzt für »University Alliance of the Silk Road«. An dieser Allianz waren 2017 135 Universitäten in 36 Staaten und Regionen weltweit beteiligt.[44] Das Hauptziel: wissenschaftlicher und juristischer Austausch. Das stützt die Neuen Seidenstraßen als globale Wirtschaftsprojekte mehr, als dass es chinesische Kultur aktiv in die Welt bringt.

Doch Chinas kulturelle Reize spiegeln sich nicht in Konfuzius-Instituten und Universitätsallianzen wider. Sie liegen in seiner langen Geschichte verborgen, die durch die vielen Brüche und Revolutionen des 20. Jahrhunderts und zuletzt durch das Megawachstum der Reform- und Öffnungsperiode vielen Menschen fremd geworden sind. Lebendig werden sie erst, wenn die Menschheit sie wiederentdeckt und für unsere Zeit »sexy« macht.

China hat im Laufe seiner Kulturgeschichte keine besonderen Religionen wie der Westen, dafür faszinierende Wege für das Leben, *dao* genannt, geschaffen. Die beiden Hauptwege sind Konfuzianismus (*rujia*) und Taoismus (*daojia*). Im Zentrum steht der Mensch, sein Verhältnis zur Natur sowie der Mensch als Teil derselben: Wie alle Dinge entspringt der Homo sapiens der ewigen Dynamik der Natur. Diese ist ein gigantischer Motor aus Widersprüchen und Wandlungen, die der Welt Antriebskraft verleihen. Das System kennt kein allgemeingültiges oder ewiges Prinzip. Das einzig Ewige an ihm sind die ständigen Veränderungen. So lehrt der Taoismus eine Geisteshaltung, die wirklich »made in China« ist.

Der Mensch ist in dieses System hineingeworfen und hat mit ihm klarzukommen. Er hat nichts als sein Leben, und das muss er organisieren. Dafür haben Konfuzius, seine Schüler und alle, die sein System erweiterten und fortführten, ein komplexes Geflecht aus Verhaltensritualen, Beziehungsvorschriften, Lerninhalten und vielem mehr entwickelt.

Bei so viel kultureller Auseinandersetzung mit der Materie passte neben dem neuen Weg der Wissenschaft auch der Materialismus gut zum modernen China. Gekleidet in ein Gewand als Sozialismus »chinesischer Prägung« (Deng Xiaoping), beglückt der Materialismus mit Alibaba, Taobao, JD und Co. die Menschen bis heute. Auch der Kollektivismus im kommunistischen Denken war für die Moderne gut zu gebrauchen: Das Ganze war in China schon immer dem Einzelnen übergeordnet. Das Übergeordnete ist ein Prinzip, zu dem der Mensch unteilbar gehört. Im Ganzen hat er seinen Platz, und damit muss er sich arrangieren. Ein Aufbegehren dagegen wäre Energieverschwendung.

Teil eines Ganzen zu sein, heißt heute nicht mehr Besitzlosigkeit, wie noch zu Maos Zeiten. Dieser Zustand konnte sich nicht halten, passte einfach nicht zur uralten Tradition des Materiellen in China. Jeder kann, soll und darf heute wieder so viel erwirtschaften, wie er zusammenbekommt, solange er damit nicht die Funktion der Natur und ihr Gleichgewicht zerstört. Genau an dieser kritischen Linie sind wir angelangt, und das weiß auch Chinas Regierung. Umweltschutz ist und muss daher auch künftig ein Markenzeichen chinesischer Entwicklung sein, die nicht an den Liberalismus, dafür aber an das Wechselspiel von Gesetzmäßigkeiten, wie in der alten Lehre des Tao formuliert, glaubt.

Wenn BRI mehr sein will als ein Konzept aus Infrastruktur, Außenhandel und außenpolitischem Austausch, gehören solche Werte dringend dazu. In der Begegnung mit ihnen kann es durchaus viele interessante Entdeckungen geben. Einige davon beschreibt ein chinaerfahrener Internetnutzer im Vergleich zum Leben in den USA, seinem Heimatland. Für ihn steht China für:[45]

SANDSTÜRME UND MONSUNWINDE

- Eine Kultur, die harte Arbeit und Fleiß kennt, welche die Bedeutung der Bildung betont.
- Einen atheistischen Staat [ohne Glaubensbekenntnis, M. H.], der Wissenschaft über Aberglaube und Religion stellt.
- Wirkliche Familienwerte: eine Kultur, die Familien unterstützt. Man kann Babys überall mit hinnehmen, und keiner wird seltsam gucken, wenn beispielsweise ein Baby schreit.
- Eine Gesellschaft, die den Klimawandel anerkennt und Umweltprobleme auf den höchsten Ebenen der Regierung zugibt.
- Aktive staatliche Unterstützung für neue und erneuerbare Energien.
- Funktionierende und effiziente Verkehrsnetze, vom ärmsten Kaff bis in die Metropolen.
- Die öffentliche Sicherheit.
- Die Vielfalt des Essens.

Das ist doch immerhin mehr als nichts. Diese Dinge haben bei genauerem Nachdenken viel mit dem Erbe der alten chinesischen Kultur zu tun, die heute wiederentdeckt wird und mit der Moderne amalgamiert werden will. Mittels chinesischer Wege deuten sich Lösungen an für wichtige Lebensbereiche, die in den USA oder in Europa nicht oder nicht mehr wirklich funktionieren.

China steht weder für den Glauben an den Liberalismus, wie die USA, oder schicke Lifestyle-Produkte, Innovationsgeist und Ästhetik, wie Japan. Doch es vermag etwas Neues und erkennbar Eigenes zu schaffen. Chinesische Produkte, die mit Lifestyle oder auch der Ästhetik des Lebens zu tun haben, wie mein Suzhouer Freund Ye Fang es gern nennt, werden immer besser. Sie sind mehr als Handelsware, denn sie enthalten Bezüge zu den oben skizzierten Wegen klassischer chinesischer Kultur. Tee-Ästhetik, Kleidung designed in China,

165

KAPITEL 3

Konsumgüter aller Art, die einen Red-Dot-Designerpreis nach dem nächsten abräumen. China-Style ist noch diffus, doch er nimmt bereits schärfere Konturen an. Dieses Land beginnt für etwas zu stehen, das mehr sein kann als Handel und Wirtschaft. China-Style ist bereits BRI 2.0. Das ist die Zukunft. Nach so viel Gegenwinden aus dem Westen kreist das folgende Kapitel um die Fragen: Warum ist es bei uns in Europa so windstill? Was haben wir falsch gemacht, dass das eigene Schiff nicht recht vorankommt?

KAPITEL 4
WESTWINDFLAUTE

Sinkende Sterne

Die Aufgabe hier in Shanghai war einfach: Die Studentinnen sollten aufzeichnen, was Deutschen an China, und was Chinesen an Deutschland gefallen könnte. Zwei Gruppen, zwei Fragestellungen. Die eine Gruppe hatte die linke Seite der Tafel mit Vorschlägen zu füllen, die andere die rechte. Links die Ideen für die Deutschen, rechts diejenigen für die Chinesen. Während rechts nur mühsam einzelne Begriffe auf die Tafel gelangten, reichte den eifrigen Schreiberinnen auf der linken Seite kaum der Platz aus, um zu notieren, was den Deutschen alles an China gefallen könnte. Zur Rechten erschienen Auto, Geschirr (gemeint sind Töpfe und Pfannen »made in Europe«, am liebsten deutscher und französischer Hersteller), Fußball, Bier, Bosch und Leica-Kameras, schließlich Philosophie, Sozialversicherung, Sportmarken, Landschaften und Zeitpläne. Die meisten davon Klassiker: Klischees beliebter deutscher Produkte, von Autos über Bier zur Sozialversicherung.

Dann der Blick zur Linken. Hier las ich fast doppelt so viele Begriffe wie rechts: Apps zum Fotografieren mit dem Smartphone,

Gemeinschaftsfahrräder, Einkaufen im Internet samt Lieferservice, keine Termine oder lange Wartezeiten beim Arzt, Freizeitaktivitäten, von Karaoke bis Game Center, Zahlung per Mobiltelefon, Hochgeschwindigkeitszüge, längere Öffnungszeiten der Supermärkte (vor allem an Sonntagen) und nicht zu vergessen die kostenfreien Toiletten. Bessere Serviceangebote, hochmoderne Verkehrssysteme und natürlich Smartphone-Anwendungen sollten die Deutschen von den Chinesen übernehmen. Garniert wurde das Ganze mit leckerem Essen und Pandas. Die jungen Studentinnen zeichneten ein klares Bild: China steht für IT-Moderne, effiziente Verkehrsinfrastruktur und eine Fülle von Dienstleistungen, während Deutschland nur noch mit seinen Autos und erbaulichen Vorzügen wie Philosophie und Landschaften punkten kann.

Ortswechsel an das andere Ende der Seidenstraße: Wir sind unterwegs auf einer deutschen Autobahn. Ich fahre, Wang und Xu sitzen im Fond des Wagens. Beide sind Geschäftsführer aufstrebender mittelständischer Betriebe aus China und auf der Suche nach einem deutschen Partnerunternehmen, mit dem sie gemeinsam die Herausforderungen der Zukunft meistern können, vor allem den Bereich E-Mobilität. Xu sieht große Potenziale in Chinas BRI-Konzept. Sein Plan: Den gesamten Iran mit E-Lastwagen »made in China« beliefern. Der Markt sei da, die Verbindungen auch, was allein fehle, sei deutsche Präzisionstechnologie für Kupplungs- und Lenksysteme sowie die gute deutsche Logistik. Man könne deutschen Mittelständlern aussichtsreiche Kooperationsperspektiven anbieten. Sanktionen gegen den Iran? Kein Problem. Wofür gibt es BRI und China als neuen Hub nach Zentralasien? Sanktionen kann man umgehen und lieferbar ist alles via Schiene. »Dusibao – Duisburg«, sagt Xu – nur ein einziges Wort.

Wir fahren weiter auf der A2 Richtung Ruhrgebiet, vor uns eine Baustelle, die dritte in Folge. Die Spur verengt sich in typischer Weise.

Der Mercedes holpert über die Platten der alten Autobahn. Wang bricht sein Schweigen: »Als ich vor 15 Jahren nach Deutschland kam, war ich begeistert von der Fortschrittlichkeit des Landes – im Vergleich zu China. Ich glaubte, überall rasen die Deutschen mit ihren tollen Autos mit Tempo 200 über perfekt gebaute Autobahnen. Doch was sehe ich jetzt: kaputte Straßen, endlose Baustellen. Mir fällt dazu nur ein Wort ein: *luohou* – rückständig.«

Luohou. Dieses Wort hörte ich in den Neunzigerjahren fast täglich in China. Reiste ich durch das Land und kam abends nach 12, 13 Stunden Fahrt gerade einmal 300 Kilometer weiter an meinem Zielort im Irgendwo an, begrüßten mich Einheimische mit ungläubigem Staunen und zuweilen mit abweisendem Gesichtsausdruck: »Was treibt dich zu uns, aus deinem entwickelten Deutschland? Willst du dich über uns lustig machen? Wir sind *luohou* – wir sind rückständig.« Klingt fast wie ein Witz heute. Das Wort *luohou* schien aus dem chinesischen Wortschatz verschwunden, bis es in Deutschland wiedergeboren wurde – unterwegs mit Wang und Xu auf dem einstigen Exportschlager der Republik: der Autobahn. Deutschland gilt als wirtschaftlicher Führer Europas. Wenn das Topland der Europäischen Union schon rückständig ist, was soll man dann über den Rest Europas sagen?

Wir nähern uns Duisburg und verlassen die von Baustellen zersetzte Autobahn. Duisburg-Rheinhausen ist erreicht. Hier sollen die China-Züge ankommen. Neben uns alte Gleise, auf denen Container aus China mit der Aufschrift »Yangming« zu sehen sind. Das ist im Grunde alles, was auf BRI und die Zukunft chinesisch-deutschen Handels hinweist. Sonst typisches Ruhrgebietsgrau. Neu gebaut wurde hier schon lange nichts mehr. Der Bahnhof wie vor 20 Jahren, provinziell. Wang kommentiert das Ganze: »Warum bauen die hier noch keine Hochgeschwindigkeitsbahn mit einem schönen neuen Bahnhof dazu? Das hier ist doch Schrott, alles rostig, dazu ist noch alles schmutzig.«

Er deutet auf die grauen Wände mit den Graffitis gegenüber. Duisburg, Deutschlands Tor nach China, glorioser Endpunkt der Seidenstraße. Im Hintergrund rostige Hochofentürme und Stahlwerkrohre. Schrott in den Augen der potenziellen Investoren.

Eine EU-Flagge auf einem Schild, das kaum begonnene Bauarbeiten ankündigt, kontrastiert mit den Graffiti-Mauern nebenan. Die zwölf Sterne auf blauem Grund. Als der Europarat Ende 1955 in Paris beschloss, die Fahne als Symbol für das neue, befriedete Europa zu nehmen, war man stolz auf ihre Symbolik. Das Banner für eine strahlende, gemeinsame Zukunft: »Gegen den blauen Himmel der westlichen Welt, repräsentieren die Sterne die Völker Europas in einem Kreis. Das ist das Symbol der Einigkeit. Ihre Zahl soll fest auf zwölf festgesetzt werden. Das ist das Symbol für Vollständigkeit und Perfektion.«[1]

Klingt erneut wie ein Witz. Die Flagge war eine Vision, vielleicht die erste und letzte, die Europa hatte. Den Kontrast dazu bildet die zersplitterte EU des 21. Jahrhunderts. Die Europäer werden immer »kleiner«, wie Jochen Bittner in seiner *Zeit*-Kolumne zur Neuen Seidenstraße schreibt, und in welcher der Kolumnist sich verwundert die Augen reibt, dass dieses China nun wieder so groß – oder größer denn je – auf der Welt ist. Ja, die Europäer hadern, wenn es ihnen gelingt, aus der Kleinheit ihrer tagtäglichen Dauerbeschäftigung mit Flüchtlingsthemen und Ähnlichem einen größeren Blick auf die Welt zu riskieren. Und hilflos klagt manch ein Europäer an, so wie Herr Bittner in seiner Kolumne, wenn er von China als einem »ruchlosen Handelsriesen« spricht, der im Begriff sei, Europa zu »deklassieren«.[2] Darin schwingt der Anspruch auf den gewohnten Erfolg mit, der nun auszubleiben droht. Das käme einem Daueranspruch der deutschen Fußballnationalmannschaft auf den WM-Titel gleich. Man hat sich eben daran gewöhnt, immer an der Spitze zu spielen und nicht gemerkt, dass andere mittlerweile viel besser geworden sind. Deutschland und die WM in Russland 2018 als Gleichnis für das Verhältnis der »alten« EU zum »neuen« China. Selbstherrlichkeit, Behäbigkeit, Visionslosigkeit, moralisches Überlegenheitsgefühl und, und, und. Wie nehmen die ambitionierten Chinesen dieses Europa wahr?

»Wer von außen auf eine Sache schaut, sieht klarer«,[3] lautet eine viel zitierte chinesische Redewendung. Für chinesische Europaexperten, wie Liu Zuokui von der Chinesischen Akademie der Sozialwissenschaften, einem jungen und ambitionierten Osteuropakenner, ist die EU eine konzentrierte Problemansammlung: »Die EU steckt in einer Serie von Krisen, die es schwer machen, sich mit der Belt-and-Road-Initiative Chinas wirklich zu beschäftigen. Vor dem Hintergrund von Flüchtlingskrise, Brexit, der Ukraine-Krise und dem Populismus [...] besteht die Hauptaufgabe für die EU darin, sich mit dem Problem fehlender innerer Kohäsion zu beschäftigen und die Union davor zu bewahren, auseinanderzubrechen [...]. Es ist schwer für die EU, zu jenen Sternstunden einer vereinten und starken Union zurückzufinden, und ihre Einflüsse in der Welt werden schwächer und schwächer. Für jene, die in Europa an der Macht sind, ist es ein Hauptanliegen, die EU zu retten und ihren fortgesetzten Niedergang aufzuhalten.«

So schreibt Liu Zuokui.[4] Er ist kein Einzelfall. China hat die Europäer als Mitgestalter von BRI eingeladen. Bei aller Kritik an möglichen chinesischen Versuchen, die Europäische Union durch Instrumente ihrer BRI- oder 16+1-Politik weiter zu unterlaufen, sollte eines klar sein: Am Niedergang der Europäischen Union sind nicht die Chinesen und ihre BRI-Politik schuld, sondern einzig und allein die Europäer selbst. Die Risse und Mauern, die sich durch die Union ziehen und sich entlang ihrer Außengrenzen gebildet haben, sind Folgen des europäischen Verhaltens. Wer hier China oder andere

Mächte am Werke sehen möchte, die entscheidend dazu beitrügen, dass das wunderschöne gemeinsame Haus Europa aufgrund geheimer chinesischer Abrissarbeiten zusammenkracht, scheint mir doch zu sehr ein Fan beliebter Verschwörungstheorien zu sein. Abreißen können Chinesen wo nötig radikal, aber Europa würden sie doch gern stehen lassen.

Europäer haben viel über »ihre EU« geschrieben und kritisch darüber diskutiert. Deutsche Intellektuelle wie Hans-Magnus Enzensberger oder Henryk M. Broder gehören dazu. Auch Ding Yuanhong, in den Neunzigerjahren Vorsitzender der chinesischen EU-Gesandtschaft in Brüssel, ist der Meinung, Europa sei selbst schuld an der Misere. Die Europäische Union sei eine Struktur, ihrem »Geiste nach uneinig« und voll von »zersplitterten, an sich selbst denkenden Völkern«. Die Gemeinschaft mache eine wirkliche Existenzkrise durch, die »absolut selbstverschuldet« sei.[5]

Das erste Problem sieht der Ex-Botschafter darin, dass die Europäische Union als »Vereinigte Staaten von Europa« mehr sein möchte, als sie sich selbst zuerkenne. Das Merkmal notorischer Uneinigkeit lasse nicht den wirklichen Willen erkennen, sich politisch vereinigen zu wollen. Selbst glühend von der europäischen Idee überzeugte Zeitgenossen, die davon ausgingen, dass die Vereinigten Staaten von Europa über kurz oder lang »so oder so zustande kommen«,[6] dürften angesichts der massiven Probleme skeptisch sein. Ding sieht die Uneinigkeit auch und gerade in der Währungsunion, die ebenfalls deutliche Merkmale des Niedergangs aufzeige: »Zuerst war es die Klassifizierung in Euro- und Nicht-Euro-Länder, die aber trotzdem EU-Mitglieder sind. Nach der Finanzkrise von 2008/2009 wurde sehr deutlich wahrgenommen, wie sich die Union in eine zweigeteilte Welt aus mächtigen Gläubigerländern im Norden und abhängigen Schuldnern im Süden aufspaltete.«[7]

Chinesen kennen den harten globalen Wettbewerb, dessen Hauptakteur sie selbst sind. Sie fragen sich, wie eine so entscheidungsschwache Institution wie die Europäische Union jemals den immer schärferen internationalen Winden des Wettbewerbs standhalten soll. Mangelnde Führungsstärke und Unfähigkeit zur wirklichen Vereinigung läge im Wesentlichen auch an den Mentoren europäischer Einigkeit. Das seien eindeutig Deutschland und Frankreich. Doch beide hätten ein schwerwiegendes Problem miteinander. Im Grunde habe nur Deutschland als ökonomisch stärkstes Land der EU die Fähigkeit zu führen, doch dagegen hätten nicht zuletzt die Franzosen etwas. Zum einen wittert man nicht zu Unrecht historische Gründe, zum anderen aber zeige gerade Deutschland in den letzten Jahren alles andere als verlässliche, klar erkennbare Verhaltensweisen auf dem europäischen Parkett. Manch ein chinesischer Deutschlandfan – und davon gibt es einige – rieb sich immer wieder verwundert die Augen, als er im Zuge der europäischen Flüchtlingskrise der Jahre 2014 bis 2016 Deutschland zuerst im Alleingang die Grenzen öffnen und dann wieder schließen sah, als selbst seine politische Elite merkte, dass man da etwas losgetreten hatte, das nicht leicht wieder zu befestigen war.

Die früher bewunderte europäische Führungsnation, die Chinesen in wirtschaftlicher und technologischer Hinsicht als Partner überaus schätzen, ruft bei manchem politischen Beobachter aus dem Reich der Mitte nur noch verächtliches Mundwinkelzucken hervor. Wie kann man als Führungsnation nur so unverantwortlich handeln? Ein weiser Herrscher muss sein gesamtes Staatsgebilde überblicken und mit eindeutigen Prinzipien regieren. Ding Yuanhong hat ein schöne, chinesische Metapher für die EU gefunden: »Sie ist wie ein Rudel Drachen ohne Kopf.«[8] Und solche Drachen gelten als nutzlos.

Die Führungsrolle wolle keiner von ihnen übernehmen, aber für eine gleichberechtigte Führungsgewalt aller Staaten der EU seien die politischen Schwergewichte wie Deutschland und Frankreich – und vor Kurzem auch noch Großbritannien – ebenfalls nicht zu haben. Aus politisch-kulturellen Gründen steht China den neu beigetretenen mittel- und osteuropäischen Staaten näher. Daher gründete man die 16+1-Plattform mit China und 16 mittel- und osteuropäischen Staaten zum Unmut der Union.

Ein Punkt der chinesischen Kritik an der EU ist auch, dass man die Bürger der ehemals sozialistischen Staaten Mittel- und Osteuropas als »Bürger zweiter Klasse« behandle. Da kommt ein wenig der Geist zum Vorschein, den ich vor vielen Jahren auch spürte, als chinesische Germanisten im Rahmen einer Shanghaier Tagung den sozialkritischen Schriftsteller Heinrich Böll gegen die eher abfällige Meinung einiger deutscher Kollegen verteidigten. Den offensichtlichen kulturellen und ideologischen Graben, der nach so langer Zugehörigkeit zum sozialistischen Block noch existieren muss, kann man nicht so leicht überwinden. Nicht nur, dass man die Neuen lange zappeln ließ und unter ständiger Beobachtung hatte. Sie mussten auch mühsam ihre nationalen Gesetze an EU-Standards anpassen.

Die Europäische Union wirkt auf chinesische Beobachter wie ein schön angestrichenes, blaues Haus, das beim Näherkommen nicht nur zahlreiche Risse, sondern so viele unterschiedliche Räume in so verschiedenartigen Stilrichtungen aufweist, dass nicht vorstellbar ist, eine Familie könne dort wohnen. Eher hat man es mit einer bunt zusammengewürfelten Wohngemeinschaft zu tun, bei der fraglich ist, warum sie überhaupt zusammenwohnt. Streitereien sind an der Tagesordnung. Die ersten haben schon ihre Räume gekündigt, und der Rest streitet sich um Mietzahlungen und Begleichung von Schulden sowie natürlich über neue Mitbewohner. Ein solches Szenario ist eine

Horrorvorstellung für eine Gesellschaftskultur wie die chinesische, die dem Prinzip des »großen Gemeinsamen mit kleinen Unterschieden« (*datong xiaoyi*) folgt und einen Staat als »Familie« bezeichnet.

Europas Krisen sind hausgemacht

Ein buntes Haus voller Brüche und Risse. Diese Risse durchziehen die Staatengemeinschaft zwischen Nord und Süd. Noch stärker ausgeprägt sind sie zwischen Ost und West. Dort sind es alte Bruchlinien aus Zeiten getrennter und gegeneinander gerichteter Entwicklungen. Dieser Staatenverband ist ein Organismus, der gesund und stabil sein möchte, dabei aber so viel Unverdauliches verspeist, dass ihn ständige Wohlstandskrankheiten und Verdauungsprobleme plagen.

Die Europäische Union wackelt. Dafür sind mindestens drei Krisen verantwortlich:

- *Krise 1:* Im Zuge der fünf großen Runden der EU-Entwicklung seit den Römischen Verträgen von 1957 ist die Ungleichheit zwischen den Mitgliedern ständig gewachsen – nicht nur ökonomisch.
- *Krise 2:* Der lange Arm Brüssels, Primat der Finanzwirtschaft und die Entwicklungsbremse der Regularien.
- *Krise 3:* Die wachsende politische Instabilität Europas.

Die erste Krise liegt im Prozess der europäischen Einigung und der ständigen Erweiterung des »Clubs« begründet. In den Anfangsjahren, direkt nach dem Zweiten Weltkrieg, war die europäische Sache vor allem eine deutsch-französische Angelegenheit, angestoßen von einem notorisch Zigarre auf Zigarre kauenden britischen Politiker namens

KAPITEL 4

Winston Churchill, der 1946 seine Vision der Vereinigten Staaten von Europa unter deutsch-französischer Führung formulierte. Ein pensionierter Kölner Oberbürgermeister namens Konrad Adenauer (1876–1967), ein weitsichtiger und demokratieskeptischer französischer Ökonom namens Jean Monnet (1888–1979) und sein Landsmann Robert Schuman (1886–1963) waren wichtige Konstrukteure des ersten wirklichen Zusammenschlusses in Europa.

Das Ziel war klar definiert: Künftige Kriege zwischen den alten Erzrivalen im Herzen Europas zu vermeiden. Der Weg zum Ziel? Ein ökonomischer. Kohle und Stahl sollten zollfrei zwischen sechs Mitgliedsstaaten gehandelt werden – eine enorme Entlastung von Importen aus anderen Ländern und gleichzeitiger Zugang zu zwei Rohstoffen, die wesentlich die beiden Weltkriegskatastrophen des 20. Jahrhunderts mit ermöglicht hatten. Stabilität war das Hauptziel dieses Sechserbundes aus Frankreich, Deutschland, Italien, den Niederlanden, Belgien und Luxemburg.

Auch 1957 blieben die Sechs zusammen. Nun wagten sie, die sogenannte Montanunion durch die Verträge von Rom in eine Europäische Wirtschaftsgemeinschaft, mit erweiterten Kompetenzen und dem Ziel eines gemeinsamen Binnenmarktes, zu vergrößern: Deutschland hatte sein Wirtschaftswunder erlebt und war bereits ein wichtiges Mitglied der Sechserrunde. Diese konzentrierte sich auf einen überschaubaren Markt mit Partnern, die sich kannten und einen ähnlichen Lebensstandard aufwiesen. Die frühe Europäische Gemeinschaft wirkte homogen und fokussierte sich auf die Wirtschaft, ihr Kernanliegen, das bis heute ihr »Schicksal« ist.[9]

1973, über 20 Jahre nach der Gründung der Montanunion, kam die erste Erweiterung. Diese schien wohlüberlegt, integrierte aber mit Irland einen Kandidaten, der später zum ersten und ältesten Empfängerland der Gemeinschaft wurde. Empfängerland bedeutet, dass dieses

176

mehr von der Gemeinschaft erhält, als es selbst beisteuert. Das Irland jener Zeit war sehr arm und blieb es bis in die Achtzigerjahre. Dann erlebte die Insel einen kurzen, intensiven Boom, um danach wirtschaftlich wieder zurückzufallen. Der größte Kandidat dieser Beitrittsrunde, Großbritannien, sollte sich nach 34 Jahren Mitgliedschaft im Jahre 2017 als erster Staat entscheiden, wieder auszutreten – immerhin als drittstärkster Beitragszahler der Gemeinschaft nach den beiden Kernstaaten Deutschland und Frankreich.

Der Dritte im Bunde, Dänemark, ein wohlhabendes und lebenswertes kleines Königreich, war zwar in vielerlei Hinsicht ökonomisch als vielversprechender Kandidat prädestiniert, doch die Dänen erwiesen sich mehrfach als nicht gerade einfache Europäer. Dänemarks zaudernder Beitritt zum Schengener Abkommen im Jahr 2001 wurde von scharfen Grenzkontrollen deutscher Staatsbürger an der deutsch-dänischen Grenze getrübt. Das Festhalten an der Kronenwährung zeigt, dass auch Dänemark »EU-light« vorzieht. Der Südzipfel Skandinaviens war von Beginn an nicht der engste Gefährte des alten Sechserbundes.

Schon die erste Erweiterung um Irland, Großbritannien und Dänemark zeigte, dass die Stabilität bei einer vergrößerten Gemeinschaft schwer zu erreichen sein würde. Die Achtzigerjahre brachten die berühmte Süderweiterung der Union. Damit stellte man das Homogenitätsprinzip und die damit verbundenen wirtschaftlichen Stabilitätskriterien bereits in den Hintergrund. Die weitere Entwicklung Europas war zunehmend politisch motiviert: 1981 trat Griechenland bei, 1986 waren es Spanien und Portugal. Die drei Ex-Diktaturen sollten in den Achtzigerjahren endlich zum europäischen Traum flächendeckender Demokratien beitragen. Drei verlorene Töchter, die nun zu den Guten gehörten. Im Endergebnis traten mit den Dreien die führenden Zahlungsempfänger nach der Finanzkrise 2008/09 bei.[10] Sie sind längst Dauerschuldner innerhalb der Gemeinschaft.

KAPITEL 4

Die Sparprogramme, welche die EU Griechenland oder Spanien verordnete, führten zu Protestwahlen und Versuchen des Volkes, sich gegen diese Maßnahmen zu wehren. Dadurch stieg die Unzufriedenheit mit der Mitgliedschaft im Europaclub an. Eine echte Alternative bot sich aber nicht: Unter allen Ländern der EU, von denen der OECD Daten zur Verfügung[11] stehen, sind Portugiesen und Griechen am wenigsten mit ihrer derzeitigen Lebenssituation zufrieden. In Spanien ist der Unterschied zwischen Arm und Reich besonders groß: Die obersten 20 Prozent der Bevölkerung verdienen mehr als siebenmal so viel wie die unteren 20 Prozent. Das sind nahezu amerikanische Verhältnisse von Ungleichheit.

Der Primat der Politik war da. Der Preis dafür waren immer breitere Gräben zwischen den Mitgliedsstaaten. Wirtschaftliche Kriterien sind dehnbar und überdehnbar geworden, auch wenn nach der Erweiterung der Europäischen Gemeinschaft zur Europäischen Union 1993 die Neunzigerjahre den Beitritt stabilerer Kandidaten, wie Österreich, Schweden und Finnland, erlebten. Doch das alte Homogenitätsprinzip der Montanunion war lange dahin.

Noch beschwipst vom Rausch des vermeintlichen Endes der Geschichte und des scheinbar unaufhaltsamen Sieges des Liberalismus begann 2004 das größte und ehrgeizigste Erweiterungsprojekt der Union. Nach mehr als einem Jahrzehnt Vorbereitungszeit glaubte man die drei wichtigsten Punkte der Kopenhagener Kriterien für einen EU-Beitritt erfüllt: Die Mittel- und Osteuropäer waren nun offenbar Demokraten, die Menschenrechte schienen gewahrt, Minderheiten gab es nicht zu viele und die Marktwirtschaft war auch eingeführt. Aufwendiger war dann die Implementierung des EU-Rechts, die so manch einem polnischen oder ungarischen Rechtsgelehrten graue Haare bescherte. Man musste Hunderte von Paragrafen und Gesetzestexten an die neuen Standards angleichen.

Doch Polen, Ungarn, die Baltischen Republiken, Tschechien, die Slowakei und Slowenien schafften den Beitritt. Sie erlebten einen merklichen wirtschaftlichen Aufschwung. Trotz der unbestreitbar deutlichen Verbesserungen liegen die verfügbaren Pro-Kopf-Einkommen von Tschechien, der Slowakei, Slowenien und Polen auf portugiesischem Niveau. Ungarn, einst ein Musterland unter den Ostblockstaaten, erreicht noch nicht einmal griechisches Niveau und damit weniger als die Hälfte des deutschen Pro-Kopf-Einkommens. Sein Bruttoinlandsprodukt macht knapp ein Neuntel des reichsten EU-Landes Luxemburg aus. Kroatien, der letzte Beitrittskandidat, bietet seinen Bürgern noch weniger Einkommen.

Damit leidet die größer gewordene EU heute, rein statistisch gesehen, an einer weit größeren Ungleichheit als China, dessen ärmste Provinz ein Fünftel dessen verdient, was Beijing, die reichste, pro Kopf ihren Bürgern bietet.[12] Sollte sich die Europäische Union weiter nach Osten ausdehnen und Moldawien EU-Mitglied werden, würde ein EU-Bürger aus Luxemburg so viel verdienen wie 50 Moldawier.[13] Das Ungleichgewicht zwischen den Bundesstaaten eines Vereinten Europas wäre in diesem Science-Fiction-Szenario zehnmal größer als das zwischen den reichsten Regionen des chinesischen Ostens und den ärmsten des chinesischen Westens.

Hinzu kommt, dass BRI diesen problematischen Unterschied in China verringern soll, indem es insbesondere den westlichen Provinzen neue Wirtschaftsperspektiven bietet. Wie aber will die künftige Union ihr Wohlstandsgefälle zwischen Luxemburg, den Niederlanden oder Deutschland und Moldawien oder Albanien, einem wirklichen EU-Anwärter, schließen? Wo ist das europäische Pendant eines Wachstumsplans, der mit BRI vergleichbar wäre? Der Aufkauf moldawischer Staatsanleihen und eine erneute Ausdehnung des berühmt-berüchtigten Rettungsschirms ESM reichen sicher nicht.

Auch wenn man mit Statistik durchaus unfair spielen kann – die Zahlen haben etwas Alarmierendes. Nicht besser wird es, wenn wir von Krise 1 zu Krise 2 schauen. Ich denke an die wirtschaftliche Struktur Europas, die entsprechend dem weltweiten System des Kapitalismus im 21. Jahrhundert zu großen Teilen eher auf Einkünften aus Finanzmärkten als auf real produzierten Werten aufbaut. Eine Straße oder eine Bahntrasse, die im Rahmen von BRI entsteht, ist sicht- und benutzbar. Diese Errungenschaften haben zweifellos einen Wert, auch wenn sie finanziert werden müssen.

Doch wie steht es mit dem Wert von griechischen oder portugiesischen Staatsanleihen? Diese sind wesentlich eine Funktion der Kreditwürdigkeit dieser Staaten, und damit ist es auch Jahre nach der Finanzkrise von 2008/09 nicht zum Besten bestellt. Kaum jemand würde in griechische Staatsanleihen investieren, denn die Einstufung des Landes ist nach wie vor ausgesprochen schlecht. Auf einer Werteskala zwischen 0 und 100, herausgegeben von Trade Economics, einer umfassenden Rating-Plattform, die für alle Staaten des Globus Wirtschaftsdaten veröffentlicht,[14] erreicht Griechenland einen Wert von 10. In der Definition der Analysten kommt das einer »failed state«-Volkswirtschaft gleich, mit wenig Aussicht auf Verbesserung. Das ist das traurige Dauerresultat für das vermeintliche Geburtsland der europäischen Kultur und der Göttin Europa. Nimmt man die beiden anderen Beitrittsländer der Achtzigerjahre hinzu, dann liegt der Durchschnitt von Griechenland (10), Spanien (62) und Portugal (44) bei 39 – etwas besser als viele afrikanische Staaten, die ebenfalls im Dreißigerbereich rangieren.[15] Der massive Aufkauf südeuropäischer Staatsanleihen durch die Europäische Zentralbank um Mario Draghi hat die bedenkliche Situation des europäischen Südens nicht gelöst.

Wie auch? Impulse für neue Perspektiven Griechenlands sind rar in Europa. Allein der Druck aus Europa hat etwas genutzt. Griechenland

WESTWINDFLAUTE

musste Staatsbesitz verkaufen. Und China, eine alte Kulturnation mit einem Faible für andere alte Kulturnationen, kaufte. Piräus macht als einziges ökonomisches Projekt aus Griechenland Schlagzeilen und befeuert griechischen Ehrgeiz. Das neue Tor der maritimen Seidenstraße nach Europa entsteht. »Piräus wächst und wächst und wird den Warenverkehr in Europa verändern«, titelte kürzlich die *Zeit*.[16]

Klingt das für die Heimat des berühmten Aristoteles Sokrates Onassis (1906–1975), dem einstigen Besitzer der größten privaten Schiffsflotte der Welt, nicht vielversprechender als Rettungsschirme der EU? Wer kennt nicht den Helden Odysseus und seine berühmte Odyssee? Griechenland ist die älteste Seefahrernation Europas, und daran kann das Land mit neuer Zuversicht im 21. Jahrhundert wieder anknüpfen. Das ist etwas Substanzielles. In den Jahrzehnten nach dem EG- (EU)-Beitritt hat Griechenland immer mehr an Kraft verloren. Die griechischen Reedereien verließen nach dem Tod des großen Onassis eine nach der anderen das Land, die alten Docks und Anlagen verfielen, die Infrastruktur wurde quasi in die Ägäis versenkt. Griechenland und die EU ist leider keine Erfolgsstory für Europa. Diese Geschichte könnte Griechenland jetzt zusammen mit China schreiben.

In Europas Osten, den neuen Beitrittsländern seit 2004, spiegelt sich das Ungleichgewicht der Gemeinschaft in den Rating-Werten wider. Diese reichen von soliden 81 (Tschechien) bis zu unischeren 45 Punkten für Kroatien, dem jüngsten Beitrittskandidaten und weiter hinunter bis zu 35 Punkten für Albanien, dem Favoriten für künftige Erweiterungen.[17] Das ist gleichbedeutend mit einem hohen Risiko für Investitionen.

Die Union bleibt gelassen. Für den Fall des Falles spannt sie wieder Rettungsschirme auf. Finanziert werden diese Schirmkulturen aus Eigenmitteln der EU, des Internationalen Wirtschaftsfonds (IWF) und den Mitgliedsstaaten oder Nettozahlern, angeführt von Deutschland. Die »Schirmkultur« Europas verhöhnt zwar prinzipiell Artikel 125 des

181

Vertrags von Lissabon, der besagt, dass weder die Union noch ein Mitgliedsstaat »verpflichtet werden kann, die Schulden der Regierung eines anderen Mitgliedsstaates zu übernehmen«.[18] Doch das schert die EU-Planer nicht. Immerhin schaffen sie es, als Ganzes mit beeindruckenden 99 Punkten besser eingestuft zu werden als die USA (97) und China (80). Das hohe Rating scheint der Haftungsbereitschaft der Gemeinschaft entgegenzukommen.

Das europäische Selbstbewusstsein, hohe Risiken zu stemmen, steht im Widerspruch zur Angst, dass China mit BRI die Union zum Zusammenbruch bringen könnte. Die Angst vor dem »Drachen im Herzen Europas« beruht auf der Angst vor der eigenen Instabilität. Einer stabilen Gemeinschaft können Fremdeinflüsse nicht viel anhaben, selbst wenn diese tatsächlich nur Eigeninteressen verfolgen. China nutzt Leer- und Schwachstellen europäischer Infrastruktur für BRI, die entstanden sind, weil die Mitgliedsstaaten und die EU Wichtiges versäumt haben. Dieses Wissen um die europäische Schwäche sollte Europa provozieren, etwas zu verändern und geschlossener aufzutreten. Die Themen anzupacken, die wirklich wichtig sind, um zusammenzuwachsen. Flüchtlingspolitik allein reicht für Europas Zukunft noch lange nicht – egal ob man sich dabei einigen wird oder nicht.

Damit Europa als Einheit auch künftig eine Perspektive hat, wird Infrastruktur benötigt. Daran jedoch mangelt es nicht nur in Griechenland, sondern auch in den neuen Beitrittsländern der Gemeinschaft, wie ein Beispiel aus Ungarn und Serbien zeigt. Doch nicht nur der Primat der Finanzwirtschaft, sondern auch Brüssels Gesetzesdschungel, einschließlich seiner Untersuchungsverfahren, sind Wachstumsbremsen. Ein aktuelles Beispiel mit chinesischer Beteiligung verdeutlicht das Problem:

Serbien gehört zu den künftigen Beitrittskandidaten, und Ungarn trat im Rahmen der ersten Osterweiterungsrunde bei. Beide Staaten

WESTWINDFLAUTE

sind durch eine wichtige Bahnstrecke von Mitteleuropa in den Raum des östlichen Mittelmeeres verbunden. Die Strecke war einst Teil des legendären Orient-Expresses, der Wien mit Istanbul verknüpfte. »Express« ist in unseren Tagen eine mehr als übertriebene Beschönigung für die 350 Kilometer lange Strecke, auf der im zweiten Jahrzehnt des 21. Jahrhunderts Züge noch immer acht Stunden benötigen, um beide europäische Hauptstädte miteinander zu verbinden. Die etwa gleich lange Strecke zwischen Shanghai und Nanjing konnte zur selben Zeit mit den bereits erwähnten *Fuxing*-Expresszügen der chinesischen Eisenbahn in unter einer Stunde bewältigt werden.

Als ich 1992 als junger Mann in Nanjing studierte, schaffte ich sogar mit dem langsamsten der damaligen Züge, die noch in sowjetischem Grün an den einstigen großen Bruder erinnerten, die beinahe gleich lange Strecke in sechs Stunden. Osteuropa ist fast drei Jahrzehnte später immer noch langsamer als das damalige China. Hier sieht man deutlich die teilweise enormen Unterschiede, welche die moderne chinesische Infrastruktur von der veralteten europäischen, besonders im Osten der Union, abgrenzen.

Die Belgrad-Budapest-Strecke gehört zu den historischen Bahnlinien in Europa. Für Bahnfans ist sie ein Muss, da man darauf noch immer so reist wie vor einer Generation: gemütlich und rumpelnd unterwegs im Liege- oder Schlafwagen. Das ist mir aus früheren Jahren bekannt, und es hat seinen Reiz, wie ich von zahlreichen Langstreckenbahnfahrten in China, Asien und Europa weiß. Auch die Unterbrechungen und Überraschungen unterwegs gehören zum Reisevergnügen. Da Serbien noch kein EU-Land ist, gehört die nächtliche Störung durch EU-Grenzer zum Reiseerlebnis, bevor ungarisches Territorium erreicht wird. Grenzkontrollen, überall an den EU-Außengrenzen, können langwierig und durchaus streng sein, wie ich selbst, unterwegs von St. Petersburg nach Vilnius, erleben durfte.

183

Vor Jahren war die Strecke zwischen Belgrad und Budapest Gegenstand vieler Geschichten über Diebstähle. Die schlafenden Reisenden waren leichte Opfer meist ungarischer Diebesbanden, die mit gut bestochenen Zugbegleitern im Bunde standen. Dieses Sicherheitsrisiko ist mittlerweile verschwunden. Was fehlt, ist eine praktische Verbindung zwischen zwei europäischen Hauptstädten, die weniger romantischen Zugreisefans, sondern eher Geschäfts- und Terminreisenden zugutekommt. Diese Strecke wollten die Chinesen ab 2015 für die Regierungen in Budapest und Belgrad gestalten und planen – mit der Option, sie später zu bauen.

Infrastrukturprojekte müssen nach EU-Richtlinien für Chancengleichheit im Wettbewerb ausgeschrieben werden. Genau diese Chancengleichheit sah Brüssel aber durch die vorherigen Übereinkünfte zwischen den drei Regierungen unterlaufen. Serbien konnte die EU keine Vorschriften machen, wohl aber Ungarn. Obwohl die ungarische Seite den Chinesen versicherte, vorher die EU über das Projekt informiert zu haben und gegenüber der EU vorgab, nur Planungen durch Designer und Ingenieure gemeinsam mit den chinesischen Bahnexperten durchgeführt zu haben,[19] wurde das Projekt zunächst gestoppt. In der Zwischenzeit wurde die Finanzierung für den serbischen Teil sichergestellt. Den ungarischen Teil schrieb man nach EU-Richtlinien für Gebote aus. Am Ende gab es nur einen Bieter: ein Joint Venture aus zwei chinesischen Firmen und einer ungarischen. Das war suspekt. Brüssel witterte Absprachen zwischen den Chinesen und den Ungarn und stoppte die Umsetzung erneut.

Die Kompetenzen, die Brüssel für sich in Anspruch nimmt, mischen sich weit in nationale Angelegenheiten ein. Das ist nicht unumstritten. Hans-Magnus Enzensberger zitiert Roman Herzog, der ein scharfer EU-Kritiker war: »Die EU darf nur dann aktiv werden, wenn ein Problem sachgerecht nicht auf nationaler, nur auf europäischer

Ebene gelöst werden kann.«[20] Eine knifflige Frage im beschriebenen Fall: Im Grunde hatte die ungarische Regierung alle Probleme gelöst. Serbien fällt bislang noch nicht in den Kompetenzbereich Europa, weil es noch kein Mitgliedsland der EU ist. Trotzdem wurde das Bauprojekt zwischen beiden Staaten gestoppt. Die Infrastruktur, die in Europa nicht oder zu langsam von der EU gebaut wird, wird von einem äußerst flinken Bau komplexer Gesetzesstrukturen durch nimmermüde europäische Juristen ersetzt.

China will als Investor im Spiel bleiben, musste bisher aber viel Lehrgeld zahlen: Die EU ist ein harter Brocken voller Richtlinien und Gesetze, die es nicht leicht machen, Infrastrukturprojekte umzusetzen. Doch in gewohnter chinesischer Art will man schnell lernen und sich verbessern: »Für die Gegenwart ist es wichtig, dass wir uns den Regularien und Untersuchungen seitens der EU stellen und sofort Lösungen finden.«[21] Diese Entschlossenheit sollte die Europäer aufhorchen lassen.

Eine dritte Krise, die Europa befallen hat, betrifft im Grunde die gesamte politische Welt. Donald Trumps Wahl zum US-Präsidenten ließ sie genauso hervortreten wie das Erstarken nationaler Stimmen in den Mutterländern der Demokratie. Damit sind Frankreich, mit dem Front National der Le-Pen-Familie, und Großbritannien, mit der Anti-EU- und Unabhängigkeitspartei UKIP um den einstigen Frontmann Nigel Farage, gemeint. In Großbritannien hat nationale Stimmungsmache gegen die EU wesentlich zum Brexit beigetragen. Eigene wirtschaftspolitische Fehler, die geringe Produktion und die Abhängigkeit von den Finanzmärkten Londons konnte man gut der EU anlasten.

Die EU ist politisch ebenfalls höchst instabil, und die Deutschen dürfen sich glücklich schätzen, mit Angela Merkel die Frau ihres Vertrauens immer wieder wählen zu können. Diese Entscheidung ist bereits zu einem deutschen Ritual geworden. Aller Kritik zum Trotz ist und bleibt der Deutsche einer der allerkonservativsten Europäer. Vielleicht ist das am Ende ein Glück für die Gemeinschaft.

Diese erlebt in den letzten Jahren Turbulenzen, wie es sie seit Ende des Zweiten Weltkriegs nicht mehr gegeben hat. Ein Sturm der politischen Meinungsschwankungen, mit Tendenzen zu radikalen Positionen, färbt seit einigen Jahren den blauen Europahimmel grau. Was in China der Industriesmog vermag, gelingt in Europa dem Wähler. Politsmog hängt über der Gemeinschaft. Politsmog hat im Unterschied zu den bleiernen Abgasen der Industrie, die im Winter über den Metropolen Chinas hängen, oft wirbelsturmartige Effekte. Er äußert sich darin, dass zunehmend Interessenparteien gewählt werden, von denen sich einige zu großen Protestparteien gegen das Politestablishment in manch einem EU-Land entwickelt haben.

Das berühmteste Beispiel trifft das Mutterland der politischen Bürgerrevolution sowie Europas Frankreich. Der Front National, eindeutig eine Anti-Europa-Partei, hat sich von einer belächelten Splitterpartei eines Radikalen namens Jean-Marie Le Pen seit 1973 zu einer gefürchteten EU-Zersetzungsbewegung, unter dessen Tochter Marine, entwickelt. Ihr gelang es bekanntlich, bei den Präsidentschaftswahlen hohe Erfolge zu erzielen und bei den Wahlen zum Europaparlament mit 24,9 Prozent im Jahr 2014 die stärkste Kraft im Lande zu werden.[22]

Besser kann die Gefahr der Instabilität, die in der EU herrscht, nicht veranschaulicht werden: Die Europagegner hebeln als starke Parteien im Europaparlament die EU von innen aus, falls es den einschläfernden Effekten Brüssels nicht gelingt, die Antis zu zähmen. Solche Entwicklungen sind in Europa überall zu beobachten: radikalere Parteien mit nationalen Forderungen, in denen auch die Unzufriedenheit mit der EU-Politik zum Ausdruck kommt. Die AFD in Deutschland, die UKIP in Großbritannien, die Volkspartei in Dänemark, die Freie Partei in Österreich, Geert Wilders in den Niederlanden.

Das sind Tendenzen in den reicheren Nettozahlerländern des Nordens. Umgekehrt hat sich die Linke in den EU-Schuldnerländern, wie Spanien oder Griechenland, radikalisiert. Mit Prodemos beziehungsweise Syriza haben sich Parteien junger Politiker etabliert, die sich gegen die Sparpolitik der Gemeinschaft richten und gegen die entsprechenden Auflagen für ihre Länder zur Wehr setzen wollten. Im neuen Osten der Gemeinschaft bestimmen seit einigen Jahren konservativ-nationale Parteien die politische Landschaft.

Politische Instabilität ist eine Form von Radikalisierung an den politischen Rändern links und rechts. Dazu schwindet die stabile Mitte: In Deutschland oder Großbritannien dominierten jahrzehntelang zwei große Parteien die Politlandschaft. Sie sorgten für die Stabilität, die für die ökonomische Entwicklung der Volkswirtschaften notwendig war. Ob CDU/CSU, SPD, Torys oder Labour: Man kannte sich, wusste miteinander umzugehen und wurde zu über 80 oder 90 Prozent gewählt. Bei den Bundestagswahlen 2017 erreichten die sogenannten Volksparteien in Deutschland zusammen noch 51,4 Prozent. Der Verlust im Vergleich zur Wahl von vor vier Jahren betrug für beide zusammen 13,8 Prozent. 1983, zu Zeiten eines Helmut Schmidt und eines Helmut Kohl, erhielten beide zusammen noch 87 Prozent. Sonst gab es nur noch die FDP und die Grünen, erstmalig im Parlament vertreten. Innerhalb einer Generation hat sich allein in Deutschland das Modell der Volksparteien, die eine stabile Mitte vertreten, aufgelöst.

In Großbritannien wählten zu Zeiten eines Winston Churchill fast alle Briten (97,3 Prozent) Tories und Social Democrats. Bei den Wahlen 2015 waren es nur noch 67,3 Prozent. Einen großen Anteil hatte die Pro-Brexit-Partei von Nigel Farage, die damals 12,6 Prozent aller Stimmen erzielte. Erst als der Brexit beschlossene Sache war, beruhigte sich das Bild in Her Majesty's Kingdom wieder: Die Briten kehrten 2017 wieder zur beruhigenden Zweiteilung zwischen Tories und Labour zurück – mit insgesamt 82,4 Prozent aller Wählerstimmen. Damit bietet Britanniens Politlandschaft trotz Brexit ein deutlich stabileres Bild als etwa Deutschland.

Ansonsten aber haben sich die Grenzen zwischen den Parteien verschoben. Die Arbeiterschaft als alte Stammwählerschaft und breite Grundlage der Sozialdemokratie ist aus den reichen Ländern der Welt verschwunden. Die Parteien müssen jonglieren, im angestammten Thementerrain der anderen wildern. Sie müssen neue Positionen übernehmen, so wie Chinas KPCh mit immer neuen Inhalten ihre politische Agenda mithilfe des Staubsaugerprinzips erweitert. Alles was auf dem Weg liegt, wird aufgesaugt. Keine europäische Politikerin hat das besser verstanden als die deutsche Bundeskanzlerin Angela Merkel.

Auch die Chinesen benutzen den Begriff »Populismus« als Kennzeichen politischer Instabilität in Europa. Sie schließen sich hier den Analysten des Westens an. Chinas BRI- und Europastrategen beobachten die Trends zu mehr Parteien und radikaleren Ausschlägen bei den Wahlen. Unter ihnen herrscht Uneinigkeit: Verbündet sich der ein oder andere mit den Trends unter europakritischen Parteien, die den Blick nach Osten, Russland und China als offene Alternative einnehmen, sind andere alarmiert: Rechnet man doch mit der Stabilität der EU und betrachtet die eigene kommunistische Partei als Garant für Stabilität im eigenen Lande, die im Kontrast zu den politischen Stürmen im EU-Raum stehen. Auch hier wird deutlich, dass die Haltung gegenüber einer stabilen Europäischen Union von chinesischen Zeitgenossen kontrovers gesehen wird. Jedenfalls kann man nicht von einer strategischen Zersetzung der Union durch einheitliche chinesische Aktivitäten in Europa ausgehen.

Einer träumt, die anderen rechnen – Das TRACECA-Dilemma

Die EU kümmert sich um alles, sofern es um ihre inneren Angelegenheiten geht. Von Vorschriften für Produktstandards bis zu komplizierten Reiseregelungen für die eigenen überbezahlten Beamten und Politiker. Die Flüchtlingsmisere schien jahrelang alles zu blockieren. Die Gemeinschaft war mit sich selbst beschäftigt. Es hagelte Kritik: die überbezahlten Brüsseler Bürokraten, das umständliche Reisen zwischen verschiedenen Zentren der Gemeinschaft, die übertriebenen Regulierungen für Gemüse- oder Leuchtmittelstandards, die als undemokratisch empfundenen Beschlüsse hinter verschlossenen Türen, die schleichende oder in den Worten Enzensbergers »sanfte« Entmündigung der Bürger und die enormen Kosten für zu viel Bürokratie.[23]

Keine Region der Welt ist so geregelt wie der EU-Raum. Auch China ist noch weit davon entfernt. Doch Träume hegt die Europäische Union keine, sie lässt lieber Träume platzen. Die folgende Geschichte erzählt davon: Sie spielt in einem Land am äußersten Rande Europas, dort, wo es zur Hälfte schon Asien ist. Das Land prägt unwegsames Hochgebirge. Ständig mussten seine Bewohner Auseinandersetzungen zwischen streitlustigen Bergstämmen ertragen. Von hier stammte ein Mann, der davon träumte, die Welt zu verändern. Er war der »Sohn eines Falken«, so der Name seiner Familie. Scharfsichtig und mit dem Instinkt dafür, im richtigen Moment das Passende zu tun. Das ließ ihn eine große politische Karriere machen.

Einen Coup landete er im hohen Staatsamt 1987, als er dem damaligen Staatsratsvorsitzenden der Deutschen Demokratischen Republik Erich Honecker riet, die Berliner Mauer abzureißen. 1989 wurde sein Rat Wirklichkeit. Das Volk, nicht Honecker, überwand die Mauer. 1991 kam auch für den Falkensohn das Ende. Zumindest vorläufig. Sein

Riesenreich, in dem er als zweiter Mann für die Verbindungen mit und in die Welt zuständig war, implodierte. Er trug daran Mitschuld. Doch ohne ihn hätte es weder die deutsche Wiedervereinigung noch die Osterweiterung der Europäischen Union gegeben. Jetzt verlor er seinen Job und schien darüber nicht unglücklich. Es bot sich eine neue Chance: vom zweiten Mann im Staate zum ersten aufzusteigen. Das war 1992. Er wurde als guter Kommunist Staatsratsvorsitzender, ab 1995 Präsident. Allerdings hatte sich sein Staat deutlich verkleinert: Was ihm an Fläche blieb, war so viel wie Bayern – vorher war er Mitregent über die Sowjetunion. Stattdessen nun das Bergland Georgien. Auf dessen kleiner Fläche lebten gerade einmal so viele Einwohner wie in der neuen deutschen Hauptstadt Berlin.

Trotz neuer Bescheidenheit zurück in seiner streitlustigen Heimat hatte Eduard Schewardnadse das groß dimensionierte Denken nicht aufgegeben. Er hatte ein neues Ziel vor Augen: die eurasische Vereinigung. Mit seinem einstigen Chef Mikhail Gorbachev wurde er als Brückenbauer zwischen Ost und West, als menschliches Antlitz aus dem Osten, als echter Europäer gefeiert. Als Präsident des kleinen, armen Kaukasusstaates Georgien wusste er, dass die wirtschaftliche Ausrichtung nach Europa Wohlstand und die Verbindung mit Asien Reichtum bringen konnte. Im Westen die EU, im Osten das reiche Japan und das aufstrebende China. Dazwischen sein Land und andere Staaten der neuen »Gemeinschaft unabhängiger Staaten«, wie der lose Verbund ehemaliger Teile des alten Sowjetreichs nun hieß. Georgien allein schien kaum überlebensfähig. Ohne Europa, ohne Russland und ohne die Verbindungen zu den übrigen Ländern Asiens schien es keine Zukunft zu geben.

Schewardnadse brauchte eine Vision für den Kaukasus und die weiten Steppen, die jenseits der Berge lagen. Die zündende Idee hieß: die Wiederbelebung der Seidenstraßen. Das war 1993 und damit genau 20

Jahre, bevor Xi Jinping dieselbe Vision hatte. Die Neue Seidenstraße als »Verkehrsweg ins 21. Jahrhundert« war eine Erfindung des Georgiers.[24] Und Europa war von Anfang an dabei, hatte seine Chance schon damals, mit dem Ex-Sowjetminister seine Vision der Seidenstraße zu entwickeln. Schewardnadse war unermüdlich. Für seinen Traum von der Neuen Seidenstraße reiste er sehr oft nach Europa. Damit konnte er erfolgreich von den vielen Schwierigkeiten zu Hause ablenken: die stagnierende Wirtschaft, die Korruption, die alten Zwiste und Kämpfe zwischen den kriegerischen Kaukasusvölkern.

China spielte damals kaum eine Rolle. Vielversprechend für die Zukunft, aber noch zu arm für die Zeit. Das Land begann nach dem politischen Schock vom 4. Juni 1989 wieder zu sich selbst und zu neuer wirtschaftlicher Stärke zu finden. »Wenn ich mein ›Jahrhundertprojekt‹[25] umsetzen will, dann geht das nur mit den Europäern«, sagte der Präsident Georgiens zu sich selbst. Eine gute Zeit für ein Jahrhundertprojekt. Überall glaubte man den *Wind of Change* zu spüren, von dem die Scorpions euphorisch sangen. Der endgültige Sieg des Liberalismus schien nur noch eine Frage der Zeit.

Europa hatte schon 1991 ein technisches Mittel für die neue Herausforderung Richtung Osten parat: das Programm TACIS. Schon bevor 1993 die EU geboren wurde, fanden die vereinten Europäer fleißig verheißungsvolle Kürzel. *Technical Assistance for the Commonwealth of Independent States* (TACIS) sollte einer von vielen Bausteinen werden, um die Fragmente der zusammengebrochenen Sowjetunion wieder zu sammeln und an Europa anzubinden. Technische Hilfe und vor allem das heikle Thema Atomenergie waren die Hauptinhalte. Hinzu kamen Projekte zum Umweltschutz, zur Ausbeutung von Bodenschätzen, zur Verbesserung der landwirtschaftlichen Produktion, aber auch zur Verwaltungsreform in den nun von der Sowjetunion unabhängig gewordenen Staaten. Die englische Bezeichnung

»Commonwealth« weckte besser als der neutrale Begriff »Gemeinschaft« Erinnerung an einstige Größe und nährte Hoffnung auf gemeinsamen Reichtum.

Mit Geburt der EU im Jahre 1993 kam TRACECA, eine eigentümliche Schöpfung, unterzeichnet von Georgien, Aserbaidschan, Armenien, Kasachstan, Kirgisistan, Turkmenistan, Tadschikistan, Usbekistan und der Europäischen Union. Wieder ein EU-Kürzel. Seine Bedeutung: Transport Corridor Europe-Caucasus-Asia. Komplett finanziert aus den Mitteln, die Brüssel für TACIS zur Verfügung gestellt hatte. TRACECA war de facto ein EU-Teilprojekt mit großem Anspruch. Damit sollten Straßen- und Eisenbahninfrastruktur sowie Hafenanlagen gebaut und technische Ausstattung auf historischen Wegen zwischen Ost und West erneuert werden.

Schewardnadse glaubte, er habe den Stein der Weisen gefunden. Mit TRACECA sollte es bergauf gehen, das eigene Land sollte die erhoffte Stabilität erhalten, die er aus eigener Kraft nicht herzustellen vermochte. Der instabile Kaukasus, mit den Ex-Sowjetrepubliken Georgien, Armenien und Aserbaidschan, erhielt eine Schlüsselrolle zwischen Europa und Asien bis nach China und Japan. Ein Mammutprojekt aus bescheidenen EU-Mitteln. Japan war der starke Partner in Ostasien. Das Inselkaiserreich genoss noch die späten Früchte seines eigenen Wirtschaftswunders.

»Es gibt in Europa kein Land, das kein besonderes Interesse an der Durchführung des von der EU geförderten Projekts TRACECA zeigt«,[26] schrieb Schewardnadse voller Überzeugung. Europa sollte über die neu zu schaffenden Transportkorridore mit moderner Infrastruktur via Kaukasus so eng mit Asien verbunden werden, dass »eine neue internationale, politisch-wirtschaftliche und sozial-kulturelle Einheit« entstehen könne. Der Präsident fabulierte von neuen »Seidenstraßenmitgliedsstaaten«. Doch eines war ihm klar: Ohne »Einbindung Russlands« hatte das Projekt keine Chance auf Erfolg.[27] Schewardnadse sah die Neue Seidenstraße zum Greifen nah. Am 7. September 1998 wurde sie feierlich in Baku inauguriert. Die EU war Wunschpartner und Garant für den Erfolg. Doch die Europäer blieben kühl.

Ein Mann träumte – eine Gemeinschaft rechnete sehr genau. Für Brüssel war TRACECA ein kleineres unter vielen Projekten mit seinen vielen Nachbarschaftsländern im Süden und Osten, allesamt strukturschwach und unterstützungsbedürftig. Ein Fass ohne Boden möglicherweise. Weit entfernt von europäischen Standards. Gerade einmal knapp 100 Mio. US-Dollar wurden für alle 46 Einzelmaßnahmen im Rahmen des Korridorprojekts ausgegeben. Für die Infrastrukturprojekte knapp die Hälfte davon: 50,9 Millionen. 2009 zog sich die Gemeinschaft aus Schewardnadses Seidenstraßentraum zurück. 14 Infrastrukturvorhaben, meist im Bereich Eisenbahntransport, wurden umgesetzt.[28] Georgien gehörte sechsmal zu den Nutznießern.

Die Wirtschaftserfolge, die das Land nach Schewardnadse erzielte, kamen nicht von neuer Seidenstraßeninfrastruktur, sondern von einem deutlichen Ausbau des Tourismus. TRACECA existiert weiter bis in unsere Tage. Von europäischer Beteiligung ist nicht viel übriggeblieben. Allein Bulgarien und Rumänien, die engsten Nachbarn der Schwarzmeeranrainer, sind noch dabei. Der Iran und die Türkei sind zwischenzeitlich beigetreten. Ansonsten teilen sich Armenien, Georgien, Aserbaidschan, Kasachstan, Tadschikistan, Kirgisistan, Moldawien, Usbekistan und die vom Krieg erschütterte Ukraine – insgesamt 13 Staaten – die Kosten für weitere Projekte. Doch viel ist nicht passiert seit dem Ausstieg der Union: Bis zum Ausstieg 2009 gab es insgesamt 56 Projekte und Initiativen unter dem Markenzeichen TRACECA, seitdem sind gerade 13 weitere gelistet.

Und der berühmte »Vater« des Eurasischen Transportkorridors, den er als Neue Seidenstraße bezeichnet hatte? Ohne TRACECA zum

Erfolg gebracht zu haben, wurde er im Jahre 2003 von unzufriedenen Georgiern abgesetzt. 2014 verstarb Eduard Schewardnadse. TACIS und TRACECA sind aus dem Neusprech der Europäischen Union verschwunden. Stattdessen gibt es seit 2014 ENI – The European Neighbourhood Instrument. Statt Seidenstraßentraum »made in Europe« ein weiteres Instrument, das an alle denken soll. Noch unkonkreter im Begriff, noch weniger zielorientiert. Von großartigen Geschichten, die eine Marke oder eine Vision ausmachen, keine Spur. ENI klingt mehr nach irgendeiner Plattenfirma denn nach Zukunft für Kooperationen jenseits von Europa.

Die 15,4 Milliarden Euro, welche die Union dafür veranschlagt hat, sollen den Staaten südlich der Gemeinschaft, ebenso wie denen östlich, zugutekommen. Es geht um die Nachbarn und um den Aufbau einer Komfortzone um die Gemeinschaft herum, statt um Infrastruktur für eine eurasische Vision. Menschenrechte, Rechtsstaat, Gleichheit, Demokratie, »good governance« und Bürgergesellschaft sind die Ziele. Um die ehemaligen TRACECA-Träume Schewardnadses kümmert sich jetzt immerhin China.

Deutschland – Ein Paradox

Mitten in Europa liegt Deutschland, das nach wie vor Bestnoten aus dem Reich der Mitte erhält. Dafür sorgt alle zwei Jahre eine große Meinungsumfrage, die der Technoriese Huawei von seinem europäischen Hauptquartier in München aus durchführt. Mit dem Meinungsforschungsinstitut Emnid als Partner setzen die Chinesen auch bei der Volksmeinung auf deutsche Expertise. Seit 2012 haben 1000 Chinesen, 100 politische Entscheidungsträger und 200 Führungskräfte aus der chinesischen Wirtschaft ihre Stimme zu und über Deutschland abgegeben. Ebenso viele Deutsche aus vergleichbaren Gruppen durften umgekehrt China bewerten.

Die Chinesen loben »ihre« Deutschen: 74 Prozent sehen Deutschland positiv, genauso wie die anderen Führungsländer Europas: Frankreich (75 Prozent) und Großbritannien (72 Prozent). Das kann sich doch sehen lassen – für Deutschland und die EU. Die Politik der Kanzlerin Angela Merkel wird geschätzt – auch hier gibt es 74 Prozent Zustimmung. Herausragend an Chinas wichtigstem Handelspartner innerhalb der EU finden Chinesen die »Innovationsfähigkeit«. Satte 85 Prozent drehten dazu ihre Daumen nach oben. Besonders chinesische Wirtschaftsentscheider (77 Prozent) betrachten trotz der immer wieder gefühlten und gefürchteten chinesischen Aufholjagd in Sachen Produktinnovation Deutschland als Synonym für innovative Produkte. Und natürlich kennen rund neun von zehn Befragten in China die tollen deutschen Autos, von BMW bis zu Volkswagen. Defizite bei der E-Auto-Entwicklung oder Dieselgate-Skandale sind definitiv nicht die Gründe für die Bekanntheit.

Die deutsche Kultur, angeführt von Klassikern namens Goethe und Beethoven, schwimmt mit auf der Erfolgswelle: 65 Prozent mögen sie. Fast die Hälfte aller befragten Chinesen (45 Prozent) können sich vorstellen, im schönen Deutschland zu leben,[29] auch und gern für längere Zeit. Viele sind gebildet, ehrgeizig und Führungskräfte. Sollte man sie dann nicht schnell ins Land lassen – und für die eigene Entwicklung nutzen, so wie China es gern tut, wenn es mit hohen Gehältern und Greencards Menschen mit Expertise ins eigene Reich holt?

Doch eine alte Wahrheit weiß, dass »nicht alles Gold ist, was glänzt«. Dies trifft auch für das schwarz-rot-goldene Deutschland zu: Im April 2018 sorgte eine Warnung im chinesischen Internet für Aufregung: »In letzter Zeit gab es in Deutschland vielerorts Probleme mit der Aufrechterhaltung der öffentlichen Sicherheit. Chinesische

Unternehmen in Deutschland sollten sich in Alarmbereitschaft versetzen und ihre Selbstschutzmechanismen verstärken.«[30] Dann folgte eine Aufzählung verschiedener Orte, in denen Täter mit Kraftfahrzeugen in Menschenmengen gefahren sind: Münster, Hamburg, Fulda oder Wuppertal. Nach dem Anschlag vom 19. Dezember 2016 habe die Polizei in der Hauptstadt weitere geplante Terrorattacken gerade noch verhindern können. Wer in Deutschland zu tun habe, müsse wachsam sein. Chinesen in Deutschland wurden aufgerufen, mit der deutschen Polizei zu kooperieren und sich in einer möglichen Bedrohungssituation sofort an die deutschen Ordnungskräfte und die chinesische Botschaft zu wenden.

Klingt fast wie *Bild* auf Chinesisch. Schlagzeilen der Panikmache, China in Alarmbereitschaft. Der Wirtschaftsprimus in Europa und Sympathieträger der Huawei-Befragung wird zum Sicherheitsrisiko. Das Land der Sozialversicherung und lebenslang Gutversicherten wird das neue Synonym für Unsicherheit. Deutschland: ein Paradox. Chinesische Studierende fragen, ob sie in diesem Land noch sicher studieren könnten. Das sei ja nun alles schwierig geworden – nach der Flüchtlingskrise. Gerade unter jungen Leuten verbreitete sich die Meinung, dass man es sich gut überlegen solle, langfristig in ein »von aggressiven Flüchtlingen besetztes Deutschland«[31] zu gehen. Dunkle Wolken ziehen aus dem chinesischen Internet über dem goldenen Deutschland auf. Mehr Sicherheit wird gefordert – für die Chinesen in Deutschland. Man ist anspruchsvoll geworden.

Auch Angela Merkel musste das während ihres elften Chinabesuchs im Mai 2018 erfahren: Hier ging es nicht um Sicherheit, sondern um Gleichberechtigung. Auf Augenhöhe akzeptiert zu werden, war eine Hauptforderung. »So wünscht sich [der chinesische Ministerpräsident Li Keqiang, M. H.] das deutsch-chinesische Verhältnis. So will China von Deutschland wahrgenommen werden«, kommentierte ein Journalist der *Zeit*. Ein Grund, dass es »schwieriger geworden« sei mit China.[32] Das klingt ein wenig so, als sei Augenhöhe nicht wirklich erwünscht. Ist es nicht merkwürdig, dass ein Staat, der neben den USA als größte Macht unserer Zeit gilt, auf Augenhöhe mit einem viel kleineren Land wahrgenommen werden soll? Und ist es nicht auch merkwürdig, dass ein Staat, der so im Mittelpunkt des Weltgeschehens steht wie China, trotzdem noch das Gefühl hat, nicht auf Augenhöhe gesehen zu werden? Sollten die Deutschen nicht mehr Ehrgeiz entwickeln, um überhaupt noch auf Augenhöhe akzeptiert zu werden? So wie die Duisburger, die stolz waren, bei BRI mitzumachen.

Nicht nur mit China ist es schwieriger geworden, sondern vor allem mit Deutschland. In den letzten Jahren habe ich das Gefühl, dass viele Europäer – und die Deutschen besonders – den Chinesen ihre neue Größe, die im Grunde eine alte ist, nicht wirklich gönnen. Wie schön und einfach wäre es doch, auf ewig überlegen zu bleiben, die billigen Arbeitskräfte in China weiter zu nutzen, alte Autos mit alter Technologie weiter zu bauen. In Ruhe und mit chinesischer Unterstützung noch mehr Reichtum anzuhäufen. Privilegiert behandelt zu werden. So, wie es einmal war. In guten alten Chinazeiten.

Dabei besteht überhaupt kein Grund, wehmütig in die Vergangenheit zu schauen. Nur wenige Länder vergleichbarer Größe haben derart von Globalisierung und weltweitem Handelsaustausch auf dem blauen Planeten profitiert wie Deutschland. Doch die gut bekannte deutsche Außenhandelsstärke, die schon zu Zeiten des Hansebundes (1150–1600) bis nach Russland reichte, wirkt nicht inspirierend genug. Wird Europa vorgeworfen, zu sehr in sein Inneres zu schauen und nicht wahrzunehmen, welche Trends die Welt umgestalten, sind gerade die Deutschen in diesem Punkt »gute« Europäer.

KAPITEL 4

Genervt vom lauten Shanghai mit seiner nie rastenden Bevölkerung, setze ich jedes Jahr meine Hoffnung auf ein beschauliches Deutschland. Doch Muße haben nur wenige. Viele sind emsig mit Steuererklärungen, Diskussionen über neue EU-Datenschutzrichtlinien, mit der Umsetzung von Standards in ihren Eigenheimen, Hausordnungen, Ordnungen aller Art überhaupt und mit ihren Gärten beschäftigt. Dass es den Deutschen so gut geht, dass sie so viel Zeit für Heim, Garten und ihre langen Urlaube aufwenden können, verdanken sie der Welt und der Globalisierung, die deutsche Firmen überall auf dem Planeten mitgestalten. Die Deutschen sind immer wieder Exportweltmeister und dabei starke Globalisierungsskeptiker. Beides bekommen sie in »ihren Köpfen nicht zusammen«,[33] schreibt Eric T. Hansen. Dabei beeinflusst Deutschland ökonomisch die globale Entwicklung, gemessen an seiner deutlich geringeren Größe und Einwohnerzahl, viel stärker als China oder die USA: Rechnet man den deutschen Exportüberschuss pro Kopf, entfielen statistisch, bei einem Überschuss von 284,76 Milliarden US-Dollar im Jahr 2016, satte 3,4 Milliarden US-Dollar an »mehr exportiertem« Warenwert auf jeden einzelnen deutschen Bürger.

Die Chinesen, heute mit »made in China« als omnipräsent empfunden, bescherten als weltstärkster Exporteur mit 510,73 Milliarden US-Dollar pro Kopf der übrigen Welt »nur« 360 Millionen US-Dollar an überschüssigen Waren. Die Japaner, vergleichbar mit Deutschland in puncto Innovations- und Wirtschaftskraft, erreichten mit circa 330 Millionen US-Dollar Überschuss pro Kopf noch nicht einmal ein Zehntel der deutschen Zahlen. Das sind extreme Werte. Dabei steht Europa ebenfalls hervorragend da. Länder wie die Niederlande und selbst Italien erzielten gemessen an ihrer geringeren Bevölkerung weit mehr Überschüsse als die Ostasiaten, pro Kopf gerechnet.[34]

Globalisierung ist das tägliche Mantra deutscher Wirtschaftsentscheider. Noch immer sehe ich täglich vor meiner Shanghaier Haustür mehr VW, Audi, Daimler, BMW und Porsche als Autos jeder anderen Nation, einschließlich Chinas. Shanghaier Küchen kochen in deutschen Tefal-Woks und hacken Chinakohl, Sellerie und Hühnerbeine mit deutschen Zwillingsmessern. Was übrig bleibt, landet im Bosch- oder Siemenskühlschrank. Wer heutzutage, zur Blamage der großartigen chinesischen kulinarischen Kultur, nicht mehr kochen kann, lässt alles vollautomatisiert im deutschen Alles-Könner-Dämpfer von Miele zubereiten. Ich gehe zwar nicht so weit wie Eric Hansen, der den deutschen Kühlschrankexport nach China als Kulturimperialismus »made in Germany« bezeichnet: Er habe, frei nach Hansen, die chinesische Fähigkeit, Nahrungsmittel stets frisch zu kochen, degenerieren lassen.

In der Tat: Tiefkühl-Fast-Food, Single Food und ähnliche Schrecklichkeiten der globalen Nahrungsmittelindustrie erobern auch das Reich der Mitte. Hier kann China ins Mark getroffen werden. An vorderster Front der Schockfrostinitiative aus Europa kann die deutsche Fertignahrungsmittelindustrie stehen, die bald per Kühlkette und Zug via Duisburg nach China zu liefern vermag. Die Rohstoffe für die Mikrowellenmahlzeit dauergestresster chinesischer Büromitarbeiter haben wir dann vorher aus dem Reich der Mitte importiert. So könnte die Ironie globalisierten Schicksals aussehen.

Doch im Ernst: Die kulturellen Veränderungen, die deutsche Produkte in chinesischen Haushalten der letzten Jahrzehnte hervorgerufen haben, sind erheblich. Mao hat den Chinesen zwar die erste politische Kulturrevolution beschert, doch die Deutschen haben ihren Anteil daran, dass eine Kulturrevolution 2.0 sich unter veränderten, jetzt wirtschaftlichen Vorzeichen bis heute erfolgreich fortsetzt. Möglicherweise müssen Firmen wie Miele, Fissler, Zwilling und Co. bald in die Pflicht genommen werden. Der Grund: China versucht, sein kulturelles Erbe zu schützen, und verdonnert deutsche Haushaltsgerätehersteller, den jungen Chinesen das Kochen wieder beizubringen, das

KAPITEL 4

sie ihnen aus der Hand genommen haben. »Gastrogate« statt »Diesel-
gate«. Auch China steckt in einer zivilisatorischen Krise, ohne es zu
merken – dank Deutschland. Das globale Deutschland ist auch ohne
ein entsprechendes Pendant zur Belt-and-Road-Initiative längst tief in
das Herz Chinas eingedrungen. Liebe geht eben nicht zuletzt durch
den Magen.

Solche Art deutschen Einflusses in China kennt man kaum zwischen Flensburg und Garmisch. Die Chinesen sind stolz auf ihre
deutsch geprägten Wohnungen mit deutschem Qualitätslaminat und
auf ein gutes Tsingtau, das ihnen der alte deutsche Imperialismus im
Jahre 1903 überlassen hat. Noch lieber allerdings trinken sie seit einigen Jahren deutsches Importbier in rauen Mengen. Chinesischer
Hirseschnaps und Reiswein bereichern meiner Erfahrung nach umgekehrt selten deutsche Abendbrottische. Hier hat China erhebliche
Einflussdefizite.

»Globalisierung war schon immer typisch deutsch«, schreibt Hansen weiter. Er nennt die Hanse als Prototyp des Globalen, auch wenn
er dabei die Alte Seidenstraße außer Acht lässt. Doch immerhin war
die Hanse eine norddeutsche Erfindung, die den Norden Europas, von
London bis nach Nowgorod in Russland, unter Lübecker Führung wirtschaftlich, kulturell und kulinarisch mit Salzhering prägte, der, ähnlich dem Lachs unserer Tage, eine lange Reise von den Fanggründen
zu seinen Verarbeitungsorten in Lübeck und dann wieder zum Endver-
braucher überall in der bekannten mittelalterlichen Welt zurücklegte.
Den mittelalterlichen Heringen aus der Ostsee erging es damals ähnlich wie ihren heutigen Vettern aus Norwegen. Nur wurden sie statt in
stählernen Containern der Lufthansa per Hansekogge über das Meer
transportiert, um im Sinne moderner Arbeitsteilung unterschiedliche Arbeits- und Konsummärkte, die weit voneinander entfernt lagen, zu bedienen. Deutschlands Hansetradition vom Hansebund,

Hansestädten, über Hansa-Pils und Hansa-Kartoffeln bis zur Lufthansa, bildet eine, wenn nicht die traditionsreichste Kette internationaler Logistik. Das ist exakt der Stoff, der den Welthandel heute sowie auf der Neuen Seidenstraße bewegt. Im Osten nichts Neues, aber eben größer. Die Deutschen waren schon immer dabei.

Deutsche setzen Dinge in Gang, sind dabei höchst erfolgreich, aber fürchten sich, wenn andere auf einmal schneller sind und neue Standards setzen. Anpassungsfähigkeit und Flexibilität sind nicht die Stärken manch eines deutschen Zeitgenossen. Wenn Manager im Reich der Mitte feststellen, dass Prozesse anders als im heimischen Deutschland nicht zwei- bis dreijährige Planfeststellungsverfahren benötigen, sondern in zwei Wochen ablaufen, wird die Stirn in skeptische Denkerfalten gekraust und Angstschweiß bricht aus. Das kann ja gar nicht klappen, unmöglich. Widerspricht jeder Erfahrung mit Solidität. Statt den Ball aufzunehmen und mit eigener Präzisionsstärke gut zu spielen, die erhöhte Geschwindigkeit als Chance zu begreifen, zieht man sich lieber zurück. Und hofft, das Reich des Hochdrucks schnell zu verlassen.

Die Deutschen sind Meister der Kritik an allem und an sich selbst, was ihnen oft gern als Understatement ausgelegt wird. In Wirklichkeit sind sie oft zu selbstgerecht. Sie glauben an die fortdauernde Wahrheit technologischer Stärke und die Solidität ihrer Maschinen. An die ewige Sicherheit von Volkswagen. Das sind bewährte Protagonisten eines früheren Typs von Globalisierung. Doch gegenüber den neuen Stars der Flachwelt des 21. Jahrhunderts, Techno-Yuppies vom Schlage des Facebook-Gründers Marc Zuckerberg, wirken sie genauso hölzern und unbeholfen wie die EU. Auch hier zeigt sich das deutsche Paradox.

Ja – »die Chinesen« denken an sich selbst, genau wie Trumps und Zuckerbergs USA oder Putins Russland. Die Welt um Deutschland und seine schwierige »Wohlfühlzone EU« herum ist böser geworden. Nur haben sich die Europäer mit den Deutschen, die geschworen haben, niemals mehr böse sein zu wollen, darauf noch nicht eingestellt. Natürlich ist die Belt-and-Road-Initiative alles andere als eine Art Altruismus chinesischer Prägung. Daran, dass es nur den anderen besser gehen soll und einem selbst nicht viel besser, hat noch keine chinesische Regierung gedacht. Altruismus ist eine Erfindung des deutschen Idealismus – niemals wirklich praktiziert, schon gar nicht im Ursprungsland.

Der anwendungserprobte Konfuzianismus kennt nur gegenseitiges Geben und Nehmen. Ausgeglichen in der Theorie, bekam in der Praxis der oft mehr, der in der Senior- oder der höheren Position war: der Familienpatriarch oder der Herrscher. Der Exilschriftsteller Lin Yutang (1895–1976), einer der besten Kenner, Freund und Kritiker seiner Landsleute, hat den Chinesen vor vielen Jahrzehnten attestiert, dass sie eines nicht könnten: idealistisch sein.[35] Idealismus war für Lin der entscheidende kulturelle Unterschied zwischen Chinesen und Deutschen, doch auch er konnte nicht voraussehen, dass die deutsche Idee seiner Zeit die Welt nicht zur »Freude« wie bei Schiller führte, sondern in die menschenverachtende Katastrophe hinabstieß.

In der Dauerpräsenz deutscher Vergangenheit bis 1933 liegt der Schlüssel zur Weltferne, die das deutsche Paradox begründet: Wir sind einerseits Miterfinder und Pioniere der Globalisierung, wirtschaftlich überall präsent, von der Rüstungsindustrie bis zum Haushaltsquirl. Außenpolitisch ruft andererseits manch einer von uns schon an der EU-Außengrenze: »Halt, hier nicht weiter!« Aus Angst, etwas Falsches zu tun, und aus falsch angewendeter Selbstbeschränkung, vielleicht auch aus Unfähigkeit. Unzählige andere Autoren haben darüber geschrieben, zustimmend wie kritisch. So manch einer findet Selbstbeschränkung gut: Da unsere Vision von der Welt deutscher Prägung das

Böseste, Kurzsichtigste und Infamste war, was deutsche Köpfe sich je ausdenken konnte, sollten wir uns politisch besser nicht mehr mit solchen weltweiten Visionen von der Tragweite einer Neuen Seidenstraße beschäftigen, sondern das getrost anderen überlassen. Wir beschäftigen uns lieber mit unseren inneren Problemen, reiben uns auf an nörgelnden EU-Partnern, die partout unsere Standards nicht lernen wollen, schieben uns gegenseitig die Aushöhlung der Gemeinschaft in die Schuhe – und vermuten am Ende noch, wie gesehen, dass die aggressiven Globalisierer »made in China« via Seidenstraße auch noch die Union, unsere Demokratie und unsere Werte zersetzen.

Wenn wir uns selbst beschränken wollen, dann ist das in Ordnung. Dann sollten wir das aber auch wirtschaftlich tun. Bewusst leben und bewusst schrumpfen. Das wäre nicht mehr paradox.

So wirkt das deutsche Paradox zwischen wirtschaftlicher Globalisierung und außenpolitischer Selbstbeschränkung bis nach Europa. Im Ergebnis liegt ein großes Problem der Union darin, den Schatz, den Europa noch immer besitzt, nicht zu einer attraktiven Idee verschmelzen und konzentrieren zu können, welche die Seidenstraße entlang, zurück bis nach China, exportiert werden kann. Wir sind stolz auf unsere kulturelle Vielfalt, die vielen Sprachen und Unterschiede auf so kleinem Raum. Tatsächlich ein enormer Reichtum, wenn wir ihn denn auch der Welt gegenüber nutzten. Europa steht für vieles, kann sich aber nicht einigen, wie daraus eine europäische Idee für das 21. Jahrhundert geboren werden soll.

Der US-Amerikaner Hansen hat schon vor Jahren die Deutschen dazu ermahnt, aufgrund ihres Einflusses in Europa, ihrer Gründlichkeit, ihres erfolgreichen Sparverhaltens und vieler anderer durchaus schätzenswerter Tugenden Farbe zu bekennen. Europa zu führen, idealerweise mit dem Nachbarn Frankreich zusammen, damit aus diesem

Kontinent etwas werden könne, das nicht nur einheitlich sei, sondern eine überzeugende Idee verkörpere: eine Mischung aus deutscher Solidität, Wirtschafts- und Innovationskraft, Verlässlichkeit und französischem Esprit, Lebensstil, gutem Essen und Trinken. Ein Wohlfühlpaket, aus dem dann eine Kultur wird, die attraktiv europäisch ist und bereichernd wirkt.

In einer »multipolaren« Welt, von der Männer wie Xi Jinping oder Vladimir Putin so gern schwärmen – sie als wichtige Pole dieser Welt miteingerechnet –, muss es neben den USA und der Region XY auch einen Pol Europa geben. Doch: »Wenn wir als Europäer ernst genommen werden wollen ..., [dann müssen wir, M. H.] im Bereich der Außenpolitik zusammenarbeiten«, sagte Angela Merkel auf dem Weltwirtschaftsforum in Davos im Januar 2018.[36]

Die großen Fragen des 21. Jahrhunderts sind die, die jenseits von Europa im Verhältnis Deutschlands und der Union in, mit und gegenüber der Welt zu formulieren sind. Im Vordergrund sollte eine gemeinsame Außenpolitik der Union stehen, die klar umreißt, was Europa in der Welt tun kann und will. Eine neue Idee, die Menschen anspricht und die, wie einst die Hanse aus Deutschland und Europa, hinaus nach Osten geht, nicht nur in Form bewährter Exportprodukte. Im letzten Kapitel soll es darum gehen, mögliche Konturen dieser Idee zu skizzieren. Es geht um letzte, entscheidende Fragestellungen.

KAPITEL 5
EUROPA UND DER DRACHE

Europa, der Stier und der Drache – Zeit für einen Wechsel?

Am westlichen Ufer Asiens wanderte einst eine junge Frau unter den letzten Strahlen der versinkenden Sonne am Strand entlang. Plötzlich erblickte sie direkt vor sich eine Herde Rinder, die sich – merkwürdig genug – dort aufhielten. Die Tiere suchten die spärlichen Büschel von Strandgras, um damit offensichtlich ihren Hunger zu stillen. Die Frau näherte sich neugierig. Besonders fiel ihr ein großer Stier mit mächtigen Hörnern auf, der unter den Kühen nicht nur durch seine Statur, sondern auch durch sein weißes Fell herausstach. Das Tier verhielt sich friedlich, und es trottete ihr zutraulich entgegen. Europa, die junge Dame, war entzückt von der Schönheit und Kraft des Tieres. Sie begann, es zu streicheln. Als der Stier ansetzte, ihr den Handrücken zu lecken, riss Europa einige Büschel Strandhafer aus und fütterte ihn. »Wie schön du bist«, flüsterte sie dem Tier in die aufgestellten Ohren,

»warte, ich werde dich noch etwas schöner machen.« Direkt vor sich, an einem nahen Felsen über der Bucht, sah sie rote und blaue Blüten. Europa pflückte einige der Blumen, flocht sie geschickt zu einem Kranz und band sie dem Stier um dessen majestätische Hörner. Der grunzte gefällig, als wollte er der Frau dafür danken.

»Ob ich dich wohl reiten kann?« Europa war eine erfahrene Reiterin. Aus den Stallungen ihres Vaters, des phönizischen Königs Agenor, ritt sie nur die besten und rassigsten Pferde. Doch einen Stier zu reiten, war eine neue Erfahrung. Bullen waren als Reittiere tabu, denn sie wurden in Europas Heimat Phönizien als Götter verehrt. Selbst Baal, die höchste Gottheit ihrer Vorfahren, hatte das Haupt eines Stiers: entschlossen, stark, machtvoll. In der alten Stadt Ugarit, weiter nördlich von jener Region, wurde er lange verehrt. Auch dieser Stier hier schien besonders kräftig. Kurz entschlossen schwang sich die junge Frau auf den Rücken des Tieres.

Der Stier trabte geradewegs dem Meer und der untergehenden Sonne entgegen. Europa wollte ihn abhalten, in die Brandung zu galoppieren. Sie wollte abspringen, doch etwas hielt sie auf dem Rücken des Tieres fest, ließ sie erstarren. Ehe sie sich versah, schwamm der Bulle im Wasser. Er schoss durch die Fluten und schien übernatürliche Kräfte zu besitzen – vermutlich ein Gott. Sicher war es nicht Baal, der Stiergott ihrer Väter, aus dem die Juden, und später die Christen, den Antigott, den Teufel, den Beelzebub machten. Baal hätte sein Stammland nicht verlassen und wäre nicht nach Norden gezogen, der Stadt Ugarit entgegen. Dieser Stier hatte ein anderes Ziel: immer nach Westen, in den Abend hinein. Ufern entgegen, die sie nicht kannte. Wenn es überhaupt ein Ufer gab.

Europa ergab sich ihrem Schicksal. Ihren seidenen Schleier noch in der einen Hand, klammerte sie sich mit der anderen an eines der Hörner des Tieres.[1] Dabei dachte die Entführte plötzlich an den Traum, den sie in der Nacht zuvor gehabt hatte: »Da waren zwei Frauen, die miteinander stritten. Sie stritten um sie, das Kind Europa. Die eine der beiden trug die Züge ihrer Mutter, sah aus wie sie selbst und die Menschen an Westasiens Küste, mit denen die junge Frau vertraut war. Die Frau war zärtlich zu ihr: ›Dich, Europa, habe ich gesäugt und großgezogen, hergeben will ich dich nicht.‹ Doch die zweite Frau, die fremdartig aussah, war stärker. Sie entriss das Kind der Mutter und sprach: ›Das Kind ist dem Zeus aus Kreta versprochen, dem Herrn über die Ägäis. Ich werde es ihm entgegentragen, gen Westen, sodass sie sich mit ihm vermähle und Kinder zeuge.‹« So erzählt Gustav Schwab (1792–1850) in seinen *Sagen des klassischen Altertums* diesen Traum.[2]

Europas Traum war eine Vision. Asien hatte sie geboren, nun musste sie fortan in einem fremden Land leben. Zeus brauchte die Frau aus dem Traum nicht, um die phönizische Königstochter zu rauben. Er war persönlich gekommen, um die asiatische Schönheit nach Westen zu entführen. Zeus, der notorische Verführer und Patriarch, war wieder einmal unterwegs auf Frauenfang. Liebschaften waren eine Sucht des Gottes, den später Griechen und Römer zur höchsten Gottheit ihrer mächtigen Reiche machen sollten. Um sich Ärger mit seiner Angetrauten Hera zu ersparen, ging er immer inkognito auf die Jagd. Asiens Gestade, besonders die reiche Küste Phöniziens, versprachen stets reichte Beute.

Die Vorfahren der jungen Göttergemahlin waren der Legende nach die Phönizier. Das ist eine bemerkenswerte Zivilisation aus dem Westen Asiens, die in unseren Tagen viel zu wenig bekannt ist. Phönizien war das Purpurland, Heimat der Purpurschnecke. Sie lieferte den Vornehmen des Altertums den in Ost und West beliebten Färbestoff für ihre Gewänder. Phönizien war auch das Land der Schreiner und Zimmerleute und damit eine der frühesten Kulturen, die ihren Erfolg auf

Handwerk und Handel aufbauten. Unter den alten Ägyptern als Land Fenchu (Land der Baumfäller) bekannt, baute Phönizien der damaligen Welt Möbelstücke und exportierte sie.

Die Menschen vom Ostrand des Mittelmeeres waren das archaische Vorbild der IKEA-Schweden und der MUJI-Japaner unserer Zeit. Ein bodenständiger Sauerländer, der heute Holz schlägt und in einem Mittelstandsbetrieb daraus Treppen bauen lässt, könnte sich mit den Phöniziern aus Westasien besser identifizieren als mit den alten Griechen, deren Urheberschaft für Europa wir in Stein gemeißelt sehen. Schon Oswald Spengler mahnte, wie »unermesslich fremd und fern«[3] uns der griechische Mythos ist. Wie anders die entlegenen Lebenswelten der großen Denker, die wir heute verehren, im Vergleich zu unserer Gegenwart waren. Aus der Ägäis stammten die Philosophen, die deutsche Intellektuelle seit dem Mittelalter beschäftigen, von weiter östlich kamen jene, die mit den Handwerks- und Händlertraditionen Europas viel gemeinsam haben. Insbesondere die Deutschen sind ein Volk der Dichter und Händler. Nur dass der »Händler« in unserem Geschichtsbewusstsein vernachlässigt wird. Ich komme in Kürze ausführlicher darauf zurück.

Mit der Zeder im Staatswappen erinnert der moderne Staat Libanon an den Rohstoff für die alte Handwerkertradition seiner phönizischen Vorgeschichte. Man handelte mit Möbeln, Farben und vielen anderen produzierten Gütern. Das phönizische Reich war nicht groß, doch in seiner Kleinheit steckte etwas Großes. Es prägte die damalige Weltwirtschaft, umgeben von Kaiserreichen, wie der französische Historiker Fernand Braudel (1902–1985) herausstellte.[4] Phönizien war kein Flächenstaat, sondern eine Kette von Stadtstaaten. Heute läge das Land in modernen Gebilden namens Israel, Libanon und Syrien. Städte des Libanon, wie Tyros oder Sidon, formten das Reich.

Phönizien aber formte Europa aus Asien heraus – und blieb Europa doch fast unbekannt. Das Land und seine Kultur existieren zumindest

seit dem 25. Jahrhundert v. Chr. Als Mittler zwischen Ägypten, Mesopo-
tamien und dem Mittelmeerraum verdienten Phönizier nicht nur als bo-
denständige Färber und Zimmerleute ihr Geld, sondern handelten international und fuhren zur See. Sie waren sogar ausgezeichnete Seefahrer
und kreuzten mit ihren Schiffen nicht nur im Mittelmeerraum, sondern
drangen um Gibraltar herum weit in den Atlantik, in keltisches Territorium vor: nach Portugal, Nordspanien, an die französische Westküste, ins
englische Cornwall und sogar bis zu der entlegenen grünen Insel Irland.

Das levantinische Seefahrervolk hinterließ als Herren über eine
maritime Handelsroute überall seine Spuren. Wie die Chinesen heute
in Afrika und Asien, waren die Phönizier damals an Rohstoffen anderer Ländereien auf ihrer Route interessiert. In Westeuropa beuteten
sie Metallminen aus. Besonders Zinn und Silber begehrten sie und
versorgten die damaligen Großreiche damit. Europa war Rohstofflliefe-
rant. Die Handlungsreisenden von der Levante schafften es, Afrika zu
umsegeln. Außerdem betrieben sie einen reichen Afrikahandel. Dazu gehörte der Austausch mit den Somalis an Afrikas Ostküste, einer
Region, die für die Chinesen heute im Rahmen von BRI bedeutsam
ist. Wir schrecken zurück, wenn wir an die Piraten des »gescheiterten
Staates« Somalia denken.

In Baal, dem Vatergott der Phönizier, mächtiger und weniger
menschlich als Zeus oder Jupiter, findet sich eine Konkurrenzgestalt
Yahwes, dem Gott der Israeliten, der wiederum Vorbild für den Chris-
tengott und für Allah war. Für uns Europäer ist es selbstverständlich,
dass ein westasiatisches Gottesmodell unsere Zivilisation geprägt hat.
Bewusst wird uns dies höchstens noch durch die Tatsache, dass wir ohne die 22 Buchstaben des phönizischen Alphabets heute keine griechische, lateinische, kyrillische und arabische Schrifttradition hätten. Keine europäische Schrift also, keine Aufzeichnungen unserer eigenen
Zivilisation. Die westlichen Buchstabenschriften als großes kulturelles

Gegenstück zur Schrifttradition Chinas verdanken wir dem kleinen Händlervolk an der Ostküste des Mittelmeeres. Seine Verbindungen in die wilden Landstriche des Nordwestens, die später als Europa die Weltgeschichte prägten, hatten Vorreiterfunktion.

Auch politisch waren die Phönizier weniger starr organisiert als die sie umgebenden Großreiche. Als Stadtstaaten und Händler benötigten sie eine Organisation der kurzen Wege, die unmittelbar ihre wirtschaftlichen Interessen unterstützte. Universale Großherrscher »irgendwo da oben« brauchten sie nicht. Die politische Organisation der levantinischen Stadtstaaten namens Tyros oder Sidon prägte im intensiven Austausch mit den Griechen die spätere attische Demokratie. Damit beeinflusste Phönizien zudem die politische Grundlage Europas.

Auch die Politik im Sinne von *polis* (Stadt) war eine Weiterentwicklung asiatischer Vorbilder – keine geniale Neuerfindung der Griechen. Phönizien prägte mit seinen zivilisatorischen Merkmalen sowohl die hellenisch-romanischen Kulturen des frühen Europas als auch die iberischen und keltischen Kulturen weit im Westen der damaligen neuen Welt Europa. Ihre Nachfahren erlangten als Punier oder Karthager, unter der Führerschaft Hannibals (247–183), Unsterblichkeit in den Lateinlehrbüchern europäischer Schulen. Übrigens war »Baal« dem großen karthagischen Feldherrn im Kampf gegen Rom lange Zeit »gnädig« – so die Bedeutung des Namens Hannibal.

Wenn wir Europa als einen Kontinent dauerhafter Einzigartigkeit betrachten, erliegen wir einem Mythos. Im 21. Jahrhundert werden wir uns endgültig davon verabschieden. Ein Europa ohne Asien ist unvollständig. Es ist Zeit für neue Handelswege, Infrastrukturen, aktuelle Allianzen, den Kulturaustausch Richtung Osten. Frei nach Willy Brandt (1913–1992) kann im Großen das zusammenwachsen, was mit Peter Frankopan unbedingt zusammengehört. Deutschland ist vereinigt,

EUROPA UND DER DRACHE

Europa hat lange Zeit dafür benötigt beziehungsweise bewältigt es diese Aufgabe immer noch nicht. Deutschland ist in einem zusammenwachsenden Europa eins geworden. Vielleicht fügt sich der Kontinent ja besser zusammen, wenn er sich ebenfalls in einem größeren Kontext weiterentwickeln kann? Vielleicht ergibt sich eine historische Gelegenheit, Dinge auf neuen Wegen zu vollenden, so wie sich die deutsche Wiedervereinigung 1989 durch glückliche historische Umstände vollendet hat? China, die starke Kraft für neue Konstellationen, fordert uns heraus, neu zu denken, sich anders zu orientieren und zu unseren Wurzeln im Osten zurückzufinden. Doch passt ein Drache, Chinas Symboltier, überhaupt zu Europa?

Europas altes Partnertier war der Stier, »Sinnbild der Kraft, auch der blinden Wut im alten Orient«.[5] Überall in Westasien wurde er verehrt. Schon in einem der frühesten Schriftdokumente der Menschheit, dem Gilgamesch-Epos aus Sumer, entstanden um 2150 v. Chr., finden wir den »himmlischen Stier Gugulanna«, der seinem Herrscher gegenüber gefügig war, aber gewaltige Zerstörungen anrichten konnte.[6] Im Altägyptischen gibt es das Wort *ka*, das synonym für Stier sowie für »Leben, Macht und Stärke« steht.

Kreta, mit seiner minoischen Kultur und dem fürchterlichen Minotaurus, betrieb einen der intensivsten Kulte um das männliche Rind. Von dort stammten die ebenso akrobatischen wie gefährlichen Stier-Salto-Wettbewerbe, bei denen Menschen in riskanter Weise über anrennende Rindviecher sprangen. Das waren Vorläufer der bekannten Stierkampfvarianten Südfrankreichs und Spaniens. Zeus, der Kreter, wählte natürlich die Stiergestalt. Vielleicht erwuchs der europäische Hang zur Kriegsführung, die ständigen Scharmützel in hundert- oder dreißigjährigen Kriegen, die beiden Weltkriege aus den Eigenschaften des Stiers, seiner Angriffslust und Stärke. Aber das ist natürlich nur Spekulation.

211

KAPITEL 5

Der Drache hingegen war ein feuerspeiendes Ungetüm, ein Dämon, den die guten Ritter der Christenheit bekämpften. Drachen waren so selten, dass gelehrte Scharlatane den abergläubischen Menschen des Mittelalters alles über sie erzählen konnten. In China begleitet der Drache die Zivilisation von Beginn an wie der Stier die europäische. Als mächtigstes der zwölf mythischen Wesen, die den chinesischen Tierkreis ausmachen, beherrschte er den Kosmos. Er war und ist das Symbol von Stärke, Vorfahre und Begründer der kaiserlichen Herrschaft, die vom Drachenthron aus die Geschicke ihres Reiches regelten. Nicht ungebändigte Kraft, die man bei Bedarf entfesseln konnte, wie die des Stiers, sondern Erhalt und Regulierung des Bestehenden oblagen dem Drachen. Er symbolisiert nicht nur den Herrscher, sondern auch den edlen und besseren Menschen, dazu Reichtum und Glück.

Der Drache ist ein nahezu omnipotentes Fabeltier, Symbol für den starken Universalstaat, der Chinas Geschichte geprägt hat.[7] Er kann sich mit einem Hirschgeweih verteidigen, verfügt über die Klauen des Adlers und Pranken des Tigers – dazu über die Scharfsicht von Dämonen, deren Blick alles durchdringt. Doch diese Potenziale nutzt er nur im Fall einer Bedrohung. Chinesische Drachen sind oft mit einer Perle unter ihren Pranken zu sehen. Dieses Juwel symbolisiert Reichtum, Macht, Weisheit und Unsterblichkeit. Man muss sich auch nicht davor fürchten, dass chinesische Drachen Feuer speien. Das können sie gar nicht, denn der Drache ist traditionell eine Gottheit, die dem Menschen hilft, das Wichtigste zu kontrollieren, das eine Jahrtausende alte Agrarkultur wie die chinesische benötigt: das Wasser.

Spezielle Drachengotttempel waren früher überall im alten China zu finden. Drohte Dürre, baten die Priester den Drachenkönig um Regen. Schienen die Flüsse die Felder zu überfluten und den Menschen die Ernte zu zerstören, flehte das Volk um Trockenheit. Wie der Herrscher regelt der Drache das Wohlergehen der Menschen. Das ist seine ebenso

212

EUROPA UND DER DRACHE

ökonomische wie politische Funktion und unterscheidet ihn vom westlichen Stier. Wäre ein solcher Partner für das künftige Europa vorteilhaft, weil Weltführerschaft mit Waffengewalt nicht Sache des Drachens ist?

Wir haben es auf dem eurasischen Kontinent mit zwei grundlegenden Zivilisationsmodellen zu tun. Der britische Historiker Arnold Toynbee nennt das eine das hellenische und das andere das sinische Modell.[8] Das hellenische Modell bringt uns zu den Ursprüngen Europas, mit den Phöniziern in Westasien und den Griechen in der Ägäis. Seine Merkmale sind kulturelle Einigkeit bei politischer Diversität, die Entwicklung zum starken Monotheismus, die Bedeutung von Stadtstaaten mit ihren ökonomischen Formkräften Handwerk und Handel, die Option flacher Hierarchien und Mitbestimmung am Gemeinwesen. Diese Eigenschaften des europäisch-hellenischen Modells sind in Westasien entstanden.

Ostasien kennt hingegen den universalen Herrscher, den Sohn des Himmels, den göttlichen Tenno, die Unterordnung des Einzelnen unter das Gesamtgebilde, große Entwicklungs- und Orientierungslinien. Infrastrukturbau im großen Stil war und ist quer durch die eurasische Landmasse seit jeher ein typisches Wirtschaftsmodell für aufstrebende Großreiche. Die Römer versahen ihr Imperium in Europa, Westasien und Nordafrika mit Straßen und Aquädukten. Hitler ließ Autobahnen anlegen, China baut heute nicht nur Autobahnen, sondern auch Highspeed-Zugtrassen und vernetzte Hafenanlagen.

Doch jedes Modell für sich genommen reicht nicht aus, um den eurasischen Kontinent im 21. Jahrhundert neu zu gestalten. Das sinische Modell infrastrukturbasierter Globalisierung mit der Neuen Seidenstraße als Handlungsfeld leidet an wachsenden Widerständen. Ich habe dies in Kapitel 3 erläutert:

213

- China konnte nicht mit seinen Versicherungen überzeugen, keinerlei eurasische Hegemonie anzustreben. Die eigene Vergangenheit hegemonialer Tendenzen in Asien ist im Bewusstsein der asiatischen Länder verankert. Das Ansehen des Drachens ist in den letzten Jahren gesunken.
- Trotz seiner Konzentration auf friedliche, wirtschaftliche Expansion werden die Hörner und Klauen des Drachens wahrgenommen. Vor allem in Süd- und Südostasien entstehen Gegenbewegungen zur potenziellen militärischen Übermacht Chinas.
- Handel, Infrastrukturentwicklung und technologischer Fortschritt als Kernelemente von BRI machen noch keine neuen Freunde – im Gegenteil. Es fehlt an konkreten Partnerschaften mit umfassenden Perspektiven des Austauschs.
- Die vielen Fähigkeiten und Fertigkeiten des Drachens rufen Probleme hervor. Dazu gehören verschiedene Strategien, wie BRI und die 16+1-Politik. In Kombination sieht man eher Widersprüche, was zu Argwohn in Europa führt. Die EU blockiert, während Staaten und Regionen für sich Möglichkeiten der Kooperation suchen.
- Der chinesische Drache bleibt für europäische und teilweise auch süd- und zentralasiatische Gewohnheiten fremd.
- Es ist nicht klar, was genau die chinesische »Weltanschauung«[9] heute ist, wofür China steht. Das verringert die Akzeptanz des Drachens.

Während der chinesische Drache vor Kraft schnaubt, jedoch immer wieder auf Widerstände stößt, wirkt der europäische Stier wie eine träge, überfettete Milchkuh. Eine Göttin wie Europa scheint diese Kreatur nicht mehr tragen zu können. Für Stärke und plötzliche Wutanfälle steht Europa heute sicher nicht. Letzteres ist immerhin eine positive

Entwicklung. Sie lässt uns mit hoher Wahrscheinlichkeit davon ausgehen, dass Europa keine weiteren Kriege anzetteln wird. Die alten
Eigenschaften des westlichen Stiers passen schon besser zu Trumps
Amerika, doch um die Amerikaner geht es hier nicht. Reittier und Reiterin sind kraftlos geworden, weil sie sich zu viel mit sich selbst beschäftigt haben. Im vierten Kapitel habe ich folgende Trägheitstenden-
zen hervorgehoben:

- Europa erscheint den neuen Technologieführern und Infra-
  strukturentwicklern aus dem Osten als immer rückständiger,
  verfallend und vor allem führungsschwach.
- Entscheidungsschwäche wird als Kernproblem kritisiert. Ohne
  eine substanzielle, visionäre und in Übereinstimmung beschlossene Außenpolitik wird der europäische Stier kraftlos bleiben.
- Die drei skizzierten Krisen: wachsende Ungleichheit innerhalb
  des kontinuierlich erweiterten Mitgliederkreises, Finanz- vor infrastrukturbasierter Wirtschaft und wachsende politische Instabilität der Einzelstaaten.
- Das Innere hat absolute Priorität vor dem Äußeren. Europas
  Stier scheint keine Energie mehr zu haben, um kraftvoll in
  neue, unbekannte Gewässer vorzustoßen. Bisherige Versuche
  Richtung Eurasien, wie das Projekt TRACECA, wirken eher wie
  Schwimmübungen, nicht wie wirkliche Versuche, den Ozean
  zu überqueren. Die Kraft und der Unternehmergeist der Ahnen, der Phönizier oder des Europa-Entführers Zeus scheinen
  zu fehlen – vielleicht, weil man in Europa, anders als in China,
  die Kraft der eigenen Geschichte als Triebkraft nicht mehr wahrnimmt oder nicht mehr wahrnehmen möchte. Dies gilt leider
  besonders für Deutschland, das »Noch-Musterland« des ökonomischen Europas.

KAPITEL 5

Jede Zivilisation steckt für sich in einer erkennbaren Krise. Das gilt für Europa ebenso wie für China. Die chinesische Krise ist der Widerstand gegen den Schaffenden, die europäische Krise gründet sich in der Unfähigkeit zu schaffen. Die Krise ist das bekannte Gebilde aus »Gefahr und Chance« – so heißt »Krise« wortwörtlich auf Chinesisch.

Allein oder mit zu schwachen Partnern kommt keine von beiden Zivilisationen weiter. China scheint Europa weniger zu brauchen als umgekehrt, doch das täuscht. Europa, mit Deutschland und Frankreich im Zentrum, ist neben Amerika der wichtigste wirtschaftliche und kulturelle Partner des neuen Reichs der Mitte. Wie kommen alle besser zusammen? Die Antwort lautet: durch gegenseitige Ergänzungen.

Die Defizite der einen Seite können mit den Stärken der anderen ausgeglichen werden. Jeder Minuspol, jedes Defizit des aktuellen eurasischen Austausches vermag mit einem Pluspol einer Stärke der anderen Seite verbunden zu werden. Ziehen sich beide an, fließt neuer Strom, die Dinge entwickeln sich. Das chinesische Denken prägt Kräfte, die anziehend aufeinander wirken, Yin und Yang. Diese gegenseitige Anziehung erzeugt Bewegung, wie ein Strom, der beständig zwischen Plus- und Minuspol fließt. Dies gilt auch für den Lauf der Geschichte, der nie stillsteht, denn »in der lebendigen Welt« gibt es »nichts Bleibendes und Allgemeines«.[10] Ein Satz, den Spengler den Europäern seiner Zeit recht provozierend vor die Füße warf, ist die Grundsubstanz chinesischen Daseins in allen Zeiten und war es von Anfang an. Lebenswirklichkeit und Philosophie vereinigen sich in diesem Punkt im Weltbild Chinas.

Wer in China lebt, weiß, dass er nichts festhalten kann. Jeder Kraftaufwand, um Ewiges zu erringen, ist zum Scheitern verurteilt. Das hat auch Vorteile, denn Neues ist immer möglich. Für uns bedeutet das im Zeitalter des Globalen und des transkontinentalen Austauschs via Belt and Road, dass wir nach Europa und nach China etwas Neues

216

formen können – eine **eurasische Kraft**. **Europa und China haben ihr**e **Hochphasen als Zivilisationen hinter sic**h. In ihrer Verbindung liegt die Chance für Neues.

China hat dazu aufgeschlagen. Die Tennismetapher passt gut: Mit knallharter Rückhand hat der Drache den Ball »BRI« gen Westen gespielt. Doch der Ball ist noch nicht rund, sondern hat viele Dellen und lose Nähte. Vieles an ihm ist noch zu verbessern. **BRI ist formbar,** und zwar auf allen drei Handlungsfeldern:

- **Wirtschaft**
- **Politik**
- **Kultur**

Viel Spielraum also. Wer beim Spiel mitmachen möchte, muss sich selbst kennen und wissen, wozu er fähig ist und worauf er sich in seiner Spieltaktik beziehen kann. China hat gezeigt, dass seine Bezüge historischer und moderner Art sind. **Das Historische ist mehr als die vielen Zitate klassischer Philosophen, die aus dem Munde des Staatsführers Xi Jinping fließen.** BRI hat tiefe historische Wurzeln. Wer keine Wurzeln hat, dem mangelt es an Standfestigkeit. Daher bin ich im Laufe dieser Zeilen auch immer wieder unter die Oberfläche getaucht, in die Geschichte.

Die Hanse – Eine frühe »Belt-and-Road-Initiative« made in Germany

Die Frage lautet nun: Was setzen wir dem chinesischen Drachen für unsere gemeinsame Zukunft entgegen? Am besten unser eigenes historisches Profil. Kehren wir deshalb zunächst zu den Phöniziern zurück: Ihre Kultur trug bereits die Züge erfolgreicher Produzenten und Händler aus miteinander konkurrierenden und kooperierenden Städten. Mindestens genauso wichtig wie die immer wieder zitierte Demokratie der Griechen sind von Bürgern entwickelte Städte, die Handwerk, Innovation und Handel hervorbrachten und gedeihen ließen. Städte, die sich miteinander austauschen, bilden stabile Netze. Wirtschaft ist eine Ausdrucksform des Werdenden und Lebendigen, ein wichtiges Gestaltungselement dieser Welt und »ein Zeichen des Willens zur Macht«.[11] Die Stadt ist ihr modernes Handlungsfeld.

Es kommt nicht von ungefähr, dass auch die Alte Seidenstraße auf Verbindungen zwischen prosperierenden Städten aufbaute, Städten wie Samarkand, Merv, Buchara oder Chang'an (Xi'an) in China. Dieses Land orientiert sich am Vorbild erfolgreicher Städte, indem es den Entwicklungen auf eigenem Gebiet gemäß neue, Grenzen überschreitende Zentren wie Khorgos schafft. Daraus können die neuen eurasischen Handelszentren der Zukunft entstehen.

Doch haben wir Deutsche nicht eine ähnliche Geschichte urbanen Erfolgs geschrieben wie die Phönizier und die Seidenstraßenregion? Haben wir, und zwar bevor Engländer, Portugiesen, Spanier oder Holländer uns den Schneid als Händler abgenommen haben. Ich meine die Hanse, die als Netzwerk und frühes Vorbild für erfolgreiche Logistik »made in Germany« den Norden Europas zwischen 1150 und 1600 maßgeblich bestimmte. Die Hanse bietet viel Vorbildliches für unsere heutige Zeit – genauso wie die Alte Seidenstraße den Chinesen als Muster für die Zukunft der Welt dient. Der Unterschied ist, dass wir uns daran bestenfalls historisch erinnern und die schönen alten Rathäuser oder wuchtigen Stadttore, wie das Lübecker Holstentor, bewundern. Die Chinesen nutzen das Alte, um daraus das Neue zu formen. Sie bilden keine abstrakten Neubegriffe wie die EU, mit

EUROPA UND DER DRACHE

denen außer den Bürokraten und sogenannten Entscheidungsträgern im Grunde niemand etwas anzufangen weiß.

Wir kennen noch immer den Begriff der »Hansestadt«, der zuletzt ausgesprochen in Mode gekommen ist: Immer mehr Kleinstädte in Deutschland schmücken sich mit ihrer einstigen Mitgliedschaft, so wie mein Nachbarstädtchen Medebach im Sauerland. Hansestädte wie Hamburg, Lübeck, Bremen und Rostock tragen das »H« für Hansestadt noch oder wieder auf ihren Autokennzeichen. Wir haben unsere Fluggesellschaft sogar nach dem Hansebund genannt und sind mit der Lufthansa auch international gut unterwegs.

Ein genaues Datum, wann sich die charakteristischen Handelswege bildeten, ist nicht bekannt. So manch eine Straße, welche die Hanse später nutzte, war schon Jahrhunderte früher in Gebrauch. Ähnlich dem Begriff »Seidenstraße« ist das Wort »Hanse« ein Dachbegriff. Die Übersetzung ins Neuhochdeutsche mit »Bund« oder »Gemeinschaft« drückt dies bereits aus. Bemerkenswert ist, dass auch die Hanse eine Kombination aus »Belt-and-Road-Strukturen« war. Vorhandene Landverbindungen, wie die Salzstraße nach Lüneburg oder die Handelsstraßen in Deutschlands damals größter Stadt Köln in den westfälischen Raum, wurden ebenso integriert wie Kauffahrerrouten auf der Ostsee. Auch Gotland war schon vor Entstehung der Hanse ein wichtiger Handelsplatz in der Ostsee. Die Hanse vereinigte die Land- mit den Meeresstraßen und bildete daraus ein erstes »Belt-and-Road-Netzwerk«.

Der Hansebund war ebenso wenig wie BRI eine Neuschöpfung, sondern ein »Integrationsprozess einst unverbundener Handelsströme«.[12] Dem folgte ein für damalige Verhältnisse bemerkenswerter Ausbau der Infrastruktur. Offiziell begann die Existenz des Bundes im Jahr 1161 mit einer Urkunde Heinrichs des Löwen, dem damaligen stärksten Fürst des deutschen Nordens. Diese Urkunde wurde Grundlage

219

des Lübischen Rechts, eines der wichtigsten deutschen Rechtssysteme überhaupt. Lübeck war eine aufstrebende Stadt.

Seine Existenz verdankte das neue Zentrum des Nordens Händlern aus allen Teilen Norddeutschlands und aus dem nordeuropäischen Ausland. Die dort geschäftemachenden Fremden kamen aus Dänemark, Schweden, Norwegen, sogar aus Russland. Besonders erfolgreich waren die Händler der späteren schwedischen Insel Gotland. Wer Erfolg hat, weckt Neid, besonders unter Einheimischen. Ein Streit zwischen den Gotländern und den Sachsen eskalierte, und einige blieben bei den Handgreiflichkeiten auf der Strecke. Das gab den Landesherren Grund einzugreifen. Jede Handgreiflichkeit gegenüber den Ausländern stand fortan unter strenger Strafe, Todesstrafe inklusive.

Auf diese Weise entstand der erste moderne Zug der Hanse: Eine Gesellschaft aus Menschen unterschiedlicher Herkunftsländer baute sich auf. Sie sollte die Handelsstädte des Nordens prägen. Dazu stellte der Bund ein selbstbewusstes Netzwerk von Städten freier Bürger dar, das seine Geschäfte im Einflussbereich machthungriger Fürsten betrieb. Die Politik war eine ständige Herausforderung für einen überregionalen Bund in einer von regionalen Führern geprägten Welt. Im Sinne Spenglers mussten die Händler einen »Kompromiss mit dieser Welt«[13] eingehen, um ihr Netzwerk zu stärken. Wie aber funktionierte dieses Netzwerk?

Im Zentrum stand der Mensch, das erfolgreiche Einzelwesen. Im Grunde genommen ist die Hanse der Evolutionsprozess von Provinzhändlern zu angesehenen, ehrbaren Kaufleuten, die über Tausende von Kilometern hinweg vernetzt operierten. Besonders erfolgreich waren sie um 1300, als der Bund auch organisatorisch zu einer festeren Einheit avancierte. In den meisten Kulturen unserer Geschichte hatte der Kaufmann anfangs nur einen niederen Status. In China musste er sich Ansehen erwerben, indem er erfolgreiche Karrierebeamte, die im

EUROPA UND DER DRACHE

konfuzianischen System gebildete Leute waren, in die Familie holte. Er kaufte sich seine »Familienstars«, wie Fußballvereine sich heute ihre Fußballstars einkaufen.

In Europa mussten sich die frühen Hansekaufleute von einem doppelt schlechten Ruf befreien: dem, mit Geld zu wirtschaften, und dem, dieses zu verleihen – so wie die stigmatisierten Juden. Das war ein Sündenfall nach Auffassung der heiligen katholischen Kirche. Dazu kam der schlechte Ruf der Händler, zum fahrenden Volk zu gehören, ein Reisender zu sein wie die Geschichtenerzähler, Akrobaten, Seiltänzer und Musiker vom Schlage des berühmten Till Eulenspiegel.

Eine denkbar schlechte Ausgangsposition, um gesellschaftlich erfolgreich zu sein. Doch die Kaufleute der Hanse entwickelten einen beachtlichen Ehrgeiz, um sich weiterzuentwickeln. Sie bildeten eine Art Sitte heraus, einen Kodex des ehrbaren Kaufmanns, der sich heute in dem Ausspruch »ein Mann – ein Wort« wiederfindet. Was per Handschlag besiegelt war, wurde eingehalten. Verlässlichkeit und Vertrauen waren Säulen, auf denen die Hanse als ein Netzwerk von Kaufleuten fußte. Auf der Grundlage persönlicher Beziehungen konnten sich Erfolgsstorys entwickeln, Geschichten, die jede neue Institution oder Organisation braucht.

Nicht ganz so berühmt wie Lorenzo di Medici (1449–1493) oder Jacob Fugger (1459–1525), waren die beiden in Dortmund geborenen Kaufleute Tidemann Lemberg (1310–1386) und Hinrich Castorp (1419–1488) typische Kaufmannspersönlichkeiten ihrer Zeit. Ihr Einfluss auf politische Entwicklungen ihrer Tage war derart groß, dass sie durchaus als »große Persönlichkeiten mit geschichtsbildendem Willen«[14] zu bezeichnen sind. Dieser geschichtsbildende Wille hängt stark damit zusammen, dass ein Händler wie Lemberg es schaffte, die Hauptfaktoren der Wirtschaftsleistung des damaligen Staates zu kontrollieren. Dazu gehörte der unbedingte Wille, selbst und aktiv ins Ausland zu gehen, dort

Netzwerke und Geschäftsbeziehungen aufzubauen. Dem Dortmunder gelang dies in London, einem wichtigen Außenhandelsplatz der Hanse, so erfolgreich, dass er am Ende den gesamten englischen Wollhandel kontrollierte, immerhin eine der Haupteinnahmequellen des damaligen Königreichs. Mit einem Darlehen schaffte es der Hansekaufmann im Jahr 1343 sogar, für den damaligen König Edward III. die verpfändete Königskrone zurückzuerlangen. Deutlicher ist der Einfluss kaum zu beschreiben, den die Wirtschaft zeitweise auf die Politik ausübt.

Der andere Dortmunder, Hinrich Castorp, avancierte ein Jahrhundert später als Zugereister zum Bürgermeister der Hansemetropole Lübeck. Der gut vernetzte Kaufmann regelte die wichtigen Außenbeziehungen des Hansebundes. Am Ende bestattete man ihn in der Lübecker Katharinenkirche wie einen Fürsten. Diese Männer hatten eines gemeinsam: Sie waren dank persönlicher Beziehungen hervorragend vernetzt, verfügten über soziale Kontakte, die das gesamte operative Territorium der Hanse abdeckten. Sie gehörten mehreren Handelsgesellschaften an, die im Netzwerk des Bundes und darüber hinaus operierten. Schließlich unterhielt die Hanse auch Netzwerkbeziehungen in den Mittelmeerraum, den die Florentiner und Venezianer kontrollierten, nach Süddeutschland und – immer wichtiger – nach West- und Südwesteuropa. Von dort sollten später andere Händler, von Portugal bis nach England, mit neuen globalen Optionen das Erbe der Hanse antreten und das Schicksal des norddeutsch-nordeuropäischen Netzwerks besiegeln.

Funktionierende Netzwerke entscheiden über den Erfolg. Das gilt insbesondere für Strukturen wie BRI, für die solche Verflechtungen noch aufzustellen sind. Die Hanse funktionierte, weil die Kaufleute über ein komplexes Netz sozialer Beziehungen verfügten, in das ihre Familien und engen Vertrauten integriert waren. Sie war zudem erfolgreich, weil sich ein neuer Typus des interkulturell und interregional agierenden Kaufmanns bildete.

EUROPA UND DER DRACHE

Der Hansekaufmann wurde zu einem Ausbildungsberuf. Margit Schulte-Beerbühl beschreibt anschaulich, wie man vom Lehrling zum erfolgreichen Kaufmann avancierte:

Ein Lehrling verbrachte in der Regel seine Lehrzeit bei einem befreundeten oder verwandten Kaufmann. In den letzten Jahren seiner Lehrzeit oder nach Beendigung seiner Lehre wurde er als Kaufgeselle in die Ferne geschickt, wo er die lokalen Handelsverhältnisse und Eigenarten kennenlernte. Viele Lehrlinge verbrachten beispielsweise ihre letzten Lehrjahre im Londoner Handelskontor. Dem Lehr- oder Weiterbildungsaufenthalt in der Fremde folgte der Einstieg als Juniorpartner, bevor sich der Jungkaufmann als Firmeninhaber etablierte. Als Kaufgeselle und Juniorpartner baute der Jungkaufmann seine Reputation auf.

Blieb er in der Fremde, so wurde er für die Familie oder den ehemaligen Lehrherrn in der Heimat ein wichtiger Partner, der die lokalen Marktverhältnisse überblickte, rasch und flexibel auf Marktveränderungen reagieren konnte sowie als wichtige Informations- und Kontrollstelle fungierte.[15]

Wer in der Fremde erfolgreich war, benötigte auch diplomatisches Geschick und musste lernen, wie man mit Menschen, die andere Wertvorstellungen hegten, zu einem erfolgreichen Abschluss kam. »Jede Art Diplomatie ist geschäftlicher, jedes Geschäft diplomatischer Natur, und beide beruhen auf eindringender Menschenkenntnis«, bemerkt Oswald Spengler. Nach diesem Prinzip funktionierten auch die erfolgreichen Geschäfte der Hanse. Die diplomatischen Möglichkeiten und die Verantwortung, die ein international operierender Kaufmann damals erlernte und übernahm, gelten auch angesichts der neuen Netzwerkbildungen des 21. Jahrhunderts.

Die selbst geschaffenen Netze, mit einem speziell für die Hanse ausgebildeten Nachwuchs, schufen Generationen erfolgreicher

KAPITEL 5

Kaufmannsfamilien. Wie die Handwerker der europäischen Städte, so bildeten die Kaufmannsfamilien der Hansestädte feste und langlebige Strukturen, die den Gesamterfolg des Netzwerks begründeten. Thomas Mann erzählt in den *Buddenbrooks* von den Schattenseiten und dem Verfall einer solchen Familie, die noch Jahrhunderte nach dem Ende der Hanse 1669 von den Traditionen des alten Kaufmannsbundes zehrt.

Zu den Persönlichkeiten der Hanse kamen die vernetzten Städte und die Verbindungen zwischen ihnen. Sie waren Folge und Nährboden der Entwicklung. Neue Infrastrukturen gehörten als Entwicklungsfaktor dazu. Die Hanse kreierte Städte oder machte sie groß. Sie schaffte Gegebenheiten, die miteinander in Austausch treten konnten. Heutige europäische Hauptstädte, wie Tallinn (Reval) oder Riga, verdanken ihre Bedeutung dem Hansebund. Lübeck bot Chancen auf gute Geschäfte und wuchs schnell dank zugezogener Unternehmer aus Norddeutschland, die dort neue Geschäfte starteten.

Hinter den Neusiedlern lagen die bekannten Handelswege in das deutsche Hinterland bis in die Niederlande, vor ihnen die Ufer der Ostsee mit anderen aufstrebenden und neugegründeten Orten. Überall hörte man den Lärm von Baustellen, das Hämmern und Sägen, das Mauern von Backstein. Neue Kirchen ragten in die Höhe, höher als alles, was die Neuankömmlinge kannten. Wenn auch weitaus kleiner, so erinnern die frühen Tage der deutschen Hanse an China und seine Bautätigkeiten entlang der Neuen Seidenstraße. Rund 200 Städte traten am Ende dem Bund bei und prosperierten viele Jahrzehnte oder gar Jahrhunderte lang im Handelsaustausch. Mit den neuen Küstenstädten öffnete sich das damalige Norddeutschland mit der Ostseeregion nach außen – eine Art Öffnungspolitik, die, anders als im chinesischen Beispiel, nicht von einer Zentralregierung, sondern von den Kaufleuten, den Bürgern selbst, gestaltet wurde.

224

EUROPA UND DER DRACHE

Die Hanse war ein loser Bund, »ein unorganisches Gebilde mit einer fast nicht greifbaren organischen Struktur«,[16] das am Anfang noch kein Prinzip, keine Statuten, keine ins Detail geplanten Zielvorgaben besaß. Genauso verhält es sich im Grunde mit BRI. Damals luden die Norddeutschen, nicht die Chinesen, zur Teilnahme an der Initiative ein. Deren Führerschaft war unbestritten. Lübeck war seit 1294 »caput et principium omnium« – »Haupt und Führer aller«.

»Concordia domi – foris pax« steht auf der Frontseite des trutzigen Holstentores: »Eintracht zu Hause und Frieden auf den Märkten.« Dieses verkürzte Zitat erinnert an eine Grundmaxime chinesischer Staatsphilosophie: »Lebt erst die Familie in Eintracht, kann auch das Reich erfolgreich regiert werden« *(jia qi er hou guo zhi)*.[17] Stimmen die inneren Strukturen, werden auch die äußeren erfolgreich gefestigt. Die Maximen der lübischen Kaufleute und der chinesischen Staatsphilosophen ähneln einander. Beide garantieren die lang anhaltende Stabilität gesellschaftlicher Systeme. Für Deutsche sowie für Chinesen ist Stabilität ein äußerst wichtiger Wert. Unsere eigene Hansetradition lehrt, dass uns China nicht fremd sein muss.

Lübecks Entwicklung zur ersten unter den Hansestädten ließ Standardisierungen folgen, die später von vielen anderen Mitgliedern der »Initiative« ebenfalls übernommen wurden: Das Lübische Recht galt bis Riga, Reval (Tallinn) und sogar im russischen Nowgorod, wo die entfernteste Niederlassung der Hanse so lange existierte, bis ein erstarktes Russland sie auflöste. Im Grunde handelte es sich dabei um das Stadtrecht der Stadt Soest in Westfalen. Die heutige Provinzstadt war damals eine der wichtigsten Handelsstädte. Ihre Kaufleute begründeten den neuen »Hub« Lübeck im Norden mit. Ihr Recht wurde via Lübeck zu einer der Frühformen internationalen Rechts. Die Erfolgsgeschichte der Hanse machte dies möglich.

KAPITEL 5

Doch der Bund benötigte nicht nur ein gemeinsames Recht, sondern auch eine gemeinsame Sprache, die Sprache Norddeutschlands. Damals herrschte eine Form des Plattdeutschen, die Sprachwissenschaftler heute als Mittelniederdeutsch klassifizieren. Dieses Deutsch war die Redeweise der Hanse. Wer im Club mitmischte, musste sie beherrschen, und so war das Mittelniederdeutsche bis ins russische Nowgorod verbreitet. Natürlich gab es damals noch keine Goethe- oder Konfuzius-Institute, welche die »lingua franca« förderten. Das Mittelniederdeutsche war im Hanseland genauso relevant und notwendig, wie es das Chinesische in den BRI-Ländern werden kann. Die künftige Generation von BRI-Kaufleuten, IT-Experten oder BRI-Logistikern wird selbstverständlich Chinesisch lernen müssen.

Mit Recht und Sprache entstand eine neue Hanse-Identität, die Städte außerhalb eines Reiches miteinander verband. Die enge Verzahnung zwischen Hamburg und Lübeck, aber auch zwischen Lübeck und Danzig, belegen dies. Städtepartnerschaften und erfolgreiche Aktivitäten hängen an Persönlichkeiten, die diese Aktivitäten entwickeln und lebendig halten. Entlang der BRI-Routen liegt eine große Zahl bedeutsamer Städte. Verbindungen, wie sie über die transeurasischen Eisenbahnverbindungen schon heute zwischen Chongqing, Chengdu und Duisburg existieren, können und müssen nach dem Vorbild der Hanse agierende Persönlichkeiten beleben und erweitern. Direktverbindungen zwischen Firmen, Kaufleuten, Logistikern sind in der Lage, lebendige Austauschbeziehungen entstehen zu lassen, die an die Qualitäten der besten Hansetage erinnern. Darin stecken ganz andere Möglichkeiten als in politisch beschlossenen Städtepartnerschaften unserer Tage, die kaum funktionieren.

Orte wie Khorgos, der neue Handelsumschlagplatz und Logistikhub zwischen China und Kasachstan, haben das Potenzial, sich zu einem »Lübeck der Steppe« zu entwickeln. Doch das ist nur möglich,

EUROPA UND DER DRACHE

wenn Netzwerke zwischen international handelnden Persönlichkeiten und ihren Firmen dort entstehen beziehungsweise dort ihren Knotenpunkt haben. BRI ist die Initiative eines machtvollen Staates unserer Zeit, die Hanse hingegen begann mit zwischenmenschlichen Verbindungen, einflussreichen Händler- und Produzentenpersönlichkeiten. Erst dann bildeten sich übergeordnete Vernetzungen wie die Städtehanse. Die Hanse war ein anderes Gebilde als die Europäische Union. Das politisch-ökonomische Europa unserer Tage hat zwar auch als persönliches Netzwerk einflussreicher Persönlichkeiten der Politik – zwischen Männern wie Adenauer und Schuman – begonnen. Schnell aber bildete sich eine bürokratische Organisationsform aus, deren Kosten den Nutzen des Ganzen überstieg. Der Hansebund bestand nicht zuletzt deshalb lange Zeit, weil seine organisatorischen Kosten niedrig und das Netzwerk locker geknüpft waren.[8]

Im Vergleich zur Hanse, die ihren Erfolg bewiesen hat, sind sowohl BRI als auch die Europäische Union bisher kurzlebige Gebilde. Beide müssen ihre Konstanz und Stabilität noch beweisen. Die EU muss ihre Hundertjahrfeier Mitte des 21. Jahrhunderts noch erleben, um zu einer historischen Größe zu avancieren. BRI hat noch kein Jahrzehnt Bestand. Wie erfolgreich die Hanse, als eine nach 400 Jahren zusammengebrochene Form von Protoglobalisierung »made in Germany«, dagegen doch wirkt.

In puncto Dimensionen vermag der Hansebund natürlich nicht mit der Alten Seidenstraße mitzuhalten, ebenso wenig wie Deutschland mit China. Doch die Seidenstraße war nie ein politisch-wirtschaftliches Bündnis zwischen Staaten oder Städten. Das, was die Hanse bereits war, organisiert sich entlang der Seidenstraßen erst in unserer Zeit. Als Vorläufermodell für eine gemeinsame eurasische Zukunft ist die Hanse nicht zuletzt deshalb interessant, weil sie ein vorwiegend ökonomischer Zusammenschluss war, dem politische und kulturelle Inhalte folgten.

227

Ein moderner Reiz des alten Männer- und Städtebundes im Norden Europas liegt auch in der dynamischen Struktur. Da er kein fester politischer Zusammenschluss war, passte sich der Bund immer wieder an Veränderungen an. Im Zenit seiner Macht war Brügge, Handels- und Finanzzentrum Flanderns, Juniorpartner des Bundes, der seinen Regeln zu folgen hatte. In Brügge liefen die Warenströme aus Spanien und Frankreich zusammen. Topkaufleute aus Italien etablierten hier Frühformen des Bankwesens, wovon offen eingestellte Hanseaten wiederum lernten. Im Prinzip wurde so ganz Europa als Handels- und Finanznetz koordiniert. Auf eine Art klingt das lebendiger als die Europäische Union unserer Tage – weil die Netze sich aus agierenden Einzelpersonen und nicht aus Verwaltungsinitiativen bedienten.

Selbst als sich der Hansebund im 17. Jahrhundert nicht mehr reformieren ließ und es verpasste, nach der Entdeckung Amerikas und der Bedeutung des aufkommenden Indienhandels wirklich global zu agieren, schafften es einzelne Hansemitglieder, sich anzupassen. Sie zählten nun nicht mehr zu den führenden Städten der Weltökonomie, wie zur Blütezeit der Hanse, spielten jedoch erfolgreich mit. Ein treffendes Beispiel ist die Stadt Hamburg, die sich schließlich zur internationalen Hafenstadt und Metropole aus ihrer Hansetradition heraus entwickelte. Der einstige Primus und Rivale Lübeck blieb am Ende auf der Strecke und fiel in die Provinzialität zurück. Der Vergleich der beiden Städte heute erzählt eben diese Geschichte.

Die Hanse war eine Erfolgsstory. In Zeiten chinesischer Herausforderung lohnt es sich, intensiv über sie nachzudenken: »Mit dem Alten vertraut sein, um das Neue zu kennen« (*wen gu zhi xin*). Und zwar zum Nutzen unserer derzeit wichtigen Netzwerke Europa und Eurasien *plus n*. »Plus n« bedeutet hier Staaten und Regionen außerhalb Eurasiens. »Plus n« deshalb, weil BRI auch geografisch ein offenes Konzept ist. Die Hanse kann nicht wiederbelebt werden, doch ihre

Geschichten und Vorbilder geben einen wichtigen Impuls für Deutsche und Europäer, sich aktiv und selbstbewusst nach Osten zu öffnen.

Mit der Geschichte der Hanse BRI einen eigenen Stempel aufdrücken – warum nicht? 1980 begründete sich im niederländischen Zwolle eine »neue Hanse« unserer Tage, die als Höhepunkte jährliche historische Hansetage organisiert. Historische Feiern und Folkloreereignisse sind nett. Doch sie feiern nur das Vergangene – auch in Form des Tourismus, den man damit beleben möchte. Abgesehen davon, ist die Hanse in dieser Form bedeutungslos.

Ich wiederhole nochmals mein Lieblings-Konfuziuszitat, leicht modifiziert: »Mit dem Alten vertraut sein – und daraus das Neue formen.« Das ist eine, zugegeben etwas freie, Übersetzung, die aber den Ansprüchen unserer Zeit gerecht wird.

Den Drachen reiten – Hinein in die Zukunft

Eines gilt es zum Abschluss nochmals zu betonen: BRI ist gestartet, und BRI geht ihren Weg, mit oder ohne Europa. Falls die weltwirtschaftliche Entwicklung, so wie der Westen sie begonnen hat und China sie als treibende Kraft der Globalisierung fortführt, nicht innerhalb der nächsten Dekade kollabiert, wird »BRI die Lokomotive« sein, welche die Weltwirtschaft weiter vorantreibt.[19] Für uns stellt sich nun die entscheidende zweite Frage: Wie können wir partizipieren, mehr noch: Wie können wir gestalten und den chinesischen Drachen reiten?

Seit rund 40 Jahren transformiert China seine eigene Gesellschaft vor allem mit Infrastrukturentwicklung. Seit Anfang der Achtzigerjahre hat sich das Land von einem der Armenhäuser des Planeten zur zweitgrößten und künftig wohl größten Volkswirtschaft entwickelt. Das Bruttoinlandsprodukt pro Kopf hat sich von mageren 200 US-Dollar auf stattliche 8000 US-Dollar, innerhalb von weniger als vier Dekaden, vervierzigfacht. Noch beeindruckender war das infrastrukturelle Wachstum: Zockelte der Reisende 1992 mit langsamen, überfüllten Zügen über Land und vertrieb sich die Zeit damit, Sonnenblumenkerne zu kauen, so rauscht er heute mit Hochgeschwindigkeitszügen der neuesten Generation von Shanghai bis nach Urumchi. Autobahnen verlaufen in alle Richtungen. Gewaltige Staudammprojekte, wie das Drei-Schluchten-Projekt am Yangtse, wurden umgesetzt. Fast 60 Prozent aller Chinesen leben in Städten. Innerhalb einer Generation verschwand die Armut nahezu völlig aus dem Land. Die größten Flughäfen und Häfen der Welt sind entstanden und werden in den nächsten Jahren errichtet, dazu unzählige neue Städte und Siedlungen.

China lebt von Investitionen in Infrastruktur und hat in den Neunziger- und Nullerjahren stattliche 9 Prozent des Bruttoinlandsprodukts jährlich[20] in Infrastrukturprojekte, vom fast schon klassischen Drei-Schluchten-Damm über das Highspeed-Zugnetz bis zu Retortenstädten im Stile Lingangs bei Shanghai, gesteckt. Khorgos ist, wie gesehen, eine der ersten Entwicklungen dieses Stils, die bereits die Grenze überschritten hat. Der Great Stone Industrial Park, der in Weißrussland bis 2030 entsteht, ist ein weiteres Projekt.

Für die Fortentwicklung des sinischen Wirtschaftsmodells im Ausland werden 600 bis 800 Milliarden US-Dollar investiert. Benötigt werden allein in Asien mindestens 900 Milliarden Es herrscht akuter Handlungsbedarf, weil nicht genug Infrastruktur vorhanden ist.[21] Diese Nachfrage kittet asiatische Staaten und bindet auch Chinas Konkurrenten und größten Kritiker Indien an die BRI-Aktivitäten. Nicht zuletzt deshalb gehört gerade Indien zu den führenden Mitgliedern der AIIB, die einen Teil der benötigten Mittel aufbringen sollen. Das haben, wie gesehen, auch die Deutschen verstanden, die sich ebenfalls an prominenter Stelle engagieren. Auch in Afrika, nach Asien und Europa die dritte große Zielregion der BRI-Aktivitäten, wird Infrastrukturentwicklung die einzige Chance sein, den Kontinent weiterzubringen und die gefürchteten Flüchtlingsströme der Zukunft, die sich Richtung Europa ergießen könnten, einzudämmen. Für die Notwendigkeit afrikanischer Infrastrukturentwicklung im großen Stil ist Europa als Ganzes gefragt, denn Europa reibt sich tagtäglich an dieser Problematik. In Deutschland ist dieser Sachverhalt unangefochten Thema Nummer 1.

An der Flüchtlingsproblematik ist zu sehen, wie paradox und widersprüchlich sich Europa, einschließlich der deutschen Politik, verhält. Einerseits kritisiert man Chinas Einflussnahme in Afrika nicht zuletzt aufgrund der Infrastrukturprojekte, die das sinische Wachstumsmodell, einschließlich BRI, auch dort initiiert hat. Andererseits setzt Europa keine eigene engagierte Infrastrukturpolitik dagegen, sondern lamentiert über die Symptome des Problems, statt seine Ursachen an der Wurzel zu packen. Dabei beteiligen sich junge Afrikaner bereits begeistert an chinesischen Kulturprogrammen, welche die chinesische Community in afrikanischen Ländern zunehmend selbstbewusst einführt.

Auf dem Victoriasee in Uganda lieferten sich chinesische und ugandische Teams Drachenbootrennen zum traditionellen Drachenbootfest des Jahres 2018.[22] Die Zeiten, in denen das moderne China für nichts stand, wie in Kapitel 3 ausgeführt, werden sich im sinophilen Afrika voraussichtlich deutlich ändern. Und das sollte den Europäern im ureigenen Interesse ein nachahmenswertes Beispiel sein. BRI ist schließlich auch ein Nachfolgemodell der Deng-Xiaoping-Theorie, die besagt, dass es »egal ist, ob die Katze schwarz oder weiß ist. Hauptsache, sie frisst Mäuse«. Und wird dadurch satt und kann sich entwickeln. Und verzichtet auf lebensgefährliche Bootsfahrten über das Mittelmeer nach Europa.

China ist es nicht möglich, sich von seinen BRI-Partnern zu trennen, denn allein das Handelsvolumen beträgt rund 3 Billionen

US-Dollar. Umgekehrt kann es aber auch nicht das komplette Investment finanzieren, sollte BRI außerhalb Chinas ähnlich gut anlaufen wie im Inland selbst. Das Land sucht starke Partner und wird sie finden. Es passt ins Bild, dass die Commerzbank in China am 28. Juni 2018 einen ersten »China-Deutschland-BRI-Gipfel« in Peking initiiert. Daran zeigt sich auch, wie sehr Banker ihre Chancen ausloten wollen, sich initiativ entlang der Neuen Seidenstraße zu zeigen.

Erfolg mittels Infrastrukturentwicklung zu erzielen, ist Chinas Stolz. Aus chinesischer Sicht gibt es bisher keine Beweise dafür, dass am sinischen Modell etwas grundfalsch sein sollte. Im Gegenteil: Die Weltfinanzkrise 2008/2009 und der andauernde eigene Entwicklungserfolg haben das sinische Modell gestärkt und den sogenannten Washington-Konsens, der 1989 Steuereinkommen, Privatisierung, Freihandel und sieben weitere Punkte liberalen Wirtschaftens lange Zeit zum alleinigen rechten Glauben stilisierte, erschüttert. Dani Rodrik, der in Harvard internationale Wirtschaftspolitik lehrt, fragte schon 2006, was das alte wirtschaftliche Glaubensbekenntnis der Amerikaner ersetzen könne.[23] Hier gehört das sinische Modell, mit BRI als aktuellem wirtschaftspolitischen Instrument, zu einem heißen Kandidaten.

Entziehen kann sich diesem Modell niemand. Auch Chinas Nachbar Japan nicht – gemeinsam mit Indien wohl der stärkste Kritiker des Landes. Japaner sind für die älteren Chinesen noch immer die Teufel des Zweiten Weltkriegs, für die jungen Erwachsenen jedoch Vorbilder in vielen Belangen des zivilisierten, urbanen Lebens. Japan ist eine der Topdestinationen für die junge Generation Chinas. Das alternde Japan braucht China künftig mehr als umgekehrt. Dort kann das Land des Lächelns seine erfolgreichen Servicekonzepte, wie die Supermarktketten Family und Watson, in gewaltigen Netzen entwickeln und weiterhin als stärkster Konkurrent der Deutschen erfolgreich seine Autos verkaufen – trotz oder dank der chinesischen E-Quote, für die Toyota besser gerüstet scheint als Volkswagen. Es wird künftig mit anderen um die besten Köpfe Chinas buhlen, denn kaum eine Bevölkerung auf dem Globus ist älter als die japanische. Einen Konfrontationskurs kann sich das Reich des Tennos nicht leisten.

Was BRI betrifft, so fährt das Inselreich eine Doppelstrategie: Auf der einen Seite hält es sich noch heraus aus den Konkurrenzmodellen Chinas, wie der AIIB. Japan verbündete sich 2007 mit Indien, den USA und Australien zum Quadrilateral Security Dialogue (QUAD), um gemeinsam mit den indopazifischen Partnern China entlang der maritimen Seidenstraße zu kontrollieren und in Schach zu halten. Auf der anderen Seite weiß Japan, dass gerade auf dem asiatischen Kontinent und zunehmend auch in Südostasien, den Partnerländern von ASEAN, ohne die Chinesen nichts Großes mehr läuft. Somit arrangiert sich die einstige Wirtschaftsmacht Nummer 1 in Asien zwangsläufig mit dem ewigen Konkurrenten.[24]

Auf ganz unaufgeregte Art tun das bereits die Schweizer. Anders als die politischen Führer Deutschlands, die sich vertreten ließen, nahm die damalige Schweizer Bundespräsidentin Doris Leuthard am BRI-Forum 2017 in Peking teil. Als kleiner, aber geschätzter Partner Chinas wollte sie Prioritäten setzen. Der Schweizer Generalkonsul Alexander Hoffet erkannte richtig, dass BRI »ein sehr offenes und flexibles Konzept ist«,[25] das nicht definitiv fixiert ist. BRI will sich nicht festlegen lassen, damit es sich immer wieder anpassen kann. China schafft gern große Rahmenbedingungen, konkretes Ausgestalten und Handeln überlässt es lieber anderen. Das trifft bei kleinen Projekten, wie dem Aufbau eines Konfuzius-Instituts, genauso zu wie bei Großprojekten einzigartiger Dimension.

Der Hang zu Größe deckt sich mit einer uramerikanischen Affinität zu XXL. Die Unschärfe stammt aus Chinas eigener Auffassung der Welt, die ein permanenter Wandlungsprozess prägt. Das macht die Dinge so schwer greifbar und frustriert manch einen westlichen Planer, auch wenn er China lange kennt. Was die EU und Indien kritisierten, ist für die Schweizer eine Chance. Sie können auch als Nicht-BRI-Land dabei sein und müssen sich nicht zu sehr festlegen, was Schweizern ohnehin zuwider ist. Bloß keine Mitgliedschaft ohne Not in fremden Strukturen.

Doch Zentralasien ist längst Partner der Schweizer. Als die klassischen Geldverleiher und Projektfinanzierer haben Schweizer Bankhäuser, im Rahmen von Initiativen der Weltbank und des Internationalen Währungsfonds, langjährige Erfahrung und stehen im Austausch mit den zentralasiatischen Staaten. Dieser Sachverhalt firmiert unter der schönen Wortneuschöpfung »Helvetistan«. Die Schweizer beobachten die 16+1-Initiative genau und waren natürlich auch bei der Gründung der AIIB dabei. Der südliche Nachbar Deutschlands bietet sich an, wenn es um BRI geht – mit Expertise im Infrastrukturbau, in der Transportlogistik, der Kommunikation, Energieversorgung, Finanzierung, der Risikokontrolle und bei Versicherungen. So wie die Commerzbank aktuell, bieten sich Schweizer Bankhäuser als Zufinanzierer für BRI-Projekte an.

BRI passiert. Ob sinnvoll oder nicht, ist, wie Alexander Hoffet formuliert, »hypothetisch, da es in der Geschichte kein Zurück gibt«.[26] Die Initiative hat eine effiziente Grundlage für den Erfolg, und sie ist offen, um gestaltet zu werden.

Deutschland hat mindestens drei Möglichkeiten, den Drachen zu reiten und – noch wichtiger – beim Drachenrodeo nicht herunterzufallen: Die erste betrifft das Engagement bei der Finanzierung, ob nun im Rahmen der AIIB oder, so wie die Schweizer es planen, mit gezielter Finanzierung von Projekten, die man als sinnvoll, transparent und erfolgversprechend erachtet. Diese Option besteht natürlich auch

234

im größeren Rahmen, abgestimmt mit der EU. China ist überall präsent, doch, wie gesehen, nicht überall gleich beliebt. Wenn sich Europa ähnlich oder gezielter engagierte, wären chinesische Gelder nicht unbedingt erste Wahl. Doch dazu sind klare Prioritäten zu setzen, die in Europa selbst, in den mittel- und osteuropäischen Ländern, beginnen. Hier hat BRI mitten im Herzen Europas für genug Wirbel gesorgt, dass klare Signale hinsichtlich konsequenter Entwicklung von Infrastruktur zu setzen sind. Juristische Probleme und Spitzfindigkeiten dürfen das Notwendige nicht beschränken. Handeln ist oft besser, als eine Sache wiederholt abzusichern.

Die zweite Möglichkeit betrifft die Expertise für gezielte Teilprojekte oder komplett neue Infrastrukturmaßnahmen. Das Modell duisport kann hier Vorbildcharakter, auch für andere interessierte Unternehmen des Mittelstands, haben. Als Logistikexperte verfügt duisport über einen chinesischen Partner und Geldgeber. Auch die Schweiz engagiert sich, wie gesehen, in diesen Bereichen. Für zahlreiche spezialisierte deutsche Mittelständler gibt es hier mit Sicherheit eine Bandbreite neuer Chancen, die sich mit BRI zusätzlich in Asien oder Afrika eröffnen können. Die Kooperation sollte, wie im Fall Duisburg, im Kleinen und Konkreten ansetzen. Bilaterale Projekte zwischen Städten in West und Ost bis zum Engagement von Regionen und Bundesländern. Je mehr Akteure versuchen, sich auf dem Rücken des Drachens festzusetzen, umso mehr können sie seine Bewegungen beeinflussen.

Der dritte Bereich ist der ehrgeizigste und herausforderndste, denn er führt europäische, hauptsächlich sogar deutsche Traditionen wieder nach Osten. Er leitet zurück zum Hansebund. Mit einer gezielten Aufarbeitung der erfolgreichen Leistungen im Rahmen der am Ende gescheiterten Hanse könnte man zusammen mit europäischen Partnern die Ideale und Erfolgskonzepte des Wirtschaftsbundes für eine Art EURO-Hanse wiederzubeleben. Allerdings nur mit dafür geeigneten

Partnern. Warum nicht auf der Grundlage von immerhin 400 Jahren europäischer Wirtschaftsgeschichte eine neue Form der Hanse generieren? Historische Erfahrung wird China, das geschichtsorientiert agiert, beeindrucken.

Die zentralen Erfolgsfaktoren der Hanse: Professionelle Kaufleute mit Ehrenkodex und ein interkulturelles Netzwerk auf Städteebene, vermögen es, BRI eine deutlich europäische, sogar deutsche Note Richtung Osten bis nach China mitzugeben. Dieser »Ehrenkodex« könnte modern interpretiert vor allem bedeuten, dass derjenige, der sich im Rahmen von BRI engagiert, zu einer ehrlichen und transparent agierenden Elite gehört, die allgemeingültige Richtlinien entwickelt. Auch so etwas gibt es noch nicht, die Hanse verfügte jedoch mit dem Lübischen Recht darüber.

Der Königsweg wäre die Heranbildung künftiger junger Kaufleute, IT-Spezialisten, Logistiker – wer oder was auch immer gebraucht wird –, die sich mit fundierten Sprach-und Kulturkenntnissen auf das eurasische Mammutprojekt »Belt-and-Road-Hanse« einließen. Junge Menschen aus Europa, die wissen, dass ihr Lebensraum einst aus Asien geboren wurde. Statt Diskussionen um Symptome der europäischen Krise, die zu nichts führen, bedarf es angesichts der chinesischen Herausforderung einer Durchdringung der eigenen Handels- und Wirtschaftsgeschichte, um mit gleichem Selbstbewusstsein wie China aus dieser Geschichte eigene und selbstbewusste Lösungen zu entwickeln.

Schon jetzt zeichnet sich ab, dass die Vernetzung von Städten, wie etwa von Chongqing und Duisburg, wichtig dafür ist, dass BRI funktioniert. Städtebündnisse sind besonders europäische Erfahrungen, ein Hauptmerkmal der Hanse. Mit interurbanen Verbindungen kann transparenter und konkreter gehandelt werden. Oft sind lokale Unternehmen dabei die Hauptakteure. Hier zeigen sich erneut Chancen für den Mittelstand.

Nicht nur vom Erfolg, sondern auch vom Ende der Hanse können wir lernen. Das Ende war vorherzusehen, weil der Bund sich am Ende als »endlich« begriffen hat. Als ein abgeschlossener Raum, statisch und ohne die Fähigkeit, sich organisch in den weiteren Lauf der Geschichte einzupassen.

Die Welt veränderte sich seit dem 15. Jahrhundert dramatisch. Entdeckungen und Eroberungen vervielfachten die Dimensionen und Möglichkeiten. Die neu entdeckten Amerikas boten Entwicklungsmöglichkeiten wirtschaftlicher und politischer Art, immer bessere Technologien der Schifffahrt eröffneten Seewege auch nach Osten. Indien und China rückten näher. Die alten Hansestädte, Lübeck an der Spitze, verharrten jedoch in ihren Traditionen, konzentrierten sich weiter auf die vergangene mittelalterliche Welt. Ein entscheidender Blick in neue Weltregionen, gepaart mit der Entschlossenheit, neue Konstellationen und Bünde zu begründen, fand nicht statt. Das aufstrebende Westeuropa nahm der Mitte und dem Osten Führerschaft und Privilegien ab. Die nicht wandlungswillige Hanse musste untergehen. Einzelne schafften es, neue Konstellationen zu begründen. Hamburgs Entwicklung und seine Fixierung auf den England- und später Kolonialwarenhandel ist ein Beispiel. Der einstige Juniorpartner Lübecks wurde zur Metropole, Lübeck versank in Provinzialität.

Das 15. Jahrhundert und das heraufdämmernde kolumbianische Zeitalter ist mit dem 21. vergleichbar. Statt nach Westen, schlägt das Pendel der Weltgeschichte wieder zurück nach Osten. Aus dem Niedergang der Hanse können gerade wir Deutsche Lehren ziehen: Wer allein an dem Alten an Europa, der EU und dem Westen, festhält, wird vom zurückschwingenden Pendel vermutlich erschlagen. Spenglers »Untergang des Abendlandes« ist auf natürliche Weise fortgeschritten.

Doch noch besteht die Chance, sich in neue Konstellation und in eine aktuelle Weltordnung einzubringen. Der historische Verlauf unseres Daseins bietet verschiedene Möglichkeiten an, unsere Zukunft zu gestalten. Europa ist nur einer von vielen Wegen. Die wahre Chance Europas liegt darin, Europa zu überwinden. Die Schweizer haben diesen Schritt – bewusst oder unbewusst – mit »Helvetistan« ein Stück weit getan. Liegt in solchen Konstrukten nicht ein ungeheurer Reiz? Statt Angst, Jammer, Anklage und Ablehnung sollten entschlossene Gegeninitiativen und konstruktive Kooperationen für unser gemeinsames Morgen folgen.

Vielleicht ist die Herausforderung durch den chinesischen Drachen in Europa, oder besser durch die Belt-and-Road-Initiative, die letzte Chance des Abendlandes, sich zu wandeln. Augenfällig wird ein nach Asien und Afrika orientiertes Europa nicht mehr dasselbe sein, das es einmal war. Es ist möglich, dass gewohnte Werte, wie der Liberalismus und die klassische Parteiendemokratie, auf der Strecke bleiben, weil diese Gegebenheiten nicht effizient genug für die neuen Netzwerke sind. Andererseits bestehen gute Chancen, sich der eigenen, wirklich wichtigen Werte zu besinnen. Die Chance in der Krise. Die Trägheit, in der manch einer im heutigen Deutschland sich vom Zähneputzen bis zum Schlafengehen bewegt, muss verschwinden. Baumeister seiner eigenen Zukunft zu werden und das Bauen nicht komplett anderen, wie China, zu überlassen, ist als echte Herausforderung zu begreifen.

Umgekehrt bietet der chinesische Drache als Symbol der Globalisierung eine stimulierende Herausforderung. Er ist mittlerweile so stark, dass er den, der ihn zu reiten vermag, an jeden vorstellbaren Ort bringt.[27] Mit der Kraft der Gedanken Erstaunliches zu erreichen, ist die hohe Kunst der Wushu-Mönche im weltberühmten Shaolin-Kloster bei Dengfeng in der Provinz Henan. Wer Gedanken bündelt und daraus etwas mit eigenen Händen schafft, wird zum Schöpfer. Im Schöpferischen liegt die wahre Befriedigung, nicht im Besitz.

238

ANMERKUNGEN

Kapitel 1
Der Wind weht von Osten

1. http://news.xinhuanet.com/politics/2013-09/08/c_117273079.htm, abgerufen am 16. Januar 2018. Die Rede ist auch in gekürzter Fassung in Xi Jinping *China regieren* enthalten.
2. Wolf D. Hartmann, Wolfgang Maennig, Run Wang: *Chinas neue Seidenstraße. Kooperation statt Isolation – Der Rollentausch im Welthandel.* Frankfurt am Main: Frankfurter Allgemeine Buch 2017, S. 50.
3. Peter Frankopan: *The Silk Roads. A New History of the World.* London: Bloomsbury 2015. Das Zitat stammt aus dem Vorwort des Buches, E-Book-Ausgabe.
4. Ebd. Vgl. das Inhaltsverzeichnis, das Frankopan nach der thematischen Vielfalt, die jene »Seidenstraßen« für die gesellschaftliche Entwicklung Eurasiens mitbrachten, aufgebaut hat.
5. Robert D. Kaplan: *Monsoon – The Indian Ocean and the Future of American Power.* New York: Random House 2010.
6. Oswald Spengler: *Der Untergang des Abendlandes. Umrisse einer Morphologie der Weltgeschichte.* München: C.H.Beck 11. Auflage 1993, S. 29.
7. Lin Yutang: *Mein Land und mein Volk.* Deutsche Fassung erstmals bei der Deutschen Verlags-Anstalt erschienen, Stuttgart/Berlin, o.J., S. 17.
8. Ebd.
9. Ebd., S. 21.
10. »China's Future. Xi Jinping and the Chinese Dream.« *The Economist* vom 4. Mai 2013.
11. Xi Jinping: am 28. April 2013: »Durch harte Arbeit werden Träume Wirklichkeit.«
12. Zi Kong: *Lun Yu* (Gespräche).
13. Xi Jinping: »Verwirklichung der großen nationalen Renaissance als Traum des chinesischen Volkes«, 29. November 2012.
14. »Putin's Dangerous Plan ›To Make Russia Great Again‹«. *Newsweek* vom 6. März 2016, www.newsweek.com/putin-dangerous-plan-make-russia-great-again-465550, abgerufen am 8. März 2018.
15. Zitiert in *China Daily* vom 12. Februar 2018, http://europe.chinadaily.com.cn/a/201802/12/WS5a80f541a3106e7dcc13c2f6.html, abgerufen am 9. März 2018.
16. Rolf Dobelli: *Die Kunst des klaren Denkens. 52 Denkfehler, die Sie besser anderen überlassen.* München: dtv, 5. Auflage 2014.
17. http://www.guancha.cn/politics/2018_03_08_449371_s.shtml, abgerufen am 9. März 2018.

ANMERKUNGEN

18 »Women in Iran are pulling off their headscarves – and hoping for a ›turning point‹«, *Washington Post*, 8. März 2018, https://www.washingtonpost.com/world/women-in-iran-are-pulling-off-their-headscarves--and-hoping-for-a-turning-point/2018/03/08/bb238a96-217c-11e8-946c-9420060cb7bd_story.html?utm_term=.c048dda1d686, abgerufen am 10. März 2018.

19 Navid Kermani: *Entlang den Gräben. Eine Reise durch das östliche Europa bis nach Isfahan.* München: C.H.Beck 2018, S. 352.

20 Frankopan (2015), S. 3.

21 Ebd., S.1.

22 Peter Navarro: *Der Kampf um die Zukunft: Die Welt im chinesischen Würgegriff.* München: FinanzBuch Verlag 2008.

23 Auch hierzu hat sich Dobelli, a.a.O., pointiert geäußert.

24 *Liji (Das Buch der Riten)*, Kapitel 9 »Liyun« (»Die Förderung der Riten«): 饮食男女, 人之大欲存焉, 死亡贫苦, 人之大恶存焉. (Essen und Trinken sowie die Liebe zwischen Mann und Frau sind die großen Wünsche des Menschen, Tod und Armut dagegen seine großen Übel).

25 Mingde Sh:»Es geht nicht um Ost gegen West – alle können profitieren«, Gastbeitrag im *Handelsblatt* vom 8. März 2018.

26 Ebd.

27 Gespräch während eines Vortrags über das chinesische Wertesystem mit Vorstandsmitgliedern und Topmanagern von Volkswagen am 16. Februar 2018.

Kapitel 2
Die Seidenstraße

1 Im japanischen Original: »Nigoreru mizu no nagaretsutsu sumu.«

2 Dobelli, a.a.O.

3 Ich nehme Bezug auf die Nationale Entwicklungs- und Reformkommission der VR China, Strategiepapier vom 28. März 2015.

4 Hartmut Rosa: »Beschleunigung – Symptom unserer Zeit?«, Vortrag vom 22. Januar 2015, Akademie der Wissenschaften in Hamburg, https://www.awhamburg.de/fileadmin/redakteure/Vortraege/150122_Rosa_PPP.pdf, abgerufen am 29. Mai 2018.

5 Jean-Pierre Drège, Emil Bührer: *Seidenstraße.* Berlin: Egmont VGS, 7. Auflage 1996, S. 17.

6 Vgl. Birgit Salomon: *Sven Hedin im Auftrag der chinesischen Zentralregierung. Die Seidenstraßen-Expedition 1933-35.* Diplomarbeit Universität Wien 2013, S. 16.

7 Sven Hedin:»Die Seidenstraße. Ein Forschungsbericht«. In: Georg von Holtzbrinck (Hg.): *Bibliothek der Unterhaltung und des Wissens*, Jg. 62, Stuttgart: Deutsche Verlags-Expedition 1938, S. 133 f.

8 Lu Xun. »Nalaizhuyi (Herholismus)«. Essay vom 4. Juni 1934. In: Lu Xun: *Lu Xun Zawen Quanji* (komplette Sammlung von Essays), Volksverlag Henan, 1994, S. 714-715.

9 Vgl. Drège/Bührer (1996), S. 9 f.

10 Ebd., S. 12.

11 Ebd.

12 Ebd., S. 10.

13 Jacques Gernet: *Die chinesische Welt.* Frankfurt a. M.: Suhrkamp 1988, S. 336.

14 Ebd.

15 John King Fairbank: *China-A New History.* Cambridge/Mass.: Harvard University Press 1992, S. 138.

ANMERKUNGEN

16   Gernet (1988), S. 340.
17   Fairbank (1992), S. 138.
18   Wang Baoquan et al.: *Yidai Yilu – zhishi xin duben* (neues Lesebuch zu One Belt and One Road). Beijing: Verlag der Qinghua Universität 2016, S. 49.
19   http://www.spiegel.de/politik/ausland/irak-und-afghanistan-kriege-kosten-die-usa-mehr-als-680-milliarden-dollar-a-616454.html. Abgerufen am 30. Juni 2018.
20   https://www.heise.de/tp/features/Vom-Irr-und-Widersinn-des-Krieges-in-Afghanistan-3373529.html, abgerufen am 30. Juni 2018.
21   https://www.merkur.de/politik/irak-krieg-tote-billionen-dollar-kosten-zr-2801288.html, abgerufen am 30. Juni 2018.
22   Diese Position nahm China im Jahr 2011 ein und überflügelte damit endlich den Erzrivalen Japan.
23   *FDI in Figures*. April 2016. OECD-Report, http://www.oecd.org/corporate/FDI-in-Figures-April-2016.pdf, abgerufen am 15. März 2018.
24   *China Statistical Yearbook* 2016.
25   *The Silk Road Strategy Act* of 1999. Senatsvorlage zur ersten Sitzung des 106. Kongresses (1999–2000), S. 4.
26   So kommentierte *The Atlantic* die US-amerikanische Neuauflage des Plans einer Neuen Seidenstraße im Jahr 2011, https://www.theatlantic.com/international/archive/2011/11/clintons-dubious-plan-to-save-afghanistan-with-a-new-silk-road/247760/, abgerufen am 19. März 2018.
27   Ebd.
28   Vladimir Fedorenko: *The New Silk Road Initiative in Central Asia*. Rethink Paper 10/August 2013, Rethink Institute, Washington DC, S. 14.
29   »Wen's speech at 2nd China-Eurasia Expo«, auf: News of the Communist Party of China, http://english.cpc.people.com.cn/66102/7933213.html, abgerufen am 3. August 2018.
30   »Usbekistan & Turkey: Is it Love?«, Eurasianet.org, 27. Oktober 2017, eurasianet.org/node/85761, abgerufen am 25. Januar 2018.
31   Ebd.
32   *Azvision.az* vom 18. April 2015, abgerufen am 24. Januar 2018.
33   »Kazhakstan could become Qazaqstan as it eyes new alphabet« meldete *Newsweek* am 4. Dezember 2017, http://www.newsweek.com/kazakhstan-alphabet-cyrillic-russian-language-583099, abgerufen am 25. Januar 2018.
34   Zitiert nach nationalinterest.org/blog/the-buzz/china-russia-great-game-central-asia-11385, abgerufen am 25. Januar 2018.
35   Wolf D. Hartmann, Wolfgang Maenning, Run Wang: *Chinas neue Seidenstraße*. Frankfurt am Main: Frankfurter Allgemeine Buch 2017, S. 30.
36   Zit. ebd., S. 33.
37   https://www.youtube.com/watch?v=N3H49snpFRg, abgerufen am 30. Juni 2018.
38   *The Associated Press*, 10. Juli 2009.
39   Wade Shepard berichtet davon in »Khorgas: The New Silk Road's Central Station comes to Life«, 20. Februar 2017, www.forbes.com/sites/wadeshepard/2017/02/20/khorgos-the-new-silk-roads-central-station-comes-to-life/2/#3b9ba8585322, abgerufen am 29. Januar 2018.
40   http://www.deutsche-mittelstands-nachrichten.de/2018/05/93697/, abgerufen am 31. Mai 2018.
41   Frankopan (2015), S. 509.

243

ANMERKUNGEN

42 China konnte mit 170 Milliarden Euro Umsatz in Im- und Exporten im Jahr 2017 erstmals zu Deutschlands wichtigstem Handelspartner avancieren – und das trotz des denkbar schlechten Chinabildes in der deutschen Öffentlichkeit. Deutschland ist mit Rang sieben aller chinesischen Handelspartner (2017) das mit Abstand wirtschaftlich bedeutsamste Partnerland in Europa.

43 www.un.org/documents/ga/docs/52/plenary/a52-153.htm, abgerufen am 5. April 2018.

44 Yuval Noah Harari: *Homo Deus: Eine Geschichte von Morgen.* München: C.H.Beck 2017, S. 391.

45 People's Republic of China, National Development and Reform Commission. »Visions and Actions on Jointly Building Silk Road Economic Belt and 21st Century Maritime Silk Road«, vom 28. März 2015, http://en.ndrc.gov.cn/newsrelease/201503/t20150330_669367.html, abgerufen am 1. März 2018.

46 Hartmann/Maennig/Wang (2017), S. 59 ff.

47 Ebd., S. 61.

48 Vgl. ebd., S. 60.

49 http://www.badische-zeitung.de/wirtschaft-3/china-sammelt-haefen-rund-um-den-globus--149285272.html, abgerufen am 2. März 2018.

50 Hartmann/Maennig/Wang (2017), S. 54.

51 http://www.weltinnenpolitik.net/09/02/2018/china-kauft-die-haefen-der-welt/, abgerufen am 7. August 2018.

52 Chinesisch »shun shou qian yang« (顺手牵羊). Chinesisches Strategem. Erstmals erwähnt im Buch der Riten (*Liji*).

53 Geschäftsbericht der duisport-Gruppe. *Grenzenlos. Lokal-Regional-Global*, Duisburg 2016, S. 83.

54 Ebd., S. 86.

55 https://www.logistik-info.net/aktuelle-themen/logistikweltmeister/, abgerufen am 5. April 2018.

56 Geschäftsbericht (2016), S. 91.

57 »E-Commerce under Belt and Road Initiative«, Henry Wong, Angie Express Limited.

58 Ebd.

59 »The New Trade Routes: Silk Road Corridor: How The Silk Road Plans Will Be Financed«, 9. Mai 2016, abgerufen am 5. April 2018.

60 bundesfinanzministerium.de, abgerufen am 5. April 2018.

Kapitel 3
Sandstürme und Monsunwinde

1 Den Ausführungen in diesem Abschnitt liegen Zahlen von zwei weltweiten Umfragen zugrunde, welche Globe Scan jeweils 2014 und 2017 im Auftrag der BBC durchgeführt hat. Die Umfragen wurden jeweils zwischen Dezember 2013 und April 2014 mit einer Stichprobe n=24542 (2014) und zwischen Dezember 2016 und April 2017 mit einer Stichprobe n=18000 (2017) durchgeführt. Es galt zu entscheiden, ob man den Einfluss bestimmter Staaten und der EU in der Welt »hauptsächlich positiv« oder »hauptsächlich negativ« sieht. Ich beziehe mich im Folgenden auf die S. 37 des BBC-Berichts von 2014 und die S. 36 des Berichts von 2017.

2 Samuel P. Huntington: *Kampf der Kulturen.* München/Wien: Europa-Verlag 1996, S. 350.

3 Tom Miller: *China's Asian Dream. Empire Building along the New Silk Road*, London: Zed Books 2017, S.84.

ANMERKUNGEN

4   Ebd.

5   Gespräche mit internationalen Gastwissenschaftlern der New York University in Shanghai am 20. März 2018. Viele bekannte Hochschulen, insbesondere aus Großbritannien, Australien oder den USA, betreiben Zweigstellen in China und sind seit Jahren auf dem lukrativen chinesischen Bildungsmarkt präsent.

6   http://www.worldsrichestcountries.com/top_china_exports.html, abgerufen am 25. April 2018.

7   https://www.firstpost.com/world/india-must-boycott-chinas-one-belt-one-road-summit-in-beijing-heres-why-3440208.html, abgerufen am 25. April 2018.

8   Miller (2017), S. 81.

9   Miller (2017), S. 87.

10 Jacques Gernet: *Die chinesische Welt*, Frankfurt am Main: Suhrkamp 1988, S. 119.

11 Ebd., S. 215.

12 Ebd., S. 340.

13 Gavin Menzies: *1421: Als China die Welt entdeckte*. München: Knaur 2004.

14 Ich verwende den Begriff hier bewusst nach chinesischer Terminologie von Zhao Minghao: »*Marsh Westwards and a New Look on China's Grand Strategie.*« *Mediterranean Quarterly*, Band 26, Nummer 1, März 2015, S. 97-116.

15 Gernet (1988).

16 Zuokui Liu: *Europe and the Belt and Road Initiative: Responses and Risks* (2017), Beijing: Verlag für Sozialwissenschaften (shehui kexue chubanshe) 2017, S. 78.

17 Global Public Policy Institute (GPPI) und Mercator Institute for China Studies (MERICS). *Authoritarian Advance. Responding To China's Growing Political Influence in Europe*, Februar 2018, S. 6.

18 Ebd.

19 »The 16+1 Framework and Economic Relations Between China and the Central and Eastern European Countries«, http://critcom.councilforeuropeanstudies.org/161-framework-and-economic-relations-between-china-and-ceec/, abgerufen am 30. April 2018.

20 Zitiert in Liu (2017), S. 21.

21 GPPI und MERICS (2018), S. 6.

22 Liu (2017), S. 22.

23 GPPI und MERICS (2018), S.16.

24 Garima Mohan: »Europe's Response To The Belt and Road Initiative. The German Marshall Fund of the USA, http://www.gmfus.org/publications/europes-response-belt-and-road-initiative, abgerufen am 1. Mai 2018.

25 GPPI und MERICS (2018), S. 28.

26 http://www.faz.net/aktuell/politik/ausland/asien/china-erlaesst-neues-gesetz-gegen-westliche-ngo-13629475.html, abgerufen am 1. Mai 2018.

27 »Die China-Lösung«, Vortrag von Christian Sommer und Marcus Hernig am 23. Februar 2018 im Deutsch-Amerikanischen Institut Heidelberg.

28 Michael Kahn-Ackermann: *China – drinnen vor der Tür.* Berlin: China Studien- und Verlagsgesellschaft 1979.

29 GPPI und MERICS (2018), S. 31.

30 Liu (2017), S. 93.

31 Mohan, a.a.O.

32 https://thediplomat.com/2014/04/the-myth-of-chinese-assertiveness/, abgerufen am 1. Mai 2018. Ein weiteres Beispiel ist: https://www.theatlantic.com/international/archive/2015/09/south-china-sea-assertiveness/

ANMERKUNGEN

407203/, abgerufen am 1. Mai 2018.

33 http://foreignpolicy.com/2017/08/07/who-will-win-the-sino-indian-naval-war-of-2020/, abgerufen am 1. Mai 2018.

34 https://www.theatlantic.com/international/archive/2015/09/united-states-china-war-thucydides-trap/406756/, abgerufen am 2. Mai 2018.

35 Miller (2017), S. 81.

36 Gernet (1988), S. 36.

37 »A Funeral fort he Godfather of Heroin«, http://www.irrawaddy.com/?p=40238?&_=1524219644271, abgerufen am 6. Mai 2018.

38 Eric T. Hansen: *Die ängstliche Supermacht. Warum Deutschland endlich erwachsen werden muss.* Köln: Bastei Lübbe 2013, S. 24.

39 Gottfried Wilhelm Leibniz: »Vorwort zu Novissima Sinica«. In: Adrian Hsia: *Deutsche Denker über China.* Frankfurt am Main: Insel-Verlag 1985, S. 9-27, S. 14.

40 Gernet (1988), S. 36.

41 Todd M. Johnson, Brian J. Grim: *The World's Religions in Figures. An Introduction to International Religious Demography.* New York: Jon Wiley&Sons 2013, S. 12.

42 Seymour Lipset: »Affirmative Action and the American Creed«. In: *The Wilson Quarterly* 16 (1), (1992), S. 52–62.

43 Zitiert nach ushistory.org, abgerufen am 6. Mai 2018.

44 https://internationaleducation.gov.au/International-network/china/PolicyUpdates-China/Pages/Chinas-Belt-and-Road-Initiative-.aspx, abgerufen am 7. Mai 2018.

45 https://www.quora.com/What-are-some-ways-in-which-Chinese-society-is-better-than-American-society, abgerufen am 7. Mai 2018.

Kapitel 4
Westwindflaute

1 Amtliche Erläuterung des Beschlusses des Ministerkomitees des Europarates vom 9. Dezember 1955.

2 https://www.zeit.de/politik/ausland/2018-05/china-weltmacht-europa-seidenstrasse-handelspolitik-5vor8https://www.zeit.de/politik/ausland/2018-05/china-weltmacht-europa-seidenstrasse-handelspolitik-5vor8, abgerufen am 30. Juni 2018.Amtliche Erläuterung des Beschlusses des Ministerkomitees des Europarates vom 9. Dezember 1955.

3 Das chinesische Original lautet: 旁观者清 (pangguanzhe qing).

4 Zuokui Liu: *Europe and the Belt and Road Initiative: Responses and Risks* (2017), Beijing: Verlag für Sozialwissenschaften (shehui kexue chubanshe) 2017.

5 Ding Yuanhong: *Zou xiang shuailuo de oumeng* (der EU des Niedergangs entgegen), http://comment.cfisnet.com/2016/0923/1306112.html, abgerufen am 8. Mai 2018.

6 Hansen (2013), S. 16.

7 Ding Yuanhong, a.a.O.

8 Ebd.

9 Hans Magnus Enzensberger: *Sanftes Monster Brüssel oder Die Entmündigung Europas.* Berlin: Suhrkamp 2011, S. 43.

10 Zahlen von 2011, http://www.aalep.eu/eu-net-contributors-and-receivers-accession), abgerufen am 14. Mai 2018.

11 Alle Angaben im Text beziehen sich auf Daten der OECD, die den aktuellen Stand zur Zeit des Datenabrufs abbilden, http://www.oecdbetterlifeindex.org/countries/, abgerufen am 14. Mai 2018.

ANMERKUNGEN

12 https://www.nextbigfuture.com/2017/11/china-is-two-europes-and-richest-provinces-catching-up-to-middle-income-europe.html, abgerufen am 15. Mai 2018.
13 Ebd.
14 www.tradingeconomics.com, abgerufen am 15. Mai 2018.
15 https://tradingeconomics.com/country-list/rating, abgerufen am 15. Mai 2018.
16 https://www.zeit.de/wirtschaft/2018-04/neue-seidenstrasse-china-griechenland-europa-containerhafen-piraeus/komplettansicht?print, abgerufen am 15. Mai 2018.
17 https://tradingeconomics.com/country-list/rating, abgerufen am 15. Mai 2018.
18 http://www.lisbon-treaty.org/wcm/the-lisbon-treaty/treaty-on-the-functioning-of-the-european-union-and-comments/part-3-union-policies-and-internal-actions/title-viii-economic-and-monetary-policy/chapter-1-economic-policy/393-article-125.html, abgerufen am 15. Mai 2018.
19 Liu (2017), S. 98.
20 Enzensberger (2011), S. 54.
21 Liu (2017).
22 https://www.the-american-interest.com/2016/03/08/globalization-and-political-instability/, abgerufen am 15. Mai 2018.
23 Zusammengefasst in einem Artikel der *Washington Post*: https://www.washingtonpost.com/news/worldviews/wp/2016/06/25/7-reasons-why-some-europeans-hate-the-e-u/?noredirect=on&utm_term=.d000cfc25f5a, abgerufen am 17. Mai 2018.
24 Eduard Schewardnadse: *Die Neue Seidenstraße*. *Verkehrsweg ins 21. Jahrhundert*. München: Econ 1999.
25 Ebd., S. 59.
26 Ebd.
27 Ebd., S. 71.
28 http://www.traceca-org.org/en/investments/, abgerufen am 21. Mai 2018.
29 Alle Prozentangaben entstammen: *Deutschland und China. Wahrnehmung und Realität. Die Huawei-Studie 2016*. Huawei in Zusammenarbeit mit GIGA-German Institute of Global and Area Studies, Universtität Duisburg-Essen und TNS Emnid.
30 Zhongguo shangwu tong (*China Handelsinformationen*), 13. April 2018.
31 http://www.sohu.com/a/121365922_522913, abgerufen am 25. Mai 2018.
32 https://www.zeit.de/wirtschaft/2018-05/angela-merkel-li-keqiang-china-deutschland-beziehungen, abgerufen am 25. Mai 2018.
33 Eric T. Hansen: *Die ängstliche Supermacht. Warum Deutschland endlich erwachsen werden muss*. Köln: Bastei Lübbe 2013, S. 157.
34 https://de.statista.com/statistik/daten/studie/242539/umfrage/laender-mit-dem-groessten-handelsbilanzueberschuss/, abgerufen am 28. Mai 2018.
35 Yutang Lin: *Die Weisheit des lächelnden Lebens*. Stuttgart: Deutsche Verlagsanstalt, o. J., S. 24.
36 http://www.usus.org/de/articles/2018/01/06/merk-j26.html, abgerufen am 3. August 2018.

Kapitel 5
Europa und der Drache

1 So hat Tizian im Jahr 1562 den Raub der Europa dramatisch in Szene gesetzt. Das Gemälde hängt heute im Isabella Stewart Gardner Museum in Boston.
2 Gustav Schwab: *Sagen des klassischen Altertums*.
3 Oswald Spengler: *Der Untergang des Abendlandes. Umrisse einer Morphologie der Weltge-*

ANMERKUNGEN

schichte. München: C.H.Beck, 11. Auflage 1993, S. 37.

4   Fernand Braudel, zitiert unter http://theancientworld.net/civ/phoenicians.html, abgerufen am 11. Juni 2018.

5   *Meyers Taschenlexikon in 24 Bänden,* Band 21. Leipzig und Mannheim: F. A. Brockhaus, S. 7352.

6   Gilgamesch-Epos, Tafel 6.

7   Arnold Toynbee: *A Study of History.* London: Thames & Hudson 1988, S. 59.

8   Ebd., S. 55.

9   Ebd., S. 59.

10 Spengler (1993), S. 32.

11 Ebd., S. 1151.

12 Margrit Schulte-Beerbühl: »Das Netzwerk der Hanse«, S. 1. http://ieg-ego.eu/de/threads/europaeische-netzwerke/wirtschaftliche-netzwerke/margrit -schulte-beerbuehl-das-netzwerk-der-hanse, abgerufen am 18. Juni 2018.

13 Spengler (1993), S. 1151.

14 Ebd., S. 1146.

15 Schulte-Beerbühl, a.a.O., S. 6.

16 Philipp Dollinger, zitiert in Schulte-Beerbühl, a.a.O., S. 1.

17 *Daxue (Das große Lernen),* 1. Kapitel.

18 Schulte-Beerbühl, a.a.O., S. 11.

19 Liew Mun Leong in einer Rede am 25. Mai 2017 im Nachklang des BRI-Gipfels Mitte Mai in Beijing. »Belt and Road Initiative Dream: Can China really do it?«, https://www.straitstimes.com/opinion/bri-dream-can-china-really-do-it, abgerufen am 19.Juni 2018.

20 Vincent Bazi, M. Firzli, J. Nicolas: »Infrastructure Investments in an Age of Austerity: The Pension and Sovereign Funds Perspective«, S. 37-39, S. 39, http://nebula.wsimg.com/5bd39c809b17edb595bcef072b5621e1?AccessKeyId= 9BB168F4CFBA64F592DA&disposition=0&alloworigin=1, abgerufen am 19. Juni 2018.

21 M. Nicolas, J. Firzli: »Pension Investment in Infrastructure Debt: A New Source of Capital for Project Finance«, http://blogs.worldbank.org/ppps/pension-investment-infrastructure-debt-new-source-capital-project-finance, abgerufen am 19. Juni 2018.

22 https://www.straitstimes.com/world/africa/dragon-boat-festival-in-uganda-bridges-peoples-and-cultures. Abgerufen am 19. Juni 2018.

23 Dani Rodrik: »Goodbye Washington Consensus. Hello Washington Confusion«, Harvard University Januar 2006, S. 3-5.

24 »Lenke die Kraft. Japan stellt sich dem Führungsanspruch Chinas in Asien entgegen«, http://www.ipg-journal.de/regionen/asien/artikel/detail/lenke-die-kraft-2560/go/98/, abgerufen am 19. Juni 2018.

25 Interview von Isabel Wiedenroth, CEO sinogermantrade.com, mit dem Schweizer General-konsul in Shanghai Alexander Hoffet vom 3. Mai 2018.

26 Ebd.

27 Bernhard Moestl: *Die Kunst, einen Drachen zu reiten. Erfolg ist das Ergebnis deines Denkens.* München: Knaur 2009, S. 12.

REGISTER

Symbole
16+1-Initiative 141, 234

A
AIIB (Internationale Asiatische Infrastruktur-Bank) 55, 115 ff.
Alibaba 113, 164
Allison, Graham 150
Almaty 88, 90 f.
Alte Seidenstraße 11, 57, 59, 79, 84, 200, 218
Arbeitsfelder des Projekts »Neue Seidenstraße« 53, 55, 65, 101, 105, 110 ff., 115
Astana 9 f., 89, 93

B
Belt-and-Road-Initiative (BRI) 7 f., 52 ff., 65 ff., 100 f., 111 f., 119, 121, 144, 229 ff.
Bittner, Jochen 170
Brzezinski, Zbigniew 80 ff.
Buchara 91, 135

C
Castorp, Hinrich 221 f.
Chang'an (Xi'an) 61
changyi – Initiative 131
Chengdu 111
China Merchants 114 f.
Chinawahrnehmung in Afrika 121
Chinawahrnehmung in China 120
Chinawahrnehmung in Deutschland 120, 122, 157, 167
Chinawahrnehmung in Eurasien 120 f.
Chinawahrnehmung in Europa 120, 122

D
daojia – Taoismus (als Philosophie) 163
dao – Weg(e) für das Leben 163
datong xiaoyi – »das große Gemeinsame mit kleinen Unterschieden« 175
Deng, Xiaoping 42, 72 ff., 231
Deutschland 194 ff.
Deutschland, als Exportnation 198
Deutschland, aus chinesischer Sicht 167, 169, 173, 194
Deutschland, Verhältnis zu China 196
Ding, Yuanhong 172 f.
Dobelli, Rolf 32, 52
Drache, Symbol 212
Duisburg 110 ff., 168, 170 ff.
duiwai kaifang – Öffnung nach außen 73

E
E-Commerce 112 f.
ENI (The European Neighbourhood Instrument) 194
Erdogan, Recep Tayyip 86, 88 f., 96, 105
Europa 52 f., 56 ff., 60, 67, 81, 90 f., 96 ff., 102, 105, 107, 109, 111 ff., 117
Europäische Union, Anfangsjahre 175
Europäische Union, Instabilität 175, 182, 185 ff.
Europäische Union, Krisen 178
Europäische Union, Primat der Politik 178
Europäische Union, Ungleichgewicht 179 ff.
EWU (EAEU, EEU, Eurasische Wirtschaftsunion) 53, 81, 102

REGISTER

F

fazhan – Entwicklung 30
Frankopan, Peter 13, 98, 100, 210
Fukuyama, Francis 48, 104
fuxing – Wiedergeburt, Renaissance 12, 30

G

G312 69
Goethe, Johann Wolfgang von 19 f., 43
guomen – Tor 96

H

Hafis 42 ff., 49
Han-Dynastie 57, 63, 65, 133
Hangzhou 17
Hanse 217 ff., 235 ff.
Hansebund 219, 224, 227 f.
Hansen, Eric T. 157, 198 ff., 203
Han Wudi 63 f.
Hedin, Sven 59 ff., 65, 69
hezuo – Zusammenarbeit 11
huaren – Auslandschinesen
(»Landsleute«) 156
huli shuangying – Win-win
(»gegenseitiger Nutzen und
doppelter Gewinn«) 75
Huntington, Samuel P. 123, 128

I

Indien 129 ff.
Iran 36 ff., 93 f., 123 ff., 168

J

Japan 162, 232
JD 113, 164
jia – Familie 71
jia qi er hou guo zhi – Lebt erst die
Familie in Eintracht, kann auch das
Reich erfolgreich regiert werden 225

K

Kaplan, Robert 16
Karimov, Islom 86 f.
kexue – (westliche) Wissenschaft 158
Khorgos 96, 98 ff., 112
Kolumbus, Christopher 17 ff.
Konfuzius 43, 164

L

laowai – Ausländer (umgangssprachlich) 146
Leibniz, Gottfried Wilhelm 24 f., 138, 158
Lemberg,Tidemann 221
lianjie – Verbindung 52
lihai – stark, beeindruckend
(kann auch furchterregend oder
grimmig bedeuten) 119
Li, Keqiang 103, 105, 196
Lin, Yutang 26 f., 202
Liu, Zuokui 142, 148, 171
Lübeck 224 f., 228, 237
luohou – rückständig 169
Lu, Xun 62

M

MAGA-Bewegung 34 f.
mei you – gibt es nicht 74
Menzies, Gavin 137
Mercator, Gerhard 22, 139
Mercator-Karte 25
minzu sixiang – Rassedenken 147
Mirziyoyev, Shavkat 87

N

nalaizhuyi – Herholismus 62
Nazarbayev, Nursultan 9 f., 89 f., 93
nei – innen 146
New Silk Road Strategy 82

O

One-Belt-Politik 65

P

Phönizien 206 ff., 210
Piräus 108 ff., 112
Polo, Marco 17 f.
Putin, Vladimir 33 f., 81, 91 ff., 96, 102 f.

Q

Qara Khitai 94
Qianlong 24, 31, 137
Qianlong-Karte 22
Qin 133
Qing-Dynastie 138
Qin, Shihuang 133

REGISTER

R

Richthofen, Ferdinand von	58 ff.
Rosa, Hartmut	56
rujia – Konfuzianismus	163

S

Samarkand	84, 86 ff.
Schewardnadse, Eduard	190, 192 ff.
Schwab, Gustav	207
Schweiz	233 ff.
SCO (Shanghai Cooperation Organisation)	53
Shanghai	69, 112
Shenzhen	73, 98
shuniu – Knotenpunkte	106
Silk Road Fund	55, 115
Silk Road Strategy Act	80, 82
SOZ (Shanghaier Organisation für Zusammenarbeit)	104 f.
Spengler, Oswald	16 f., 208, 216, 223
Stein, Aurel	59, 62, 69
Stier, Symbol	211

T

TACIS (Technical Assistance for the Commonwealth of Independent States)	191 f., 194
Taobao	112, 164
TRACECA (Transport Corridor Europe-Causasus-Asia)	189, 192 ff.
Tscharkent	90, 98
tujue – turkstämmige Völker	134

U

UASR (University Alliance of the Silk Road)	163
Urumchi	111

V

von Makedonien, Alexander	62

W

Wang, Yi	33 ff., 52, 132
WeChat	113
weiji – Krise (»Gefahr und Chance«)	110
wen gu zhi xin – sich mit dem Alten vertraut machen und damit das Neue erkennen	30, 228

X

Xi, Jinping	10, 14, 29, 34, 79, 103, 105, 133
Xinjiang	111, 153 ff.

Y

yi dai – *yi lu* – ein Gürtel – eine Straße	11
Yiwu	127
you – haben wir	74
Yongle	66 ff.

Z

Zhang, Qian	10, 63 ff.
Zheng, He	66, 68, 137
zheng – staatliche Angelegenheiten	146
zhi – regeln	146
zhoubian waijiao zhanlüe – »außenpolitische Strategie für die Grenzregionen«	100
Zivilisationsmodell	213
Zoroastrismus	37 f.

Dunkelflaute

Frank Hennig

Täglich werden wir mit Begriffen konfrontiert, die im Ergebnis einer als alternativlos gepriesenen Energiewende verwendet werden oder durch sie erst entstanden sind. Zunehmend gehen Bezeichnungen der allgemeinen Vergrünung in den Alltagsgebrauch über. Wissen wir immer, wie und worüber wir eigentlich reden? Wissen und Glauben bilden Denken und Meinung.

Frank Hennig greift Bezeichnungen auf und kommentiert locker lesbar, zuweilen zugespitzt und – zum Verdruss der Anhänger der Energiewendeprosa – angereichert und gut durchgeschüttelt mit Fakten, Daten und Zahlen. Eine kritische Auseinandersetzung mit oberflächlichem Schwarz-Weiß-Denken, unhaltbaren Visionen und Klimapopulismus. Technisch-physikalisch fundiert nimmt er die Begriffe beim Wort und deckt auf, dass sie oft mehr verbergen als erklären – denn es geht längst nicht mehr um die Erzeugung alternativer, sanfter Energie, sondern um Wege, an die öffentlichen Subventionstöpfe und schließlich an die Portemonnaies der Verbraucher zu gelangen.

272 Seiten | Hardcover | 16,99 € (D) | |ISBN 978-3-95972-062-5

Die neurotische Nation

Wolfgang Herles

Wirtschaftswunder, Wiedervereinigung, Willkommenskultur: In den Augen der meisten Deutschen sind die siebzig Jahre der Bundesrepublik eine einzige Erfolgsstory. Doch wir reden uns unsere Geschichte schön. Bereits in den Jahren des Wirtschaftswunders begann die Überforderung des Sozialstaats. Mit der Wiedervereinigung nahmen die Selbstzweifel an der Identität der Deutschen nicht ab, sondern zu. Und die Willkommenskultur führte bis zum Kontrollverlust des Staates.

Der prominente Fernsehjournalist und Schriftsteller Wolfgang Herles schreibt das Psychogramm einer neurotischen Nation. Die aus den unverarbeiteten Traumata der Deutschen - Nazidiktatur, Holocaust, Weltkrieg, Geldentwertung - entstandenen Ängste verzerren die Realität bis heute und stehen zukunftsfähiger Politik im Weg. Eine unkonventionelle Geschichte der Bundesrepublik und ihrer acht Kanzler, von Adenauer bis Merkel.

320 Seiten | Hardcover | 22,99 € (D) | | ISBN 978-3-95972-139-4

Der Selbstmord Europas

Douglas Murray

Sinkende Geburtenraten, unkontrollierte Masseneinwanderung und eine lange Tradition des verinnerlichten Misstrauens: Europa scheint unfähig zu sein, seine Interessen zu verteidigen. Douglas Murray sieht Europa gar an der Schwelle zum Freitod – zumindest scheinen sich seine politischen Führer für den Selbstmord entschieden zu haben. Doch warum haben die europäischen Regierungen einen Prozess angestoßen, wohl wissend, dass sie dessen Folgen weder absehen können noch im Griff haben? Sehen die Regierungen nicht, dass ihre Entscheidungen nicht nur die Bevölkerung ihrer Länder auseinandertreiben, sondern letztlich auch Europa zerreißen werden? Oder sind sie so sehr von ihrer Vision eines neuen Europas und der arroganten Überzeugung von deren Machbarkeit geblendet?

Der Selbstmord Europas ist kein spontan entstandenes Pamphlet einer vagen Befindlichkeit. Akribisch hat Douglas Murray die Einwanderung aus Afrika und dem Nahen Osten nach Europa recherchiert und ihre Anfänge, ihre Entwicklung sowie die gesellschaftlichen Folgen über mehrere Jahrzehnte ebenso studiert wie ihre Einmündung in den alltäglich werdenden Terrorismus. Eine beeindruckende und erschütternde Analyse der Zeit, in der wir leben, sowie der Zustände, auf die wir zusteuern.

384 Seiten | Hardcover | 24,99 € (D) | | ISBN 978-3-95972-105-9

White Rabbit oder Der Abschied vom gesunden Menschenverstand

Matthias Matussek

»Schlimmer als die Zensur der Presse ist die Zensur durch die Presse.« Das schrieb der hellsichtige Gilbert K. Chesterton – Schöpfer der weltbekannten Figur Pater Brown – bereits Anfang des vorigen Jahrhunderts. Chesterton, der journalistische Star seiner Zeit, ist das Vorbild für Matusseks Bericht aus dem Innenraum der Vierten Gewalt. Denn die Medien haben sich – so scheint es – in den letzten Jahren in einen unkritischen Jubelchor der Regierung verwandelt und das Land in einen Hippiestaat, der so verrückt agiert, als gäben die Woodstock-Veteranen Jefferson Airplane mit ihrer psychedelischen Hymne »White Rabbit« den Takt vor.

In seinem neuesten, vor Witz und Ironie funkelnden Werk verfolgt Matussek den Wahnsinn in deutschen Landen, die teils komische, teils absurde Selbstbeschränkung der Presse und kommt immer wieder auf seinen Referenzheiligen Chesterton zurück, den man zu Recht als »Apostel des gesunden Menschenverstandes« bezeichnete. Und so hält er uns Glanz und Elend des Journalismus unserer Tage vor Augen: mitreißend, radikal subjektiv, schonungslos und umwerfend komisch.

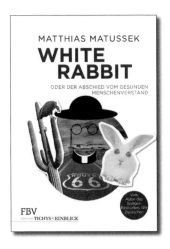

320 Seiten | Hardcover | 22,99 € (D) | | ISBN 978-3-95972-080-9